Los anglosajones y la Inglaterra medieval

Una guía apasionante sobre su pueblo, su cultura y los principales acontecimientos

© Copyright 2025

Todos los derechos reservados. Ninguna parte de este libro puede ser reproducida de ninguna forma sin el permiso escrito del autor. Los revisores pueden citar breves pasajes en las reseñas.

Descargo de responsabilidad: Ninguna parte de esta publicación puede ser reproducida o transmitida de ninguna forma o por ningún medio, mecánico o electrónico, incluyendo fotocopias o grabaciones, o por ningún sistema de almacenamiento y recuperación de información, o transmitida por correo electrónico sin permiso escrito del editor.

Si bien se ha hecho todo lo posible por verificar la información proporcionada en esta publicación, ni el autor ni el editor asumen responsabilidad alguna por los errores, omisiones o interpretaciones contrarias al tema aquí tratado.

Este libro es solo para fines de entretenimiento. Las opiniones expresadas son únicamente las del autor y no deben tomarse como instrucciones u órdenes de expertos. El lector es responsable de sus propias acciones.

La adhesión a todas las leyes y regulaciones aplicables, incluyendo las leyes internacionales, federales, estatales y locales que rigen la concesión de licencias profesionales, las prácticas comerciales, la publicidad y todos los demás aspectos de la realización de negocios en los EE. UU., Canadá, Reino Unido o cualquier otra jurisdicción es responsabilidad exclusiva del comprador o del lector.

Ni el autor ni el editor asumen responsabilidad alguna en nombre del comprador o lector de estos materiales. Cualquier desaire percibido de cualquier individuo u organización es puramente involuntario.

Índice de contenidos

PRIMERA PARTE: LOS ANGLOSAJONES 1
   INTRODUCCIÓN 3
   CAPÍTULO 1: EL FIN DE LA DOMINACIÓN ROMANA EN BRITANIA 6
   CAPÍTULO 2: LA LLEGADA DE LOS ANGLOSAJONES A BRITANIA 22
   CAPÍTULO 3: EL NACIMIENTO DE LA INGLATERRA ANGLOSAJONA 33
   CAPÍTULO 4: LA SUPREMACÍA MERCIA 52
   CAPÍTULO 5: LOS ANGLOSAJONES Y LA ERA VIKINGA 69
   CAPÍTULO 6: LA FORMACIÓN DE INGLATERRA 95
   CAPÍTULO 7: DE ÆTHELRED EL DESPREVENIDO A GUILLERMO EL CONQUISTADOR 110
   CONCLUSIÓN 129

SEGUNDA PARTE: LA INGLATERRA MEDIEVAL 133
   INTRODUCCIÓN 135
   CAPÍTULO 1: ALTA EDAD MEDIA (600-1066) 137
   CAPÍTULO 2: ALTA EDAD MEDIA (1066-1272) 150
   CAPÍTULO 3: BAJA EDAD MEDIA (1272-1485) 159
   CAPÍTULO 4: LOS ANGLO... ¿QUÉ? 171
   CAPÍTULO 5: ESTRUCTURA DE LA SOCIEDAD 180

CAPÍTULO 6: SITUACIÓN DE LA MUJER 187
CAPÍTULO 7: COMIDA, ROPA, TRABAJO Y OCIO 195
CAPÍTULO 8: ARTE Y ARQUITECTURA 204
CAPÍTULO 9: LA REALEZA A LO LARGO DE LA EDAD MEDIA 215
CAPÍTULO 10: LEY Y ORDEN 224
CAPÍTULO 11: FE E IDENTIDAD RELIGIOSA 233
CAPÍTULO 12: EL PAPEL DE LA IGLESIA: IGLESIA Y ESTADO 241
CAPÍTULO 13: BATALLAS CLAVE QUE CONFIGURARON LA HISTORIA MEDIEVAL 249
CAPÍTULO 14: EL MITO MEDIEVAL 258
CAPÍTULO 15: MEDICINA MEDIEVAL 267
CAPÍTULO 16: LA PESTE NEGRA 277
CONCLUSIÓN 286
VEA MÁS LIBROS ESCRITOS POR ENTHRALLING HISTORY 289
FUENTES 290
FUENTES DE IMÁGENES 302

Primera Parte: Los anglosajones

Un apasionante repaso a la gente y la historia de Inglaterra desde la Alta Edad Media hasta la batalla de Hastings

Introducción

Oír el nombre "anglosajón" produce sentimientos muy diversos tanto en los estudiantes de historia ocasionales como en los curiosos. De hecho, aunque este nombre es reconocible para la mayoría, ha habido muchas percepciones cambiantes e incluso mitos en relación con este grupo de personas.

Tenemos una idea general de quiénes eran los anglosajones y dónde vivían. La mayoría de la gente sabe que el término describe a un grupo etnocultural que habitó las Islas Británicas durante la Edad Media. De hecho, hasta la evolución de los estudios recientes (posible en parte gracias a nuevos descubrimientos arqueológicos), la creencia generalizada era que los anglosajones ocupaban un lugar entre Roma y Guillermo el Conquistador en la historia de Gran Bretaña. Este concepto procedía de la popularidad mucho más extendida de estos dos referentes históricos, pero no debe reducir la importancia de los anglosajones en la historia inglesa y europea.

Pero ¿por qué exactamente? ¿En qué sentido son relevantes los anglosajones hoy en día? Tras el velo de misterio que rodea a los anglosajones se esconde la dinámica cultura de un pueblo único. Tan profundamente ejerció esta cultura su influencia durante la Alta Edad Media que sus legados pueden observarse a simple vista. El inglés moderno desciende directamente de la lengua que hablaba este pueblo: el inglés antiguo. También dieron nombre a Inglaterra (la tierra de los anglos) y establecieron los primeros reinos ingleses de los que surgiría un Reino de Inglaterra unificado en el siglo X.

Los anglosajones, antaño invasores germánicos paganos, fueron los responsables de sembrar las semillas sociales y culturales que dieron forma a Inglaterra, incluida la conversión al cristianismo. Algunos de los centros más reconocidos y antiguos de las prácticas cristianas inglesas, como Canterbury, York, Rochester y Winchester, se remontan a la época de los anglosajones. Incluso el actual sistema administrativo inglés se remonta a los anglosajones, que remodelaron y revitalizaron los patrones de asentamiento de la Gran Bretaña post-romana tras la destrucción de los antiguos centros romanos.

Todo esto, combinado con un asombroso patrimonio cultural y material y una historia apasionante, deja claro que los anglosajones son muy relevantes.

Sin embargo, antes de sumergirnos en la historia de los anglosajones, debemos tener en cuenta un detalle importante: ¿a quién se refiere exactamente este término? Surgen problemas a la hora de asignar etnónimos a grupos de personas del pasado, sobre todo teniendo en cuenta que la Alta Edad Media, también conocida como la Edad Oscura, es famosa por no producir muchos registros escritos. Analizaremos la aparición del término "anglosajón" con más detalle en los capítulos que siguen, pero debemos establecer aquí que los anglosajones son un grupo identificable y distinto que puede estudiarse adecuadamente.

Los pueblos cuya historia vamos a relatar no se denominaban necesariamente anglosajones. Sin embargo, las fuentes empezaron a utilizar esta distinción en el siglo VIII. El rey Alfredo el Grande, una de las figuras más destacadas de la época, se autodenominaba "rey de los anglosajones" en la segunda mitad del siglo IX. Como veremos más adelante, el nombre "anglosajón" se ha utilizado en ocasiones para combinar muchos atributos importantes en una identidad cultural, religiosa, lingüística, nacional, social o étnica. Exploraremos exactamente cómo se utilizaron estas identidades en distintos contextos.

Este libro se centra en la historia de los anglosajones, el grupo de pueblos que dominó la Inglaterra post-romana de la Alta Edad Media hasta su derrota por Guillermo el Conquistador en 1066. En los primeros capítulos, analizaremos la Gran Bretaña bajo el control tardío de los romanos y el impacto sociopolítico y cultural que los romanos dejaron en la isla al ser expulsados gradualmente por los bárbaros migratorios. A continuación, analizaremos el colapso de la dominación romana en Britania y la sustitución gradual de la sociedad romana por la anglosajona.

Los capítulos centrales del libro se ocuparán del establecimiento de la sociedad anglosajona en Gran Bretaña, incluida la era de la cristianización, que se inició a partir del siglo VII. La cristianización vino de la mano de la aparición de las primeras entidades políticas en Inglaterra, que podemos denominar reinos. Con el paso de los años, las diferencias territoriales y políticas entre estos reinos aumentaron hasta que los antiguos cacicazgos tribales fueron sustituidos por un método de organización política muy influido por el cristianismo.

También examinaremos la evolución cultural y socioeconómica que dio origen a esta civilización única en las Islas Británicas. Exploraremos la historia de los primeros reinos anglosajones que lucharon entre sí por el dominio antes de toparse con su enemigo más peligroso: los vikingos. Las complejas relaciones que surgirían entre los anglosajones y los vikingos darían forma a la parte final de la historia anglosajona.

Los últimos capítulos del libro abarcarán la conquista normanda de Inglaterra y sus consecuencias. Además de las consecuencias políticas inmediatas, esto incluyó la aceptación, modificación gradual y apropiación de la historia anglosajona de Inglaterra.

Capítulo 1: El fin de la dominación romana en Britania

En este capítulo resumiremos brevemente la historia de la dominación romana en Britania y analizaremos los últimos años de Britania como provincia romana. Tras apoderarse de Britania a finales del siglo I d. C., los romanos perdieron el control a principios del siglo V d. C. Aunque Britania se encontraba en los confines del Imperio romano, en el siglo IV d. C. ya estaba bien integrada. La población autóctona libre de la isla, de origen celta, ya era ciudadana romana de pleno derecho cuando el imperio empezó a experimentar prolongados periodos de crisis internas y externas. Así pues, este capítulo examinará la naturaleza del control romano sobre Britania y el declive gradual del dominio romano en la isla.

Britania romana

Britania, o Britannia, como la llamaban los romanos, fue una de las provincias más singulares del Imperio romano. Las primeras expediciones romanas a Britania fueron organizadas por Julio César cuando cruzó el canal de la Mancha en dos ocasiones durante sus conquistas de la Galia. Estas expediciones, en los años 55 y 54 a. C., obtuvieron escasos logros territoriales. La conquista de Britania no comenzó propiamente hasta el año 43 d. C. bajo el emperador Claudio.

Sin embargo, incluso antes de César, la población local bretona de la isla estaba bajo la esfera de influencia romana, comerciando intensamente con mercaderes de las provincias romanas vecinas. En el año 77 d. C., Gales había sido conquistada. Durante el resto del siglo, las legiones romanas al mando del general Gneo Julio Agrícola continuaron afirmando el poder romano en el norte de la isla. Finalmente, en 122 d. C., se estableció la frontera septentrional de la provincia con la construcción del Muro de Adriano, una estructura defensiva que se extendía a lo largo de la isla a lo largo del río Tyne. Construido para disuadir las invasiones de las siempre feroces tribus celtas del norte, marcó el alcance del control romano directo sobre Britania y siguió desempeñando muy bien su papel durante los dos siglos siguientes.

Britania era una de las provincias más lejanas del vasto Imperio romano que, en su apogeo, ejerció su influencia hasta Mesopotamia. El hecho de que fuera una gran isla fuera del *Mare Nostrum* ("Nuestro Mar", como llamaban los romanos al Mediterráneo) hacía que su control fuera aún más notable. En términos de utilidad, Britania no era nada especial para Roma, al menos en términos económicos. Tenía un clima terrible y se caracterizaba por la falta de tierras cultivables en sus partes occidental y septentrional, lo que dificultaba enormemente la práctica de la agricultura a gran escala. Algunos de los productos de la isla, como el estaño, eran muy valiosos, pero esto no era ni mucho menos suficiente para impulsar a Britania al estatus de provincia romana rentable, sobre todo teniendo en cuenta las riquezas con las que otras tierras lejanas abastecían a Roma.

Teniendo en cuenta la relativa insignificancia económica de Britania, podría parecer extraño que albergara una parte significativa de las legiones romanas ya a mediados del siglo II. Hasta 50.000 soldados romanos estaban estacionados en la isla, un número que constituía aproximadamente una décima parte del ejército romano. Estos soldados vigilaban principalmente las fronteras occidental y septentrional de Britania, apoyados por una red de fuertes.

Sin embargo, el proceso de romanización de Britania fue lento y gradual. Con el tiempo, Roma logró sus objetivos allí tan bien como lo había hecho en otros lugares, principalmente porque los beneficios que trajeron los romanos fueron inmensos. Los principales beneficios para la población local eran la seguridad y la interconexión con el resto del mundo "civilizado", lo que significaba integración económica y sociocultural. Gran Bretaña se convirtió en una provincia romana normal, y su población se consideraba romana con todo derecho.

La amplia presencia militar romana en la isla aceleró sin duda su control de Britania e hizo inútil la posible resistencia de los lugareños. De hecho, no hay constancia de una revuelta unida a gran escala contra el dominio romano en Britania hasta bien entrado el siglo IV. Para entonces, el Imperio romano estaba en declive. En sólo doscientos años, los romanos transformaron radicalmente la vida cotidiana de Britania, y la provincia pareció aceptar su nuevo papel como parte del cosmopolita mundo romano.

En 197, cincuenta años después del establecimiento del Muro de Adriano como frontera septentrional de la provincia, Britania se dividió en dos unidades administrativas: la Alta y la Baja Britania. Cien años más tarde, bajo el emperador Diocleciano, se implantaron nuevas divisiones administrativas. En 314, la provincia romana estaba formada por cuatro unidades. El norte, con capital en York, se reorganizó en Britania Secunda; el oeste, incluidas las posesiones romanas en Gales, se denominó Britannia Prima, con Cirencester como capital; la parte centro-oriental de la isla se convirtió en Flavia Caesariensis, centrada en Lincoln; y, por último, la parte meridional de Britania se denominó Maxima Caesariensis, que albergaba Londres y era la más avanzada socioeconómicamente de las cuatro.

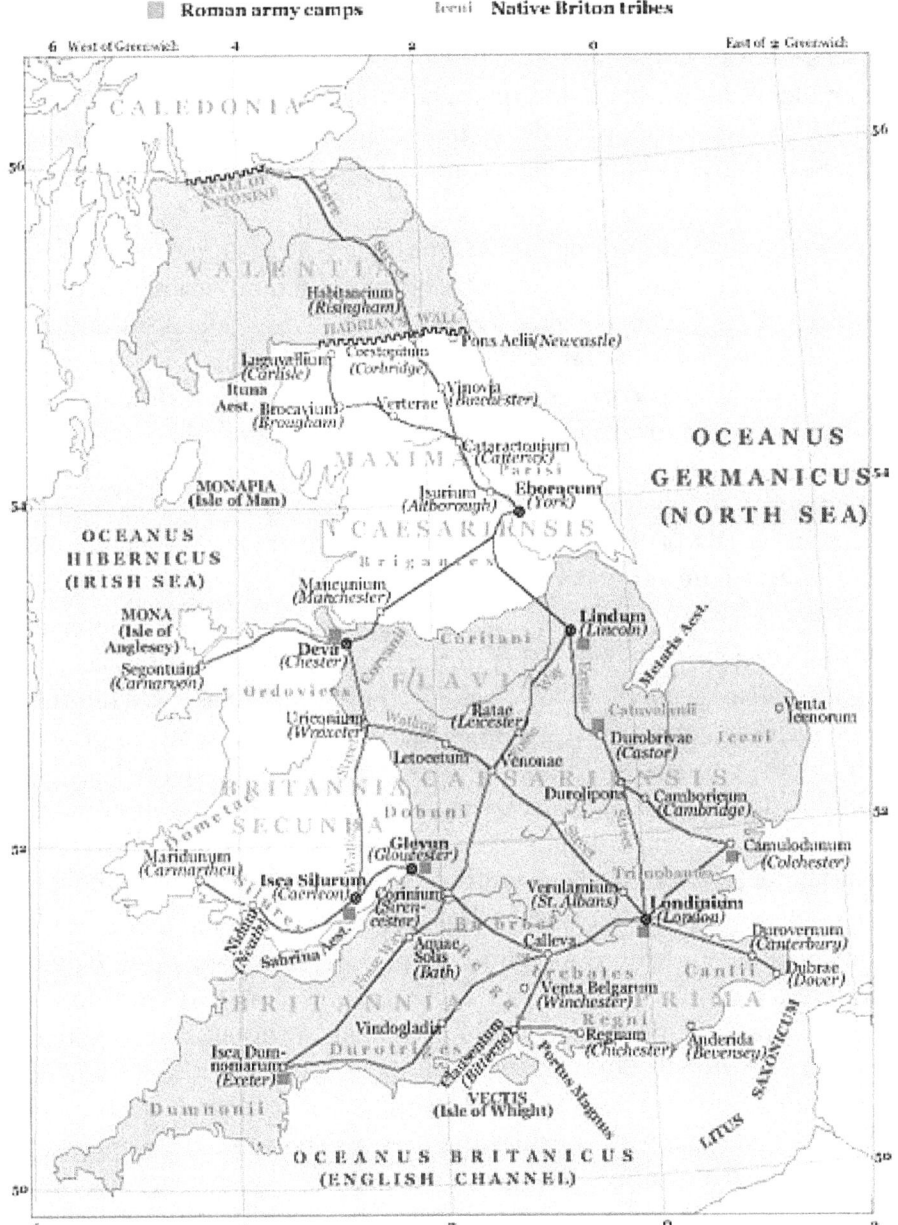

Mapa de la Britania romana[1]

Los romanos hicieron de Londres el centro administrativo de la provincia, aprovechando la importancia que tenía la ciudad antes de su llegada. Aquí residía el *vicario*, representante del emperador y el administrador romano más importante de la isla. El *vicario* era responsable del gobierno de la provincia y dependía directamente del emperador. Los gobernadores de las cuatro subprovincias de Britania, en cambio, se ocupaban más de la burocracia cotidiana: recaudación de impuestos, resolución de litigios, mantenimiento del orden público y empleo de funcionarios.

Los registros indican que las personas que ocupaban estos cargos eran nombradas directamente por el gobierno central romano y eran cambiadas con frecuencia para evitar el abuso de poder. Sin embargo, esto era frecuente. La burocracia romana estaba llena de individuos ávidos de poder, y la corrupción campaba a sus anchas en Britania, como en cualquier otra provincia romana. De hecho, era mucho más fácil practicar la corrupción en Britania, teniendo en cuenta que los emperadores no disponían de ningún medio eficaz para imponer su autoridad en una provincia tan remota. Dependían en gran medida de la buena voluntad de sus gobernadores designados.

La romanización de los asentamientos británicos puede observarse tanto en las descripciones de los mismos en las fuentes primarias como en las pruebas arqueológicas. Tras la conquista romana, las diferentes tribus dirigidas por sus respectivos caciques continuaron al principio dominando y organizándose en áreas ampliamente definidas. Estos dominios de los antiguos cacicazgos tribales se denominaron civitates, y las ciudades y asentamientos que cayeron bajo sus abruptos límites pronto llevaron las marcas de la influencia romana.

La relativa paz y seguridad que trajeron los romanos se tradujo indirectamente en un crecimiento continuo de la población de Britania. Este crecimiento aceleró el proceso de urbanización. Las ciudades más grandes pronto se organizaron de una manera profundamente romana, con calles cuadriculadas y un centro urbano que contenía un mercado, baños públicos y edificios administrativos. Las ciudades más grandes acogían regularmente a comerciantes y agricultores del campo, que acudían a estos centros para hacer negocios. Los romanos también prestaron gran atención a la construcción de murallas alrededor de las ciudades, una característica importante de los pueblos celtas incluso antes de la llegada de los romanos. La mayoría de las murallas de piedra se construyeron bajo la supervisión de los ejércitos romanos en el siglo III.

Las civitates estaban gobernadas por consejos locales que trabajaban codo con codo con los funcionarios romanos designados para mantener el orden público y regular la vida pública. Sólo algunos hombres podían ser miembros de estos consejos, denominados decuriones, y los burócratas solían recompensarles por su dedicación y sus distinciones con ascensos.

La campiña de Britania también llegó a parecerse a la típica campiña romana vista en provincias que habían estado bajo control romano durante muchos siglos, como Italia o Iberia. Los decuriones solían proceder de familias adineradas que poseían tierras fuera de las ciudades. Las pruebas arqueológicas han revelado que probablemente vivían en fincas que se asemejaban mucho a las villas italianas en todos los aspectos, sobre todo en su grandeza o fastuosidad. Algunas de estas villas, construidas en los siglos III y IV, estaban hechas de materiales importados y presentaban características como suelos de mosaico con representaciones de la mitología romana. Las villas estaban rodeadas de tierras de labranza y viviendas más pequeñas, probablemente destinadas a campesinos libres o esclavos que trabajaban para los ricos propietarios de las fincas. Por supuesto, el campo de la época de la Britania romana también albergaba pequeñas aldeas y granjas, donde vivían las clases más bajas de la sociedad.

La economía de la Britania romana, como ya hemos dicho, no tenía nada de especial. Como en todas partes, estaba fuertemente ligada a la vida urbana o rural y, a veces, incluso regulada por la legislación. Por ejemplo, las ciudades británicas estaban llenas de diferentes artesanos, como sastres, carpinteros, herreros y tejedores, que debían transmitir sus profesiones a sus hijos como parte del derecho romano. Médicos, abogados y maestros, aunque menos numerosos, también formaban parte de la mano de obra de las ciudades. La cerámica era uno de los productos más importantes, no sólo en los mercados nacionales sino también en otras provincias romanas.

Por último, la composición cultural de la Britania romana era muy interesante. Al igual que en otras provincias del imperio, el culto imperial romano, que veneraba a los emperadores y a la propia Roma, se integró en las creencias religiosas locales de los britanos. Roma mantenía una relación relativamente tolerante con las tradiciones y sistemas de creencias locales siempre que las poblaciones recién integradas respetaran las costumbres romanas y reconocieran la superioridad de la cultura romana. En Britania, por ejemplo, se veneraba el panteón romano de dioses y el culto a Augusto, el emperador tras el cual el culto imperial adquirió especial relevancia. Se construyeron templos en las ciudades británicas y las pruebas demuestran que la población seguía activamente las prácticas rituales. Con el tiempo, los dioses del igualmente diverso panteón celta se asociaron con sus homólogos romanos. Esto, combinado con la imposición de la civilización romana, que por lo demás lo abarcaba todo, hizo que los britanos fueran ciudadanos romanos bien asimilados.

En el siglo IV comenzarían a producirse profundos cambios culturales en Gran Bretaña, cuando el Imperio romano empezó a tolerar y, finalmente, a aceptar el cristianismo como religión oficial. Durante los primeros siglos desde la llegada del cristianismo a la Judea romana, los emperadores romanos habían ejercido diferentes grados de tolerancia.

Las razones de la aversión generalizada inicial al cristianismo eran múltiples. En primer lugar, estaba la extraña naturaleza del sistema de creencias y sus rituales. Un factor más importante, causado por el crecimiento relativamente rápido y multirregional de la religión, era que socavaba la autoridad religiosa, cultural y política romana. La persecución del cristianismo alcanzó su punto álgido con el reinado de Diocleciano, quien, junto con sus cogobernantes, promulgó una serie de edictos a principios del siglo IV que restringían severamente el culto y los derechos de los cristianos.

En Britania, el ejemplo más destacado de persecución fue San Albano, considerado el primer mártir cristiano británico del que se tiene constancia. Sin embargo, bajo el emperador Constantino el Grande, la persecución del cristianismo cesaría en torno al año 312. Según la leyenda, Constantino llegó a creer en el Dios cristiano tras presenciar una visión de la cruz antes de una importante y difícil batalla. Tras lograr la victoria, Constantino comenzó a desalentar la persecución de los cristianos y promovió activamente la religión, concediendo al clero cristiano el derecho de reunión y práctica pacíficas. Así, sabemos que tres obispos de Britania estuvieron presentes en el Sínodo de Arlés, celebrado en la Galia romana en 314.

Amenazas para la Britania romana

A finales del siglo III, la Britania romana comprendía esencialmente territorios de la mayor parte de la actual Inglaterra y las zonas más orientales de Gales. Aunque varios generales romanos hicieron campaña en las Tierras Altas escocesas poco después de llegar a Britania, los romanos habían abandonado sus esfuerzos por conquistar las zonas más septentrionales de la isla (la actual Escocia), como hemos mencionado antes. Los fuertes a lo largo de la Muralla de Adriano estaban vigilados en todo momento. Sin embargo, esto no quiere decir que no hubiera contacto con las tribus celtas que vivían al norte del muro. La evidencia arqueológica sugiere que las tribus dependían de los romanos para el comercio. Los asentamientos excavados al norte de la muralla guardan muchas similitudes con los de los territorios bajo control romano directo.

En Gales, la influencia romana no fue tan duradera a pesar de las extensas campañas que los romanos realizaron allí durante el siglo I. Esto se debió en parte al terreno montañoso de Gales y a la falta de buenas infraestructuras, lo que significaba que la región no estaba tan interconectada con el resto de Gran Bretaña. Las guarniciones militares estacionadas inicialmente en las fortalezas romanas más occidentales de Gales parecen haber sido abandonadas en el siglo IV, y hay bastantes menos villas de estilo romano en Gales que en Inglaterra.

El control romano se vio amenazado por los bárbaros que vivían fuera de estas escarpadas fronteras. Los enemigos más conocidos de los romanos en Britania eran los pictos ("los pintados"), que habitaban en las tierras altas escocesas. Los pictos solían lanzar sus ataques contra los puertos orientales más ricos de la Britania romana.

Los pictos se consideran descendientes de los antiguos caledonios, que vivían en el norte de Britania antes de la llegada de los romanos. Al igual que ocurre con otras tribus, sabemos muy poco de los pictos a pesar de la convincente herencia cultural que dejaron, incluidas grandes piedras que contienen complejas tallas ornamentales. Estas piedras talladas de los pictos se utilizaban probablemente para demarcaciones fronterizas y lápidas funerarias y se encuentran sobre todo en el este y centro de Escocia; datan aproximadamente del siglo VII.

Las costas romanas también sufrieron las incursiones de los celtas irlandeses, especialmente de los escotos, una de las tribus bárbaras más mencionadas en las fuentes antiguas. Su cultura es algo diferente de la de los demás pueblos celtas de Britania, lo que puede atribuirse lógicamente a la separación geográfica de las islas.

Curiosamente, los bárbaros más temidos que representaban una amenaza para Britania durante la dominación romana eran las tribus marineras del norte de Alemania y la península danesa, a saber, los sajones, los anglos y los jutos. Los romanos los identificaban a todos simplemente como sajones, término que se utilizaría más tarde para distinguir entre los eventuales habitantes anglosajones de Britania y los sajones que vivían en la Europa continental. A partir del siglo II, los frecuentes contactos entre sajones y romanos dieron lugar a los avances de estas sociedades bárbaras en el campo de la metalurgia, con el uso del oro, la plata y el bronce en armas y con fines decorativos.

Por supuesto, Britania no era la única provincia del Imperio romano que sufría invasiones bárbaras con regularidad. Así ocurría en todas las provincias europeas. La contención de estas invasiones, la mayoría de las cuales eran relativamente a pequeña escala, era posible si se mantenía una presencia militar constante en la frontera. Esta presencia dependía de múltiples cosas. En primer lugar, dependía del trato a los soldados y de la infraestructura existente: si se pagaba a los soldados y cómo se pagaba, sus condiciones de vida, el mantenimiento de las carreteras y las comunicaciones, y la constancia de los suministros a las posiciones fronterizas. En segundo lugar, la defensa de las fronteras de Roma frente a los bárbaros también dependía de sus responsables. La historia de Roma puede analizarse observando los reinados de los diferentes emperadores, porque ellos tomaban las decisiones relativas a todos los aspectos de la vida romana, sobre todo los asuntos militares.

Era, por supuesto, la autoridad ilimitada de los emperadores lo que les permitía ejercer una influencia tan directa sobre sus dominios. Sin embargo, a menudo surgían problemas antes de que el siguiente emperador designado obtuviera el poder y la autoridad necesarios para ser reconocido como emperador. En el Imperio romano, la transferencia de poder de un emperador al siguiente era notoriamente complicada. La práctica de que los emperadores eligieran a sus sucesores rara vez funcionaba, y la inmensidad del imperio permitía que muchos usurpadores desafiaran su autoridad.

En la mayoría de los casos, los usurpadores eran líderes militares que se habían ganado la lealtad y el apoyo de sus tropas y habían dirigido sus fuerzas en las partes más distantes del Imperio romano. Cada general estaba al mando de decenas de miles de soldados, un número necesario para mantener el control en las numerosas provincias de Roma. Estos generales solían prometer a sus soldados gloria y riquezas a cambio de su apoyo en la lucha por el título de emperador. Los soldados, por lealtad forjada tras años de mando, apoyaban a sus líderes.

A menudo, había varios "emperadores usurpadores" a la vez, todos reclamando su autoridad en diferentes provincias del imperio. Esto significaba que el emperador real, que nominalmente había heredado el título de su predecesor, tenía que derrotarlos en batalla para ser propiamente *el* emperador de Roma.

Sin embargo, en Britania, hasta finales del siglo III, hubo menos problemas de mantenimiento militar deficiente y de posibles usurpadores. Esto significaba que, a pesar de ser una provincia fronteriza del Imperio romano, Britania resistió las incursiones bárbaras. Las tropas estaban constantemente emplazadas en las fronteras y disfrutaban de buenas condiciones en las fortalezas que ocupaban. Las ciudades británicas más importantes también estaban amuralladas en el siglo III, a diferencia de las antiguas ciudades similares de la Galia, que sólo empezaron a construir importantes defensas de piedra después del reinado del emperador Aureliano (270-275).

Los emperadores romanos de la segunda mitad del siglo III, Aureliano, Probo y Diocleciano, eran todos generales veteranos que habían adquirido experiencia luchando en Oriente contra potencias tecnológicamente mucho más avanzadas. Tras acceder al poder, reforzaron las defensas de las provincias romanas más vulnerables.

En Britania, esto también significó reforzar el sistema de fortalezas y dedicar más recursos a las guarniciones romanas. A medida que se intensificaban las incursiones sajonas en las costas orientales de Inglaterra a finales del siglo III, las autoridades romanas mejoraron la capacidad defensiva de las ciudades costeras y los puertos y establecieron nuevos fuertes entre las principales ciudades. Estas medidas pretendían no sólo disuadir a los bárbaros de intentar atacar las costas de Britania, sino también impedir que las bandas de bárbaros sin escrúpulos llegaran al corazón de la isla.

Un comandante militar romano de origen belga, Marco Carausio, había sido nombrado comandante de la armada romana en el Canal de la Mancha gracias a su destreza en la lucha contra los bárbaros. La armada debía defender las costas del norte de la Galia y Britania de las incursiones de los bárbaros sajones y francos. El cargo de Carausio era muy poderoso, ya que le confiaba el mando sobre miles de hombres. Sin embargo, en 286, el Augusto romano Maximiano culpó a Carausio de colaborar con los bárbaros y abusar de sus poderes. No hay pruebas de que las acusaciones de Maximiano contra Carausio estuvieran justificadas, pero Carausio, en respuesta, se declaró emperador de Britania y la Galia y se rebeló abiertamente contra la autoridad imperial central. Carausio tenía considerablemente más poder que Maximiano, derivado del hecho de que el ataque de Maximiano a la posición de Carausio en 289 fue rechazado.

Carausio se mantuvo en el poder en el norte de la Galia y en Britania. Reforzó sus defensas e incluso acuñó sus propias monedas, con las que pagaba a los soldados imperiales estacionados en los territorios que controlaba. Los historiadores creen que esto podría sugerir que se consideraba igual que los césares romanos y que gozaba del apoyo popular. Su ejército estaba formado por sus antiguos y leales seguidores, legiones romanas en Britania y bandas de mercenarios bárbaros.

En 293, Carausio fue asesinado por uno de sus subordinados, Alecto, que se declaró emperador de Britania y continuó desafiando a la autoridad imperial central en Roma. Sin embargo, para entonces, el emperador romano de Occidente Constancio Cloro ya estaba harto de los usurpadores y había lanzado una exitosa invasión de la Galia, recuperando gran parte del territorio usurpado por Carausio. Así, Alecto y sus partidarios huyeron a Britania, donde establecieron sus defensas y resistieron a las fuerzas del emperador "real" durante tres años más, hasta 296.

La reafirmación del poder de Constancio en el norte de la Galia y Britania marcó el final de la rebelión. Tras este incidente, el emperador Diocleciano introdujo profundos cambios administrativos en Britania para garantizar que un solo usurpador no pudiera volver a desafiar a la autoridad central. Las medidas de Diocleciano aportaron una relativa estabilidad a Britania durante muchas décadas (aunque, como hemos mencionado, la isla fue objeto de repetidas incursiones bárbaras durante el siglo IV).

Tres usurpadores

Aunque el año 410 se considera generalmente el final del dominio romano sobre Britania, el declive de la influencia romana en la isla fue un proceso gradual. Como se ha demostrado, la Britania romana se enfrentó a numerosas amenazas internas y externas entre los siglos I y IV, pero le fue relativamente bien. El sistema de defensas establecido en Britania demostró ser eficaz, y mientras se mantuvo la presencia militar, las invasiones bárbaras no pudieron debilitar significativamente el control romano en la provincia.

Sin embargo, a finales del siglo IV, la situación en Britania empezó a deteriorarse, en consonancia con la situación general del Imperio romano de Occidente. El imperio luchaba contra la migración de las tribus bárbaras que se vieron obligadas a desplazarse hacia el oeste, hacia los territorios del Imperio romano, durante la Gran Migración, así como contra las crisis económicas, la sobre expansión, la corrupción y las guerras civiles entre influyentes líderes militares. Todos estos factores influyeron en el declive del dominio romano en Britania. Comenzó cuando tres usurpadores consecutivos, como Carausio casi un siglo antes, desafiaron la autoridad del poder imperial.

En 383, el general romano Magno Máximo, que había sido destinado a Britania tres años antes, instigó la primera revuelta, declarándose emperador. No está claro si esta decisión era la intención de Máximo o si sus soldados descontentos le empujaron a rebelarse, al sentirse desfavorecidos por el creciente número de soldados extranjeros en los ejércitos romanos. Sea como fuere, Máximo, utilizando sus fuerzas de Britania, se impuso rápidamente en el norte de la Galia, haciendo de la ciudad de Augusta Treverorum (la actual Tréveris) su centro. Ese mismo año, derrotó al emperador occidental Graciano, muerto en una escaramuza en el sureste de Francia, y marchó a Italia para instalarse como emperador "legítimo" en Roma.

Sin embargo, Máximo fue frenado en seco por otro general romano, Flavio Bauto, que negoció con él en nombre del sucesor de Graciano, Valentiniano II, de doce años de edad. Al final, Máximo fue reconocido como el "Augusto" de la Galia y Britania, un rango que técnicamente le hacía igual a Valentiniano y Teodosio, el gobernante en el este. Durante los años siguientes, Máximo, ahora el reconocido y legítimo Augusto de la Galia y Britania, supervisó las defensas contra los bárbaros. Puede que incluso hiciera campaña contra los pictos en el norte.

Aun así, parece que Máximo aspiraba a convertirse en César, ya que intentó aprovechar la oportunidad cuatro años más tarde, llevando sus fuerzas desde Britania y la Galia hasta el norte de Italia y atacando la ciudad de Milán. Milán era la capital del aún joven emperador Valentiniano II y de su madre, Justina, que probablemente ejercía mucha influencia sobre su hijo y gobernaba entre bastidores. Se vieron obligados a huir a la ciudad griega de Tesalónica, donde suplicaron la ayuda del emperador oriental Teodosio. Antes de que Teodosio pudiera reunir adecuadamente sus fuerzas y dirigirlas personalmente para enfrentarse a Máximo en la batalla, este hizo valer su poder en las demás ciudades italianas. Se preparó para defenderse de la inminente respuesta del este en el río Save. Los dos ejércitos se encontraron finalmente cerca de la ciudad de Siscia, en la actual Croacia, donde Teodosio derrotó a los hombres de Máximo. Capturó al usurpador y lo hizo ejecutar por traición, poniendo fin así a la primera gran rebelión de Britania a finales del siglo IV.

El emperador Teodosio I, que reinó como emperador romano de Oriente hasta su muerte a principios del año 395, está considerado como uno de los últimos grandes emperadores antes de la caída de Roma en 476. Además de derrotar al usurpador Magno Máximo, estabilizó relativamente bien la migración masiva de bárbaros a los territorios del imperio, integrando a muchos de ellos pacíficamente en tierras romanas. Inmediatamente después de derrotar a Máximo, reafirmó el control sobre la Galia y Britania y envió legiones de vuelta a la Muralla de Adriano para seguir protegiéndola de los ataques bárbaros.

En 392, otro usurpador, Eugenio, intentó desafiar la autoridad de Teodosio, pero éste puso fin a la revuelta dos años más tarde. A finales del 394, sin embargo, comenzó a sufrir una grave enfermedad y murió en enero del año siguiente. Su hijo de diez años, Honorio, le sucedió como emperador en Occidente, mientras que su hermano mayor, Arcadio, gobernó en Oriente. Como Honorio era demasiado joven para gobernar, Estilicón, el marido de la sobrina de Teodosio, asumió su regencia.

Durante esta época, Britania quedó cada vez más aislada del resto del imperio. El recrudecimiento de las invasiones bárbaras en tierras romanas dificultaba el establecimiento de comunicaciones. Es posible que al principio Estilicón hiciera campaña en Britania contra los escoceses y los pictos, pero en algún momento del año 401 o 402, solicitó el apoyo de las legiones britanas para luchar contra los bárbaros en la Galia.

Aunque continuaron las incursiones bárbaras en las zonas más expuestas de Britania, la situación empeoró mucho a finales del año 406, cuando un gran número de bárbaros emigrantes tomaron la crucial decisión de cruzar el río Rin, la frontera que separaba la Galia romana de las tierras de las tribus germánicas. Los bárbaros ya habían emigrado a tierras romanas en numerosas zonas, y a muchos incluso se les ofrecieron puestos en los ejércitos romanos como *soldados foederati*. Sin embargo, el cruce del Rin, que muy probablemente tuvo lugar el último día del año 406, marcó un acontecimiento significativo. En las crónicas contemporáneas se menciona como el acontecimiento que provocó la destrucción generalizada de las ciudades romanas en la Galia.

Las legiones romanas fueron incapaces de impedir que los bárbaros cruzaran el río, ya que había permanecido helado durante todo el invierno. Las defensas a lo largo del Rin también podrían haberse debilitado, con soldados enviados a defender Italia de las invasiones más inmediatas de vándalos, visigodos y ostrogodos que amenazaban el corazón del imperio. Cualesquiera que fuesen las razones de la travesía, ciudades como Maguncia, Reims, Amiens y muchas otras fueron saqueadas por hordas de tribus alanas, alemanas, borgoñonas, sajonas, sármatas y vándalas, lo que aumentó la presión sobre el Imperio romano de Occidente. A partir de este momento, se hizo cada vez más evidente que era imposible para Roma salvar la situación.

La travesía del Rin tuvo una gran importancia para la Britania romana. Los ciudadanos estaban claramente desencantados por la decisión del emperador Honorio de retirar a muchos soldados de Britania, pues creían que la nueva oleada de invasiones bárbaras también suponía una amenaza para la isla. Así, a principios de 406, el pueblo de Britania se rebeló de nuevo, eligiendo a su propio emperador, un distinguido soldado llamado Marco. Sólo duró unos meses como usurpador antes de ser derrocado en favor de otro soldado, Graciano. Es probable que los soldados romanos que quedaban en Britania organizaran estas rebeliones, motivados por el hecho de que llevaban años sin cobrar de Roma y querían tomar cartas en el asunto.

Sea como fuere, Graciano también fue derrocado a principios del 407, sustituido por otro hombre: Flavius Constantinus. Constantinus, o Constantino, fue elegido en respuesta directa a los bárbaros que cruzaban el Rin, deducida de sus acciones tras asumir el poder en febrero del 407. Poco después de usurpar el poder, tomó las fuerzas británicas restantes y cruzó el canal de la Mancha para llegar a la ciudad de Bolonia. Este movimiento estaba calculado para luchar directamente contra los bárbaros invasores o restablecer el contacto con la autoridad imperial central en Roma para pagar a su ejército. La segunda posibilidad es menos probable, ya que Constantino se estaba rebelando técnicamente contra Roma. Es poco probable que el gobierno hubiera satisfecho sus demandas a menos que se impusiera por la fuerza.

La siguiente maniobra de Constantino es aún más extraña. Tras llegar a la Galia y afirmarse en Bolonia, confió el control de una parte de su ejército a uno de sus comandantes, Geroncio, y lo envió a España. Tras llegar a España, Geroncio se rebeló contra su antiguo general, muy probablemente en 409, y más tarde volvió a enfrentarse a él, levantando a la población de la Galia contra él. En un giro aún más extraño de los acontecimientos, por la misma época, Constantino fue brevemente reconocido por el emperador Honorio como coemperador, después de lograr algunos éxitos contra los bárbaros en la Galia.

Britania, por su parte, estaba sufriendo duramente los renovados ataques sajones, escoceses y pictos en 408-409, resultando cada vez más difícil repelerlos sin una presencia militar. La población britana de las ciudades, que no había recibido ninguna ayuda del imperio, decidió expulsar a los administradores romanos, refiriéndose, muy probablemente, a los que Constantino había puesto en su lugar. Esto también ocurrió en la Galia.

Conocemos este inesperado giro de los acontecimientos gracias al historiador griego Zósimo, que vivió en Constantinopla a finales del siglo V y escribió sobre la historia del Imperio romano desde mediados del siglo III hasta principios del siglo V. Zósimo achaca este nivel de desencanto al poco éxito de la rebelión de Constantino y a su incapacidad para conseguir un apoyo generalizado. Escribe que la situación en Britania no cambió para bien con el ascenso de Constantino, que ignoró en gran medida la isla e impulsó su propia agenda, que acabó en un completo fracaso. Para complicar aún más las cosas, en 411, tras su intento de invasión de Italia, Constantino fue capturado y ejecutado por Honorio, lo que provocó el fracaso total del control romano en la Galia y Britania durante un tiempo.

Sin embargo, las incursiones bárbaras en Britania continuaron. Según Zósimo, la población británica solicitó ayuda nada menos que al emperador Honorio. Al parecer, esta petición fue rechazada por el emperador en 410. No estaba en condiciones de ofrecer ayuda a los británicos y les dijo que organizaran las defensas por su cuenta.

Sin embargo, no está claro que esta correspondencia entre los britanos y Honorio tuviera lugar. Por un lado, la cohesión de las comunicaciones romanas en aquella época era cuestionable, ya que el funcionamiento administrativo del imperio estaba fallando debido al aumento de las invasiones bárbaras. Además, Britania seguía técnicamente rebelada contra Honorio. (Las legiones britanas habían proclamado emperador a Marco en 406). Es posible que pensaran que la ayuda financiera o militar de Roma era la única forma de acabar con las incursiones bárbaras y estuvieran dispuestos a declarar su lealtad al emperador. Dado que la descripción de estos acontecimientos en los escritos de Zósimo se produce en medio de su relato de la situación en curso en Italia, muchos historiadores creen incluso que confundió Britania con la provincia italiana de Brettia.

Aun así, el año 410 marca el fin del control romano sobre Britania, ya que las fuerzas romanas nunca volvieron a reforzar Britania. En su lugar, la población romano-británica de la isla tuvo que encontrar la manera de adaptarse a las circunstancias cada vez más difíciles, marcando una nueva era en la historia de Britania.

Capítulo 2: La llegada de los anglosajones a Britania

En el año 410, el Imperio romano de Occidente estaba al borde del colapso. Cada vez resultaba más difícil hacer frente a las oleadas migratorias de bárbaros hacia sus territorios, y el imperio luchaba contra una serie de problemas internos que reducían considerablemente su capacidad para gobernar con eficacia. Como consecuencia, el emperador había dejado de preocuparse por las provincias más alejadas del imperio, incapaz de proporcionarles apoyo militar y financiero e instándolas a defenderse por sí mismas frente a la amenaza bárbara. Tras serle denegada la ayuda, la población británica comprendió que era inútil seguir confiando en la autoridad imperial central. Britania se quedó sola y, si quería sobrevivir, tenía que hacerlo sola. En este capítulo analizaremos la evolución de la Britania post-romana, desde el cambio gradual del statu quo hasta la llegada de los amos de la isla: los anglosajones.

Las preguntas en la Britania sub-romana

En el año 410, la situación en Britania era nefasta. Las legiones romanas, estacionadas como guarniciones para vigilar la provincia fronteriza, habían sido retiradas en su mayoría por las acciones de Magno Máximo a finales del siglo IV y por Estilicón y Constantino durante la última década. Las tropas que quedaban en Britania eran probablemente de origen romano-bretón local. Como hemos mencionado, la población también se había vuelto contra los magistrados romanos de las ciudades. Entre ellos se encontrarían funcionarios que ocupaban altos cargos en la burocracia romana, aunque desconocemos sus nombres debido a la falta de fuentes contemporáneas.

Con todo, sólo podemos especular que el tema subyacente de la caótica situación era el siguiente: la población de Britania, en su mayoría britanos asimilados, había rechazado la idea de que las autoridades romanas gobernaran sobre ellos, aunque no abandonaron sus formas de vida, que seguían siendo muy romanas. Habiendo decidido actuar de forma independiente, debían reorganizar el gobierno. Y lo que es más importante, también debían hacer frente a las incursiones bárbaras procedentes de todas partes, incluidos los pictos y escoceses celtas por el norte y el oeste y los sajones germánicos por mar.

Nuestro conocimiento de los acontecimientos inmediatamente posteriores a la negativa de Honorio a ayudar a Britania depende en gran medida de fuentes recopiladas a partir de finales del siglo V, que son profundamente criticadas. Esencialmente, lo que menos sabemos es el giro que tomaron los acontecimientos desde el final de la dominación romana en Britania hasta la llegada de los anglosajones y su ascenso a la hegemonía, un período de unas tres o cuatro décadas.

La primera fuente que intenta presentar un relato cronológico de este periodo es la obra de Gildas, un monje cristiano británico que vivió a finales del siglo V y principios del VI. Su obra *Sobre la ruina y conquista de Britania* es principalmente un libro religioso destinado a censurar a los gobernantes de Britania occidental a principios del siglo VI. El relato histórico que presenta Gildas comprende una parte del libro y se basa en gran medida en historias recordadas y contadas de nuevo de las que disponía. Esto significa que los acontecimientos relatados más cercanos a la época de Gildas, es decir, mediados del siglo VI, deben considerarse más precisos que los anteriores. Otras fuentes británicas de épocas posteriores se basan parcial o totalmente en su obra, por lo que es importante discutir brevemente lo que podemos deducir del relato de Gildas.

Las inexactitudes históricas del relato de Gildas se notan enseguida, ya que comienza su historia con el derrocamiento del usurpador Magno Máximo en 388, a quien se refiere como el primer gobernante verdaderamente independiente de Gran Bretaña. Según Gildas, los britanos solicitaron ayuda al gobierno imperial tres veces después del derrocamiento de Máximo, ya que los pictos y escoceses continuaron sus ataques. Gildas menciona que, en un primer momento, se dijo a los britanos que construyeran un muro de césped como medida defensiva frente a los bárbaros del norte. Tras el segundo llamamiento, se les dijo que construyeran un muro de piedra. Es muy probable que se refiera a las defensas romanas del Muro Antonino y el Muro de Adriano y que su relato sirva para explicar la existencia de estos muros en el norte de Britania.

Fue la Muralla de Adriano la que se construyó primero, a partir del año 122. Las obras de la Muralla Antonina, situada más al norte que la de Adriano, comenzaron unos veinte años más tarde. Finalmente, como hemos mencionado, el Muro Antonino fue abandonado al resultar más difícil de mantener para los romanos, y el Muro de Adriano se convirtió en la frontera más septentrional de la Britania romana. Sin embargo, la construcción de estas defensas no está relacionada en absoluto con el derrocamiento de Magno Máximo ni con el periodo del que habla Gildas en su obra. El relato de Gildas también omite por completo la posterior rebelión de Constantino, aunque es poco probable que la fuente que le proporcionó la historia de Magno Máximo la hubiera omitido.

Lo que Gildas menciona con acierto es que se hizo un tercer llamamiento de ayuda a un general romano llamado Agitius, pero tampoco obtuvo respuesta de la autoridad imperial. Gildas menciona que, después de esto, al intensificarse los ataques de pictos y escoceses, un "tirano desafortunado" (*infaustus tyrannus*) de Britania pidió asesoramiento a su consejo e invitó a los sajones a ayudar contra estas invasiones.

El relato de Gildas es utilizado por el monje inglés de principios del siglo VIII Bede en su *Historia eclesiástica del pueblo inglés*. Bede adapta esta historia y no se aparta en gran medida de la narración de Gildas, fijando la fecha de la llegada de los sajones en el año 447. No hay forma de saber si ésta es la fecha de llegada de los primeros mercenarios sajones, pero el orden cronológico general de la historia tras su llegada a Britania coincide con el relato de Gildas.

También tenemos el relato de la *Historia de los Britanos*, atribuido originalmente a un monje galés llamado Nennius, que vivió en el siglo IX. Sin embargo, el relato de Nennius está muy influido por el hecho de que escribió como monje a las órdenes del rey Merfyn del reino galés de Gwynedd. Es posible que muchos detalles se hayan modificado en consecuencia. En la *Crónica anglosajona*, recopilada a finales del siglo IX, también se encuentran datos sobre los acontecimientos de principios del siglo V en Britania. Aun así, la identificación de fechas exactas es muy difícil.

Vortigern, Hengist y Horsa

A partir de estos relatos, podemos deducir el esquema básico de la historia post-romana temprana de Britania. Tras la incapacidad de Britania para obtener el apoyo del Imperio romano en decadencia, las tribus celtas asaltantes, especialmente del norte, ejercieron una presión cada vez mayor sobre la población romano-británica. Esta situación persistió durante algún tiempo antes de que los que aún ostentaban la autoridad en la antigua provincia romana, ya fuera un consejo o el "tirano desafortunado" al que se refiere Gildas, pidieran ayuda a la siguiente mejor opción: los sajones. Los britanos decidieron invitar a mercenarios sajones para luchar contra los asaltantes pictos y escoceses, lo que provocó la llegada de más y más combatientes sajones a Britania.

Pero, ¿quién estaba exactamente al mando de Britania tras la expulsión de los magistrados romanos? Esta es una pregunta a la que hay que responder antes de discutir la tasa y el grado de migración sajona a Britania.

Aunque Britania ya no estaba vinculada a la autoridad imperial central de Roma, su modo de vida y su organización social seguían siendo muy romanos. Los britanos seguían considerándose miembros legítimos de la civilización romana. La expulsión de las autoridades imperiales era simplemente una señal de protesta ante el emperador que se preocupaba poco por sus súbditos, no un rechazo total de Roma.

Un aspecto de la vida social que había estado presente en Britania desde la época de los romanos eran los consejos locales, que se establecieron para gobernar las civitates britanas con mayor eficacia. En el relato de Zósimo sobre la supuesta respuesta de Honorio a la súplica de los britanos, el emperador parece dirigirse a las ciudades de Britania. Esto indica que el sistema de gobierno local seguía siendo prominente en 410. Hay pocas razones para sospechar que se abandonara por completo después.

Del mismo modo, hay muchas probabilidades de que quienes supuestamente habían pedido ayuda al emperador fueran miembros de las clases más altas, tal vez la nobleza terrateniente cuyas propiedades, situadas fuera de las ciudades amuralladas, estaban más amenazadas por las invasiones bárbaras. También es probable que este círculo de administradores locales y nobles gobernara Britania en ausencia de un gobernante claro tras la revuelta de 406.

Sin embargo, tiempos desesperados exigen medidas desesperadas, y es probable que los britanos buscaran figuras individuales que les sacaran de su desesperación a principios del siglo V. En épocas de grandes crisis, la propia República romana otorgaba un poder casi ilimitado a una sola persona (el dictador) que era elegida por el Senado para un determinado mandato para hacer frente a la crisis. Por tanto, es probable que el "tirano desafortunado" que, según Gildas, recurrió a la ayuda de los sajones contra los pictos y los escoceses, fuera una figura histórica real.

En el relato de Gildas, este personaje cuenta con la ayuda de un consejo, lo que podría referirse a uno de los consejos locales de la organización original de las civitates romanas en Britania. Sin embargo, como Gildas se refiere a él como *tyrannus*, parece que no fue elegido para este cargo. El hecho de que Gildas se refiera a él como "desafortunado" probablemente signifique que, tras su decisión, Britania fue invadida por los sajones inmigrantes y se vio obligada a entrar en guerra. Así pues, podemos deducir del relato de Gildas que, aunque un solo hombre ostentaba un poder considerable en la Britania inmediatamente posterior a la época romana, la antigua organización del consejo local seguía siendo muy prominente.

Bede, el autor de la *Historia Eclesiástica del Pueblo Inglés*, amplía el relato de Gildas sobre el tirano. Lo identifica como un hombre llamado Vortigern, que traducido del celta significa "alto rey". Esto no significa necesariamente que Vortigern fuera el rey que gobernaba todos los territorios de la antigua Britania romana. No obstante, ostentaba cierto poder e influencia en la Britania de principios del siglo V. De manera crucial, Bede también menciona los nombres de los primeros líderes sajones invitados, los hermanos Hengist y Horsa. Según Bede, fueron los primeros jefes de los bárbaros sajones que finalmente también lucharon contra los britanos, Vortigern incluido.

Ilustración de Bede[a]

Fuentes posteriores amplían este relato, diciendo que los hermanos caciques desembarcaron cerca de Ebbsfleet, en Kent. La pequeña fuerza que trajeron tuvo éxito al principio al derrotar a los pictos y fue pagada por los britanos. Tras comprobar su éxito, Vortigern creyó que la estrategia funcionaba y pidió a los hermanos que trajeran a más miembros de su tribu para que se establecieran en Kent y lucharan. Al ver la caótica situación en Britania, Hengist y Horsa enviaron un mensaje a su tierra natal, señalando que los britanos seguían muy desorganizados y solicitaron más refuerzos. Según las crónicas, pretendían traicionar a sus jefes.

Los soldados sajones trajeron a sus familias y se asentaron en el sudeste de Britania. Nennius escribe que Vortigern se enamoró de la hija de Hengist, que había llegado a Britania. Cegado de amor, el soberano británico le dijo a Hengist que haría cualquier cosa a cambio de la mano de su hija. El jefe sajón solicitó el control de Kent, que le fue concedido a su debido tiempo.

Poco después estalló un conflicto entre sajones y britanos, cuyas razones exactas se desconocen. Gildas afirma que la primera parte del conflicto culminó en la batalla del monte Badon, una batalla excepcionalmente sangrienta en la que los britanos lograron la victoria y obligaron a los sajones a regresar a Kent, estableciendo una tregua.

Hay mucho que desentrañar en este relato sobre Vortigern, Hengist y Horsa. En primer lugar, aunque todas las crónicas tempranas mencionan a Hengist y Horsa como los primeros líderes sajones que cruzaron el canal de la Mancha para luchar como mercenarios para los britanos, los historiadores mantienen el consenso de que no fueron figuras reales. Los detalles sobre ellos no aparecen en el relato de Gildas, la recopilación más antigua de historias contadas y recordadas por sus contemporáneos. Los relatos de Bede y Nennius, así como la *Crónica anglosajona*, dicen que Hengist y Horsa remontan su genealogía a Woden u Odín, el dios más venerado de la mitología nórdica y una deidad importante en las primeras creencias paganas germánicas. Sus nombres, "Hengist" y "Horsa", también significan "semental" y "caballo" en inglés antiguo.

La combinación de todos estos factores, incluidos sus nombres aliterados, su genealogía mítica y la falta de pruebas históricas más cercanas a su época, hace que no esté claro si realmente existieron. Lo mismo puede decirse de Vortigern. Aun así, es mucho más probable que un individuo poderoso entre los britanos invitara a los sajones a venir a luchar como mercenarios contra los pictos y los escoceses inmediatamente después del colapso del orden romano.

Sin embargo, podemos deducir razonablemente de todos estos relatos que a finales del siglo V ya habían empezado a producirse profundos cambios en la Britania post-romana. La población romano-británica local había pedido ayuda a los sajones germánicos, que habían empezado a llegar en número creciente y a asentarse en Kent. En la época de Gildas, ya había estallado y se había resuelto un conflicto entre sajones y britanos.

Reconstrucción del asentamiento anglosajón

Dado que las pruebas textuales que tenemos de la Britania inmediatamente posterior a la época romana no bastan para reconstruir la historia de la llegada de los sajones, debemos recurrir a pruebas materiales que se remontan al siglo V para confirmar estos relatos, a veces contradictorios. A partir de estas pruebas, podemos deducir que a mediados del siglo V se produjo un importante cambio cultural y lingüístico en Britania que, en cierto modo, respalda los relatos de los cronistas que hemos analizado.

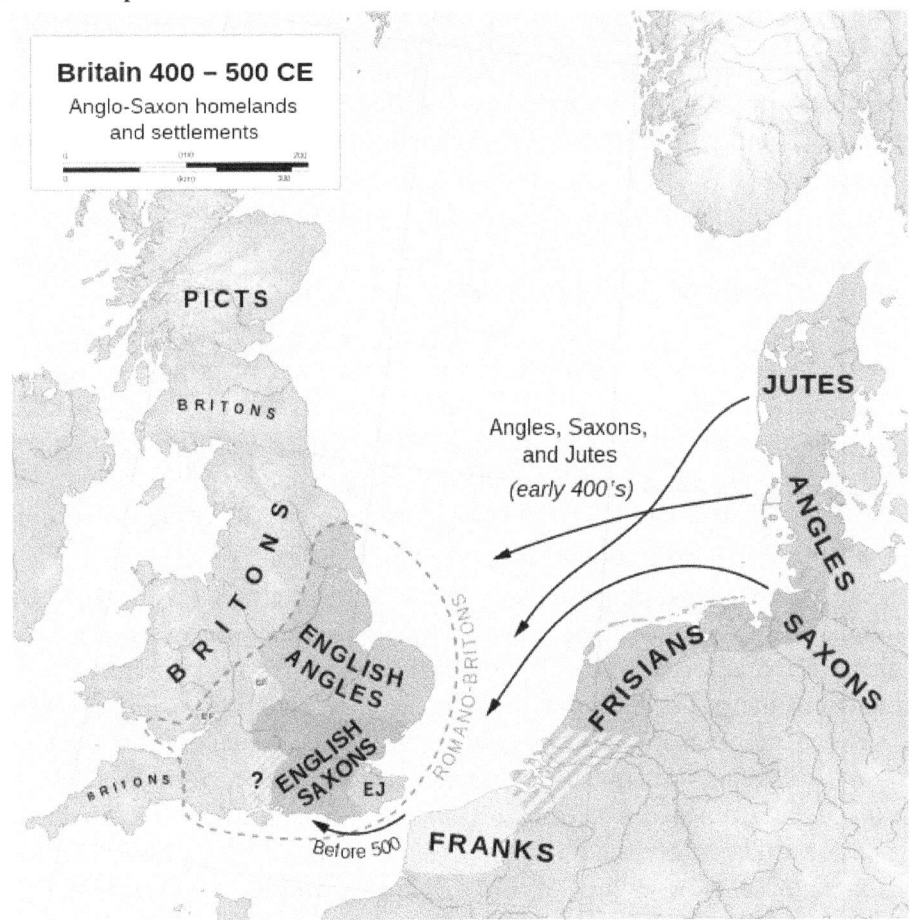

Patrones de migración anglosajona a Inglaterra[8]

En la época del declive de la dominación romana, la mayoría de la población británica hablaba dos lenguas: una versión bretona del latín o el celta británico. Obviamente, el latín fue introducido en la isla por los romanos y era la lengua de facto de la provincia, al igual que en el imperio. El celta británico, en cambio, era la lengua original de los britanos, que mantuvieron un fuerte vínculo con sus orígenes celtas y no renunciaron a hablar esa lengua ni siquiera cuando fueron conquistados y dominados por una civilización completamente distinta. Esto puede explicarse por la relativa tolerancia que mostraron los romanos hacia las culturas y lenguas de los pueblos que conquistaban, como ya hemos comentado.

En la Britania post-romana, parece que la lengua desempeñaba un papel vital en la identificación de la composición étnica o cultural de la sociedad. Los inmigrantes principalmente sajones, anglos y yutes que empezaron a llegar a Britania en el siglo V trajeron sus propios dialectos de lenguas germánicas. Estos dialectos acabaron fusionándose en el inglés antiguo, antepasado del inglés moderno. En los siglos siguientes, a medida que crecía la influencia de estos inmigrantes germánicos, el inglés antiguo parece haberse convertido en la lengua dominante en el este, sur y centro de Britania, mientras que el celta británico fue desplazado a los confines de la antigua provincia romana.

En el siglo VIII, el celta se hablaba en Gales, Irlanda y Escocia, las zonas menos afectadas por la migración anglosajona. También se hablaba en las zonas más suroccidentales de Gran Bretaña, sobre todo en Cornualles, donde el córnico (una versión del celta) siguió hablándose hasta el siglo XVIII a pesar de siglos de anglicización. El celta también perseveró en el noroeste de Francia, en la región de Bretaña, adonde emigraron muchos británicos tras la llegada de los sajones.

Aunque el inglés antiguo tiene algunas influencias celtas, tiene pocas palabras de origen celta. Se trata de un fenómeno único. Aunque las tribus germánicas penetraron profundamente en los territorios del Imperio romano (por ejemplo, en la Galia, Iberia, Italia e incluso el norte de África), adoptaron en gran medida las lenguas locales. Así pues, al examinar la aparición del inglés antiguo como lengua dominante de la Gran Bretaña post-romana surgen preguntas clave. ¿Fue el resultado de una toma militar decisiva y de la afirmación por la fuerza de un orden completamente nuevo que podría haber incluido, por ejemplo, la prohibición del celta británico? ¿O fue el resultado de la aparición de una élite que hablaba inglés antiguo, cuya lengua fue ganando prestigio entre los plebeyos con el paso del tiempo, en detrimento de sus lenguas nativas?

La idea de la dominación militar de los anglosajones está parcialmente respaldada por los relatos de Gildas y Bede, que mencionan los conflictos que estallaron entre los inmigrantes y los nativos poco después del colapso del dominio romano en Britania.

La segunda hipótesis cuenta con cierto apoyo textual. La *Crónica anglosajona* menciona que los primeros sajones mataron a muchos líderes britanos locales en sus encuentros de la segunda mitad del siglo V. Según la *Historia de los Britanos* de Nennius, Hengist invitó a Vortigern y a otros líderes britanos a una fiesta para celebrar la paz, en la que Hengist había dado instrucciones a sus hombres para que escondieran cuchillos en sus atuendos y mataran a los desprevenidos britanos. Muchos líderes britanos (que, si Nennius está en lo cierto, eran los nobles restantes) fueron asesinados. Vortigern, que se salvó, se vio obligado a ceder el control de las tierras británicas orientales y centrales a los sajones. Este relato se repite en la *Historia de los reyes de Britania* de Geoffrey de Monmouth, aunque también se duda de la fiabilidad de esta fuente. Aun así, parece que los sajones eliminaron de algún modo a la alta nobleza británica local y se impusieron en su lugar.

Según esta teoría, esto provocó un cambio drástico en el orden político. Muchos británicos se habrían visto influidos a adoptar la lengua de los sajones, ya que podría haberles proporcionado más ventajas o haber sido requerido por los nuevos dirigentes. Sin embargo, el cambio lingüístico que tuvo lugar en la Britania post-romana fue gradual, como todo cambio lingüístico. Debió de producirse a lo largo de varias generaciones, a medida que la dominación anglosajona de Inglaterra se hacía más prominente.

Las pruebas arqueológicas apoyan la afirmación general de que el asentamiento anglosajón se produjo en Britania de este a oeste. La prueba más clara de ello es la distribución de los enterramientos anglosajones, que se distinguen de los romano-británicos. Por ejemplo, Mucking, un yacimiento arqueológico situado en el sureste de Essex, contiene un gran cementerio en el que se han descubierto tanto enterramientos de estilo romano-británico como anglosajón, siendo estos últimos más numerosos.

Se cree que Mucking fue un asentamiento británico antes de ser abandonado y habitado por los anglosajones, posiblemente incluso antes de la fecha tradicional de su migración a Gran Bretaña en los años 420 o 430. La proximidad de este lugar a otros asentamientos romano-británicos y la difusión de tumbas sajonas con tumbas locales sugieren que los habitantes germánicos del lugar pueden haber sido soldados *foederati* a finales del siglo IV o principios del V. Mucking también contiene más de doscientos edificios de estilo sajón, llamados *Grubenhaus*, un tipo de pequeña casa-pozo. En general, los yacimientos anglosajones más antiguos se han descubierto en las zonas orientales de Inglaterra, hasta el norte del río Humber. Esto confirma también en parte el relato de sus pautas de asentamiento a finales del siglo V y principios del VI.

El hecho de que los primeros anglosajones fueran mercenarios puede confirmarse razonablemente con el descubrimiento de cinturones con tallas ornamentales, incluidas tallas de animales que recuerdan los estilos germánicos. Se han encontrado en diversos yacimientos, como Mucking, los enterramientos tardorromanos de Winchester e incluso Francia.

Aunque estos accesorios para cinturones recuerdan el estilo y el gusto germánicos, lo más probable es que fueran utilizados tanto por los soldados sajones como por los romano-británicos locales. La cerámica romana tardía también presenta un estilo germánico, hasta el punto de que las vasijas se han atribuido a un estilo romano-sajón distinto, lo que indica un alto grado de contacto entre ambas culturas. Es evidente que la Britania romana empezó a producir vasijas con decoraciones germánicas ya a finales del siglo IV. Esto indica que existía una demanda de este tipo de productos, lo que apunta a la estrecha relación que la Britania romana tardía mantenía con la cultura sajona.

Así pues, existen pruebas lingüísticas, culturales y materiales de la presencia sajona en Britania a mediados del siglo V que corroboran las fuentes literarias contemporáneas. Gentes de origen germánico poblaban partes del este de Britania, especialmente la región de Kent, y muy probablemente llegaron allí como mercenarios foederati. Parece que vivían algo separados del resto de la sociedad británica local. Con el tiempo, más sajones emigraron a las costas de Britania y, ya fuera mediante la guerra, la dominación de las élites británicas o la asimilación cultural, afirmaron su control sobre la población local. Lo que vino después fue una profunda transformación del paisaje social, cultural y político de la Gran Bretaña post-romana. A mediados del siglo VI, los anglosajones dominaban Gran Bretaña.

Capítulo 3: El nacimiento de la Inglaterra anglosajona

En este capítulo analizaremos el periodo posterior al asentamiento anglosajón en la Gran Bretaña post-romana, que incluye profundas transformaciones sociopolíticas. Como vimos en el capítulo anterior, los acontecimientos que siguieron a la llegada de los anglosajones a Gran Bretaña y que hicieron que se convirtieran en la fuerza dominante a mediados del siglo VI están rodeados de misterio. Pero, a finales del siglo VI, cuando el papa Gregorio I decidió enviar una misión a Gran Bretaña, los anglosajones ya habían establecido sus formaciones de tipo estatal, basadas fundamentalmente en sus estructuras tribales nativas. Como veremos, la transformación de estas formas de organización social y política en una realeza más desarrollada se vio favorecida por la introducción del cristianismo, una similitud que la Inglaterra anglosajona compartía con la Europa occidental de la Alta Edad Media.

Orígenes de los reinos anglosajones

Fuera cual fuese la forma en que los inmigrantes sajones llegaron a dominar a la población romano-bretona local, tardarían siglos en formar lo que podría denominarse "reinos". Esto se debió a las diferencias fundamentales entre las organizaciones socioculturales de la civilización romano-británica y el modo de vida germánico de los sajones.

En la época de la Gran Migración, la organización social de los sajones, anglos y jutos seguía siendo en forma de jefaturas tribales. Estas jefaturas tenían una jerarquía estricta, con un líder militar exitoso, o cacique, en la cima. Un cacique tenía una autoridad y un poder ejecutivo casi indiscutibles, aunque a menudo consultaba a un consejo de ancianos o guerreros experimentados para pedir consejo sobre asuntos importantes. A menudo, supervisaba no sólo la aldea de su tribu, sino también otras aldeas circundantes, sobre todo gracias a su poder militar. Así, el estatus del jefe, aunque basado en el parentesco y hereditario en su mayor parte, a veces era objeto de disputa entre las distintas tribus o comunidades que formaban un cacicazgo.

Cada comunidad que servía al cacique estaba ligada a él por una serie de aspectos, entre los que destacaban los juramentos sagrados con los que le juraban lealtad. Esto estaba arraigado en sus sistemas de creencias paganas. Los jefes también cobraban distintos tipos de tributo como prueba de la lealtad de sus subordinados.

En general, la organización social de las jefaturas germánicas era muy diferente de la de la civilización romano-británica, que se basaba mucho más en roles socioeconómicos claramente definidos, una burocracia centralizada para la administración y distinciones entre clases urbanas y rurales.

Cuando los anglosajones y los jutos empezaron a llegar a Britania en gran número a finales del siglo V, siguieron practicando sus formas autóctonas de organización social y patrones de asentamiento, que incluían la formación de pequeños cacicazgos. Sin embargo, esto no quiere decir que sus comunidades excluyeran a los romano-bretones locales o que no asumieran los modelos de asentamiento existentes.

Una de las principales pruebas de ello es la adopción y modificación de nombres topográficos. Esto es evidente en Kent, por ejemplo, que surgiría como uno de los principales reinos de la Inglaterra anglosajona posterior. El nombre derivaba de su antiguo nombre latino, *Cantium,* con centro en el antiguo latín *Durovernum Cantiacorum,* que significa "fortaleza del pueblo Cantiaci (Kentish)". Con el tiempo, los anglosajones adoptarían y modificarían el nombre en inglés antiguo como *Cantwaraburg,* de donde procede el nombre moderno de Canterbury.

Las unidades políticas romano-británicas, ya fueran civitates, subprovincias o pequeñas comunidades, también fueron conservadas en gran medida por los anglosajones en distintas zonas. Un ejemplo es el Reino de Northumbria, que alcanzó su forma relativamente estable de organización social y política en el siglo VII. Sus límites se asemejan mucho a los de la unidad administrativa romana tardía, Britannia Secunda, introducida por las reformas de Diocleciano. Por supuesto,

Northumbria hace referencia a una demarcación geográfica al norte del río Humber. Este sistema de referenciación se utilizó cada vez más en el periodo anglosajón medio, a partir de finales del siglo VII. La ciudad de York, centro de la subprovincia romana, mantuvo también su importancia en el reino anglosajón posterior.

Las jefaturas tribales anglosajonas variaban en tamaño e importancia, y los reinos emergentes absorbieron a muchas de ellas para formar unidades políticas mayores. Además de por la *Historia Eclesiástica* de Bede, sabemos de ellos por la Tribal Hidage, una lista única recopilada entre los siglos VII y IX que menciona los nombres de treinta y cinco tribus y asigna "hides" a cada una de ellas. Un hide era una antigua unidad inglesa de medida de la tierra. Tras la conquista normanda de 1066, parece haber sido de 120 acres, pero lo más probable es que fuera una unidad mucho menor durante el periodo anglosajón. En cualquier caso, lo más probable es que el Hidage Tribal fuera compilado por un líder poderoso para aceptar tributos de sus subordinados en función de su tamaño y capacidad productiva. Así pues, es probable que las jefaturas más grandes o poderosas hicieran valer su dominio sobre las tribus más pequeñas y débiles, exigiendo tributos a cambio de protección, entre otras razones.

También debemos considerar la organización social, más que espacial, que condujo a la transformación política a gran escala. Bede, por ejemplo, se refiere claramente a los reinos más grandes que existían en su época con el nombre de sus pueblos en lugar de sus tierras: los mercios, por ejemplo. Esto sugiere que las relaciones sociales derivadas de los antiguos valores de parentesco jerárquico seguían siendo tan importantes como la distribución de las distintas tribus en determinados territorios. Así pues, las tribus o jefaturas más pequeñas que formaban los reinos más grandes seguían reconociendo a su líder, o "rey", a cambio de su protección. Esto no es exclusivo de los anglosajones. Fue la forma predominante de organización sociopolítica en la Europa de la Alta Edad Media, donde la prominencia y el poder de los jefes guerreros y sus cacicazgos propiciaron el surgimiento de fronteras políticas claras.

Aunque el poder militar era lo más importante, al cabo de un tiempo el linaje "real" de una sola familia habría acumulado suficiente apoyo y legitimidad para presionar con sus pretensiones al control de un determinado territorio. Los habitantes de este territorio solían apoyar al reclamante, aunque su autoridad se viera temporalmente desafiada por un usurpador de una facción o jefatura rival.

Así pues, los orígenes de la realeza en la Inglaterra anglosajona radicaban en las relaciones fundamentales entre las comunidades tribales y los líderes guerreros distinguidos que acumulaban apoyo, poder, riqueza y prestigio con el paso del tiempo, heredando finalmente el cargo en función de los éxitos de sus predecesores. La importancia de esta concepción intrínsecamente tribal de las relaciones sociales se afirma cuando rastreamos la etimología de la palabra "rey" (*cyning* en inglés antiguo), que deriva de "kin" (*cynn*).

Reconstruir las relaciones exactas entre las primeras jefaturas anglosajonas es muy difícil, no sólo por la falta de pruebas, sino también porque tales relaciones son siempre complejas. No hay motivos para sospechar que los emigrantes anglos, sajones y jutos mantuvieran relaciones pacíficas entre sí. Eran pueblos diferentes con líderes diferentes que, como veremos más adelante, se asentaron en distintas partes de Gran Bretaña con intereses diferentes.

Un líder tribal podía ganar poder que aumentara su prestigio como cacique de muchas maneras, no sólo a través de la guerra y la dominación militar de un cacicazgo o tribu rival. En una zona pequeña poblada por pequeñas jefaturas rivales, los conflictos por los recursos, sobre todo, eran inevitables. Los caciques también podían reforzar su posición mediante matrimonios mixtos entre la élite de las tribus, lo que mejoraría las relaciones entre ambas. También podían simplemente negociar el patrocinio de una tribu más pequeña o más débil si ésta lo necesitaba.

Así pues, la realeza surgió de la fusión de pequeñas tribus y jefaturas, que podía producirse por diversos motivos. Como en otras partes del mundo, la realeza en la Inglaterra anglosajona tenía varios niveles. La noción de "sobre-reinado", algo que Bede identifica con la palabra *imperium* (gobierno del emperador) en lugar de la palabra *regnum* (gobierno del rey), ciertamente existió. Naturalmente, algunos reyes eran más poderosos y prominentes y ejercían su influencia sobre otros. Se trataba de una versión a mayor escala de la dominación de un cacique sobre los demás, pero era mucho menos rara y mucho más inestable.

Por ejemplo, Bede se refiere al rey Ethelbert de Kent como la tercera figura que ejerció el "señorío" sobre los demás reinos menores del sur de Inglaterra. Antes de él, Bede menciona al rey Ælle de los sajones del sur y al rey Ceawlin de los sajones del oeste, que reinaron a finales del siglo V y principios y finales del siglo VI, respectivamente. Bede vuelve a decir que estas figuras eran reyes de pueblos diferentes (los sajones del sur y los sajones del oeste), lo que sugiere que las fronteras territoriales entre ellos aún no estaban firmemente establecidas.

En conclusión, basándonos en las pruebas materiales y textuales de la Gran Bretaña de los siglos V, VI y principios del VII, podemos suponer varias cosas sobre la aparición de la realeza en la Gran Bretaña anglosajona. Los primeros reyes anglosajones de Gran Bretaña surgieron de una compleja red de interrelaciones tribales que favoreció a las jefaturas con caciques prominentes como líderes. Los primeros caciques surgieron gracias al dominio militar o a las negociaciones y alianzas entre diferentes cacicazgos, lo que dio lugar a un sistema político fluido. Algunos cacicazgos integraron estructuras civiles y sociales locales en su gobierno para reforzar su legitimidad y ganar más poder.

Todo, desde la muerte de líderes destacados hasta los resultados de las batallas y los matrimonios "reales" entre tribus, pudo haber contribuido a los cambios de poder entre las jefaturas de Britania en los primeros tiempos, que debemos imaginar eran frecuentes. Sin duda, algunas jefaturas decayeron poco después de hacerse con el poder, mientras que otras persistieron gracias a los entresijos que desarrollaron para mantener la lealtad y el apoyo, como el pago de tributos y el servicio militar.

Una vez que estas relaciones se hicieron más permanentes y arraigaron durante décadas, podemos llamar rey con mayor fiabilidad a un antiguo cacique que tal vez había heredado el liderazgo. Y, según parece, a finales del siglo VI, esta evolución ya estaba muy avanzada cuando la misión papal llegó a los dominios de los anglosajones para difundir el cristianismo.

La sociedad anglosajona primitiva

Un término utilizado a menudo para referirse a la organización del dominio anglosajón en Inglaterra a partir del siglo VI es "heptarquía", o el "dominio de los siete". Este término implica que en la Inglaterra anglosajona existieron siete reinos dominantes, cuyo dominio se hizo especialmente prominente durante el siglo VII.

Cuando describimos la organización política de la Inglaterra de la Alta Edad Media como una heptarquía, es importante comprender que la dinámica entre los reinos estaba en constante evolución. Es probable que no existieran diferencias claras entre los reinos, como fronteras establecidas, y que éstas fueran siempre fluctuantes.

Los siete reinos de la heptarquía incluían Wessex, Sussex, Essex, Kent, Anglia Oriental, Mercia y Northumbria. Wessex, Anglia Oriental,

Mercia y Northumbria acabarían dominando a los otros tres, aunque su ascenso y declive es un asunto complejo que trataremos más adelante.

Los reinos de la heptarquía anglosajona⁴

Es importante destacar que estos reinos pueden distinguirse mejor por los grupos etnoculturales que los dominaban. Los emigrantes sajones de Gran Bretaña se organizaron principalmente en Wessex, Sussex y Essex, lo que resulta evidente en la denominación de sus dominios. Los anglos, por su parte, se asentaron en el norte y centro-este de la isla, en Northumbria, Anglia Oriental y Mercia. Kent, que incluía las primeras zonas pobladas por los guerreros "sajones" invitados por los gobernantes romano-británicos, estaba habitada principalmente por los jutos.

Estos grupos germánicos eran técnicamente diferentes si tenemos en cuenta sus características étnicas y culturales. Todos ellos habían habitado en distintas regiones de la Europa continental, concentrándose por separado en el norte de Alemania y Jutlandia. Sin embargo, seguían compartiendo muchas similitudes, sobre todo a ojos de los romano-bretones, que convenientemente los llamaron a todos sajones cuando llegaron por primera vez como soldados pseudo-*federati*. Al menos, se diferenciaban mucho más de los lugareños y su mezcla de cultura celta y romana que entre sí.

Así pues, cuando estos grupos germánicos acabaron sustituyendo a los romano-bretones como amos de Gran Bretaña, necesitaban un término para distinguirse de sus homólogos que aún habitaban el norte de Alemania y Jutlandia. Dado que sus dialectos germánicos se habían fusionado hasta el punto de desarrollar una lengua distinta, el inglés antiguo, era lógico que la distinción más obvia fuera lingüística. Así, utilizaron el término "anglosajón" para referirse a los habitantes germánicos de Gran Bretaña, por oposición a "sajón", que se refería al grupo continental. En el siglo VIII, cuando el término empezó a utilizarse ampliamente en este contexto, las tribus anglosajonas, sajonas y yutes que habían emigrado originalmente a Gran Bretaña se habían asimilado a los británicos locales y los dominaban.

Algunos gobernantes de los reinos de la heptarquía también serían considerados supra-reyes, ya que sus dominios contenían varios subreinos o subprovincias, cada uno con gobernantes menos poderosos, pero con una identidad claramente definida. Entre ellos destacan Bernicia y Deira, que abarcaban la mayor parte del reino de Northumbria; Lindsey y Anglia Media, parte del reino de Mercia; y Hwicce y Gewisse en el reino de Wessex.

La llegada de los anglosajones y el establecimiento gradual de sus dominios afectó profundamente a algo más que a la situación política de la Gran Bretaña post-romana. Los inmigrantes trajeron una cultura y un modo de vida únicos que se integraron con los restos de la cultura romano-británica, dando origen a una sociedad completamente nueva. Aunque algunas estructuras sociales y estilos de vida se mantuvieron o modificaron, otros (especialmente los sistemas de creencias y la cultura general de la región) sufrieron profundas sacudidas.

La imposición del dominio anglosajón y el posterior crecimiento de los cacicazgos hasta convertirse en reinos provocó que debieran reorganizarse social y económicamente, sobre todo. El antiguo estilo de vida tribal anglosajón, basado en la guerra y sostenido por constantes saqueos e incursiones, no podía mantenerse por mucho tiempo. Se necesitaban fuentes de ingresos mejores y más fiables si los caciques, ahora príncipes y reyes, querían conservar su poder y mantener el statu quo político. Muchos de ellos decidieron reactivar la economía basada en la agricultura de la Britania romana, algunos con más éxito que otros.

Sin embargo, los principales productores de bienes agrícolas (y, por tanto, los que contribuían a la economía) ya no eran campesinos serviles que trabajaban para un pequeño grupo de élites en sus fastuosas haciendas. En su lugar, los principales practicantes de la agricultura eran los ceorls, miembros libres de la clase social más baja de los reinos anglosajones. Los ceorls, o churls, eran esencialmente campesinos libres, que practicaban la agricultura comunal al tiempo que pagaban impuestos regulares a los nobles. Esta clase de campesinado libre se mantuvo hasta el advenimiento del señorío feudal en Europa, cuando la nobleza terrateniente redujo gradualmente las libertades de los ceorls en la Alta Edad Media. A finales del siglo VII, por ejemplo, los nobles anglosajones empezaron a poseer importantes propiedades que albergaban a varias familias campesinas, a las que ocasionalmente se gravaba con una cantidad fija a cambio de la protección de la nobleza.

La concesión de tierras por parte de los reyes era más común con miembros distinguidos de la sociedad, como buenos guerreros, nobles leales u obispos. De nuevo, esto se hacía para aumentar la influencia y el poder de los reyes. No sólo esperaban entablar buenas relaciones con sus subordinados y garantizar su apoyo en el futuro, sino también comprar servicios para sí mismos. A los guerreros estimados, por ejemplo, los reyes les concedían grandes propiedades para que lucharan por ellos y sus descendientes.

La economía doméstica comenzó a aumentar a medida que se fijaban los roles sociales y políticos en la Inglaterra anglosajona. Con ella llegó el desarrollo de las primeras industrias y el aumento de las exportaciones de los mercaderes locales, que comerciaban sobre todo con los francos al otro lado del Canal de la Mancha. El relativo establecimiento de fronteras entre los distintos reinos hizo más factible la defensa y supervisión de las rutas y redes comerciales, aumentando el intercambio interno y la producción de bienes como la cerámica, los metales y los paños de lana. Estos bienes también se exportaban a mercados extranjeros en las primeras etapas de su desarrollo.

A medida que la Europa de la Alta Edad Media se recuperaba del completo colapso socioeconómico que había seguido a la caída del Imperio romano de Occidente, también se restablecían las redes comerciales mundiales, y los reinos anglosajones formaban parte de ellas. Las pruebas arqueológicas apuntan a la existencia de bienes exóticos como sedas y suntuosas vasijas procedentes de Bizancio, marfil de elefante e incienso árabe en la Inglaterra de la Alta Edad Media anglosajona.

La conexión de los anglosajones con las civilizaciones europeas queda patente en la presencia de monedas de oro bizantinas datadas en el siglo VII. Las primeras monedas de oro anglosajonas también se desarrollaron en esa época, influidas por el estilo franco merovingio, con representaciones de bustos de gobernantes en una cara y símbolos, como cruces, en la otra. Las primeras monedas anglosajonas se acuñaron en los principales lugares de comercio, denominados wics, como Londres, York o Ipswich. Los wics se desarrollarían cada vez más en las zonas costeras a partir de mediados del siglo VII.

En esta etapa, las monedas acuñadas en la Inglaterra anglosajona no se correspondían con los estándares europeos, especialmente con los tipos fijos y la acuñación regulada presentes en el Imperio bizantino. Aun así, el hecho de que los anglosajones pasaran de una economía basada en el oro a otra basada en la plata a finales del siglo VII y empezaran a acuñar sus propias monedas de plata indica cierto nivel de cohesión con sociedades continentales, como los francos, que probablemente influyeron en este cambio.

Del cristianismo británico al paganismo anglosajón

Es importante destacar que la Gran Bretaña romana había sido cristiana antes de la migración de los anglosajones en el siglo V, aunque el papel del cristianismo había disminuido ciertamente con la llegada del paganismo anglosajón como principal sistema de creencias. Cabe imaginar que esta distinción religiosa fue una de las mayores diferencias entre los romano-bretones locales y los anglosajones. Pudo haber sido uno de los principales motores del conflicto entre ambos grupos, en cualquiera de sus formas.

Antes del fin de la dominación romana en Gran Bretaña a principios del siglo V, los obispos británicos habían participado activamente en los asuntos religiosos del imperio, asistiendo a varios concilios durante el siglo IV. Aunque no estuvieron presentes en el Primer Concilio de Nicea en 325, que llegó a regular muchas de las cuestiones doctrinales del cristianismo primitivo, sí lo estuvieron en Arlés en 314, en Serdica en 343 y en Ariminum en 359. Esto es aún más impresionante si se tiene en cuenta que Britania había sido una de las últimas provincias en las que se consolidó el dominio romano y estaba más alejada de la cuna del cristianismo. La lejanía de la región significaba que el sistema de creencias politeísta celta local era un importante competidor del cristianismo.

A pesar del menor tamaño de la Iglesia en la Gran Bretaña tardorromana, algunas figuras religiosas destacaron. Pelagio, un teólogo de las Islas Británicas de finales del siglo IV y principios del V, fue una figura destacada de la Iglesia primitiva, junto a contemporáneos como Agustín de Hipona. En esta época, muchas de las cuestiones centrales del cristianismo aún estaban siendo identificadas y aclaradas, y existían varias versiones diferentes de la religión.

Pelagio estuvo activo en las décadas posteriores al establecimiento del Credo Niceno, que pretendía introducir la universalidad doctrinal y resolver muchas de las cuestiones de la Iglesia de principios del siglo IV. Fue el defensor de una concepción teológica del cristianismo denominada pelagianismo. Pelagio, junto con su discípulo Celestio, se opuso a la creencia de que los seres humanos eran intrínsecamente pecadores, manchados por el pecado original, y en su lugar creía que Dios había concedido a los seres humanos cierto grado de libre albedrío para elegir entre el bien y el mal, incluida la capacidad de pecar. Por estas opiniones, fue condenado por varios concilios consecutivos celebrados en África. (Se había trasladado allí para huir de su morada original en Roma, que fue saqueada en 410).

El principal oponente de Pelagio fue San Agustín de Hipona, que con el tiempo se convirtió en uno de los teólogos más importantes del cristianismo. En el año 418, el pelagianismo fue declarado herético y Pelagio fue excomulgado de la Iglesia, aunque una versión de este sistema de creencias continuó siendo importante en algunas regiones, incluida la Britania post-romana.

De hecho, a finales de la década de 420, el obispo Germano de Auxxere de la Galia fue enviado a Gran Bretaña para hacer frente a la creciente prominencia del pelagianismo en el clero británico. (Germano también dirigió a los britanos en una exitosa batalla contra los bárbaros). *La Vida de San Germano*, que narra la historia de su visita a Britania, ofrece una visión de la situación sociopolítica de la Britania post-romana cerca del comienzo de la migración anglosajona.

En resumen, existen pruebas fehacientes de que el cristianismo ya estaba firmemente establecido en la Britania romana en la época de la llegada de los paganos anglosajones. Aunque la importancia del cristianismo declinaría gradualmente desde mediados del siglo V hasta finales del VI, las comunidades cristianas perseveraron, no obstante, en algunas partes de la Britania post-romana, especialmente en la parte occidental de la isla.

Durante este periodo caracterizado por el auge de las sociedades germánicas, es lógico que su sistema de creencias se convirtiera en el más importante. El paganismo anglosajón es una religión de la que sabemos poco, en parte debido a la falta de fuentes escritas compuestas por sus seguidores. Lo que sabemos de las creencias y prácticas paganas de los anglosajones procede de los escritos posteriores de autores cristianos como Bede, quien, por supuesto, tenía una opinión bastante negativa de ellas.

Sin duda, los anglosajones no utilizaban la palabra "pagano" para describir su sistema de creencias religiosas. Se trataba de una palabra peyorativa latina utilizada por los escritores de la Alta Edad Media para expresar su desaprobación de la religión no cristiana. A veces, a los paganos también se les llamaba "heathens" en el inglés antiguo anglosajón temprano, una palabra que ha conservado su connotación negativa. Curiosamente, los propios anglosajones se referían a los invasores vikingos de Gran Bretaña en los siglos VIII y IX como paganos.

El paganismo anglosajón era un sistema de creencias politeísta. Aunque la práctica del paganismo tenía varias distinciones basadas en la distribución regional de las tribus germánicas, su sistema general era compartido por los pueblos germánicos. Compartía muchas similitudes con otras creencias germánicas que con el tiempo se convertirían en sistemas que conocemos mucho mejor, como la mitología nórdica de los pueblos escandinavos. Por ejemplo, la deidad pagana anglosajona de la que tenemos más pruebas es Woden, que compartía muchas similitudes con Odín, la deidad principal del panteón nórdico. Muchos lugares de Inglaterra parecen llevar su nombre, como el pueblo de Woodnesborough, o "Woden's Borough2, y Wansdyke, o "Woden's Dyke", una estructura defensiva en el oeste de Inglaterra. También se menciona a Woden como antepasado de las familias reales de Kent, Mercia, Anglia Oriental y Wessex, lo que puede explicarse como un intento de legitimar el dominio real.

Además de un panteón de dioses y diosas, los anglosajones también creían en otras deidades y seres sobrenaturales, como espíritus y fantasmas. Sus rituales (como el sacrificio de animales, que era muy importante) estaban dirigidos por sacerdotes y generalmente buscaban el favor divino o la suerte de las deidades.

Tenemos motivos para sospechar que algunos aspectos del sistema de creencias pagano anglosajón estaban estrechamente interrelacionados con la vida cotidiana, incluidas áreas como la agricultura, los asuntos militares y las leyes. Algunas características de la sociedad anglosajona y de otras sociedades germánicas primitivas, como el papel de la narración de historias y la asamblea general, también pueden explicarse por el importante papel de los sacerdotes paganos y las prácticas religiosas.

A su vez, cuando los caciques anglosajones empezaron a aumentar su poder tras llegar a la Britania post-romana, transformando sus dominios en "reinos", es posible que se vieran desafiados por la clase sacerdotal. Mientras que los líderes "políticos" de la primitiva sociedad anglosajona eran caciques tribales que ostentaban el poder militar, los sacerdotes desempeñaban el mismo papel en el contexto "sociocultural". Si esto es cierto, la conversión al cristianismo habría ofrecido a los jefes tribales y a los caciques la posibilidad de ganar más influencia en los asuntos religiosos. Podrían ejercer control sobre el clero cristiano, con lo que un aspecto de la vida social anglosajona quedaría aún más bajo su poder. Por lo tanto, es necesario considerar el surgimiento de la realeza anglosajona como inherentemente interconectado con su cristianización.

Cristianismo y anglosajones

La conversión de los anglosajones al cristianismo marcó un punto de inflexión en su historia. Tuvo una importancia capital no sólo para la población local y los reyes, sino también para el resto del mundo cristiano, que había experimentado muchos reveses con la caída del Imperio romano de Occidente. Las hordas migratorias de bárbaros paganos que habían desbordado las estructuras sociopolíticas del imperio también habían debilitado al cristianismo en el siglo V.

El declive del cristianismo como religión en provincias como Galia, Iberia y Britania, y en menor medida en el norte de África e Italia, condujo al desarrollo de otra serie de problemas. Muchas prácticas que antes mantenía el clero cristiano, como el mantenimiento de registros o la educación, siguieron decayendo, lo que condujo a un vacío de conocimientos en la Europa occidental post-romana después de 476. Por ejemplo, la tradición del aprendizaje, antes muy ligada al cristianismo, tardaría mucho tiempo en resurgir como un aspecto generalizado de la vida pública europea en la Baja Edad Media.

Y lo que es más importante, el cristianismo también había sido una fuente de legitimidad para los últimos gobernantes romanos. Desde finales del siglo IV, los emperadores romanos habían sido cristianos, un estatus que se había convertido en sinónimo de emperador romano. Esto se hizo evidente en el caos político que sobrevino después de 476. Los invasores bárbaros, como en Inglaterra, habían empezado a asimilar a las poblaciones locales. Comenzaron a autodenominarse reyes, introduciendo una cultura y un modo de vida completamente diferentes que dominaban la antigua civilización y tradiciones romanas. En general, se trató de un proceso descentralizado.

¿A quién podía recurrir la población local en tiempos de crisis? Algunos señalaron al emperador de Constantinopla. A pesar de la caída de Roma, el Imperio romano de Oriente (Bizantino) había perseverado y seguía siendo la entidad política más grande y poderosa del mundo conocido en el siglo V. Era "romano" a todas luces, con un emperador cristiano y un modo de vida característico del Imperio romano.

Los autoproclamados "reyes" de los francos, visigodos, vándalos, ostrogodos, burgundios y otros antiguos pueblos bárbaros reconocieron la importancia del emperador romano de Oriente. También empezaron a adoptar algunas de las prácticas y títulos de los antiguos emperadores occidentales para legitimar su gobierno. Algunos, como el rey Teodorico el Grande del reino ostrogodo, emprendieron guerras contra los gobernantes vecinos para fortalecer sus posiciones como los reyes más prominentes de la Europa post-romana. Sin embargo, estos reyes bárbaros nunca fueron reconocidos por Bizancio como gobernantes legítimos, y mucho menos como iguales al emperador de Constantinopla.

Los escritores orientales denunciaron su realeza, añorando los días en que la mitad occidental del imperio había sido tan fuerte. Muchos imaginaron un mundo en el que el Imperio romano de Oriente restablecía el control sobre las provincias perdidas de Europa. Quizá el emperador Justiniano fue quien mejor lo consiguió a mediados del siglo VI, cuando reconquistó durante un tiempo partes de Italia, el norte de África e Iberia.

Sin embargo, tal vez estaba claro desde el principio que no había forma de que el Imperio romano de Oriente ejerciera el control sobre las antiguas provincias de Occidente. La escala de la agitación sociopolítica era demasiado grande para que eso hubiera sido posible. Las invasiones bárbaras habían interrumpido los canales de comunicación entre Oriente y Occidente, donde, como hemos mencionado, cualquier vestigio de administración central había desaparecido a finales del siglo V. En definitiva, como el futuro de Europa y de los antiguos territorios del Imperio romano de Occidente parecía incierto, el Imperio romano de Oriente no podía permitirse resolver la agitación de Occidente.

Aun así, era necesario que un individuo o una institución volviera a imponer el orden para mantener a raya a los reinos bárbaros emergentes y proporcionar una solución al caos que se había desatado tras la caída de Roma. Y, a su debido tiempo, la Iglesia católica romana tomaría este papel. Había sufrido mucho con la caída del Imperio romano de Occidente. Fue privada en gran medida de su riqueza y recursos materiales, pero había logrado conservar su prestigio. El cristianismo seguía siendo la religión en la mayor parte de la Europa post-romana, que ahora estaba gobernada esencialmente por reyes paganos.

A partir del siglo VI, los primeros papas de la Iglesia romana intentaron aprovechar esta situación ofreciendo el cristianismo a los reyes bárbaros como fuente de legitimidad y forma de identificarse con el antiguo poder del imperio. Esto caló hondo en el pueblo. Uno a uno, los reyes bárbaros aceptaron esta oportunidad y se convirtieron al cristianismo. La conversión de un líder impulsaba a sus súbditos a convertirse también, lo que provocaba un efecto dominó que continuó en Europa Occidental durante unos dos siglos, hasta que la mayoría de los reinos bárbaros eran, al menos de nombre, cristianos.

Por supuesto, pasarían generaciones antes de que se abandonaran los antiguos modos de vida paganos y se estableciera firmemente una sociedad cristiana característica de la Edad Media. Sin embargo, a finales del siglo VII, la mayor parte del antiguo Imperio romano de Occidente en Europa, incluyendo Italia, Galia, Iberia y Britania, estaba bajo el control de gobernantes cristianos. Poco a poco, la Iglesia romana adquirió la misma importancia que había tenido durante el Imperio romano tardío. Esto se acentuó aún más con el reinado de Carlomagno.

También en la *Historia eclesiástica del pueblo inglés* del venerable Beda encontramos el relato de la conversión de los anglosajones. Aunque su relato es bastante simplista, los historiadores lo consideran correcto en líneas generales.

El primer rey anglosajón que se convirtió fue el rey Ethelbert de Kent, a finales del siglo VI. Se había casado con una princesa franca merovingia, Bertha, hija de Charibert I, que era cristiana. En aquella época, Canterbury era un centro destacado del reino de Kent. Parece ser que, tras la llegada de Bertha, el rey Ethelbert permitió a un obispo franco restaurar allí una antigua capilla. Esto apunta a la ya tolerante actitud del rey Ethelbert hacia la libertad de culto.

Es posible que Ethelbert y su corte solicitaran al papa el envío de una misión cristiana a sus dominios. En aquella época, la Iglesia romana estaba encabezada por el papa Gregorio I, que llegó a ser conocido como Gregorio el Grande por sus esfuerzos y su muy exitoso papado. El papa Gregorio apoyó muchas actividades misioneras desde el principio, hasta el punto de que la primitiva Iglesia romana le debió en gran medida su renovada prevalencia en la Europa post-romana.

Circunstancias políticas obvias habrían hecho de la misión gregoriana a los anglosajones, y especialmente a la corte del rey Ethelbert, una decisión lógica. En primer lugar, Gregorio escribió extensamente a los reyes francos para que ayudaran a la misión enviando monjes y sacerdotes de sus dominios para acompañar a Agustín, un monje de Roma a quien Gregorio había elegido para dirigir la misión en 595. Al involucrar a los francos, Gregorio sabía que Ethelbert estaría más inclinado a recibirla positivamente. (Su esposa era de origen franco y los francos ejercían una gran influencia sobre Kent tanto económica como culturalmente). Además, Ethelbert ya había permitido a Bertha y a un capellán franco practicar el cristianismo en Canterbury.

Y lo que es más importante, la conversión de Kent habría sido un gran paso hacia la conversión de otros reinos anglosajones, ya que en aquella época Kent era el más destacado de ellos. En cualquier caso, tras partir de Roma y sufrir una serie de reveses iniciales, la misión gregoriana desembarcó en Kent en 597.

El relato de Bede sobre la conversión de los anglosajones es muy optimista y tendencioso. Su descripción de los acontecimientos que siguieron a la conversión de Ethelbert, que muy probablemente tuvo lugar en 597, describe una población ansiosa y una reacción en cadena de conversión de otros reinos que sólo terminó en la década de 660. Aunque Bede equipara la conversión de un líder a la conversión del resto de sus súbditos, esta noción sólo es parcialmente cierta incluso cuando se aplica a sociedades con una fuerte relación entre el líder y sus súbditos, como los anglosajones.

La conversión de Ethelbert no estuvo motivada únicamente por razones religiosas; detrás de este movimiento había claras motivaciones políticas. También parece que Ethelbert no obligó activamente a sus súbditos a convertirse y que sólo promovió el cristianismo de forma vaga. Aunque algunos miembros de su corte se convirtieron, es poco probable que la mayoría de la población anglosajona aceptara el cristianismo en los años siguientes. La carta del papa Gregorio a la Iglesia de Alejandría, fechada en 598, menciona que diez mil anglosajones se habían convertido. Además, para el año 601, la misión que se había establecido firmemente en Canterbury informó a Roma, solicitando recursos adicionales para expandir el cristianismo fuera de Kent. Esto sugiere que los misioneros podrían haber tenido dificultades.

La cristianización de la Inglaterra anglosajona llevó generaciones. El rey Caedwalla de Wessex, por ejemplo, considerado el último rey anglosajón pagano, no se convirtió hasta el año 688, y su bautismo tuvo lugar en Roma. Además, es probable que las campañas activas contra el paganismo no fueran dirigidas por los reyes hasta finales del siglo VII.

Antes de eso, parece que los reyes paganos y cristianos se alternaban en los reinos anglosajones. Un rey se convertía al cristianismo, pero su sucesor volvía al paganismo, frenando la expansión de la religión. Por ejemplo, tras la muerte de Saberht de Essex, un sobrino de Ethelbert que fue bautizado en la corte de éste en 604, sus sucesores (Sexred y Sæwred) siguieron promoviendo el paganismo a partir de 613. El paganismo persistiría en Essex hasta mediados del siglo VII, antes de que el rey Sigebehrt fuera convencido por el rey Oswiu de Northumbria para adoptar el cristianismo en 653.

En general, esta podría haber sido la razón por la que la comunicación entre la Iglesia en Gran Bretaña y el papado también disminuyó entre finales de la década de 620 y finales de la década de 650. La situación era caótica, con reyes individuales tratando de afirmar su dominio sobre los obispos cristianos que habían ganado prominencia durante los reinados de los reyes anteriores, y así sucesivamente. Razones externas, como las relaciones con los francos cristianos, también podrían haber influido en las maniobras de los anglosajones a lo largo del siglo VII.

Las complicaciones también vinieron del tipo de cristianismo adoptado por los gobernantes anglosajones y sus súbditos, ya que la misión gregoriana de Kent no parece ser la única influencia cristiana, especialmente en los dominios anglosajones orientales y septentrionales. Wessex, Northumbria y Mercia recibieron la influencia de misioneros cristianos procedentes de Escocia e Irlanda. No fue hasta el Sínodo de Whitby, en 664, cuando los gobernantes de la heptarquía se unieron para borrar las diferencias en sus respectivos cultos cristianos.

Si tenemos en cuenta el hecho de que los britanos romanos habían practicado el cristianismo mucho antes de la misión gregoriana, también es probable que muchas personas que parecían haber sido cristianas para Bede, Agustín y otras figuras del cristianismo primitivo fueran britanos y no anglosajones.

Así, en la década de 660, el papado nombró al griego Teodoro como cabeza de la Iglesia en Canterbury para unificar las diferencias entre el cristianismo escocés, británico y anglosajón que habían sido promovidas por los misioneros papales. Era evidente que la Iglesia de la Inglaterra anglosajona necesitaba una reorganización. Los esfuerzos de Teodoro, que incluyeron acciones como la reorganización de las diócesis inglesas existentes y la redistribución de recursos entre los distintos obispados, culminaron con la clarificación de la doctrina en el Sínodo de Whitby, celebrado en el reino de Northumbria. Cuando escribió la *Historia Eclesiástica* en el año 731, Bede consideraba las reformas de Teodoro esencialmente como la época dorada del cristianismo anglosajón.

Los gobernantes anglosajones, al igual que otros reyes bárbaros de Europa tras la caída de Roma, se sintieron atraídos por el cristianismo para explotar las ventajas políticas que aportaba. Además de ser una forma de identificarse con los grandes romanos como elemento esencial de la romanitas, o "romanidad", el cristianismo también aportó un misticismo que reconfirmó los poderes de los reyes en diferentes aspectos.

Desde muy pronto, el cristianismo en la Inglaterra anglosajona contribuyó a reestructurar la vida religiosa en torno a la familia real y al rey y lejos de los poderosos sacerdotes paganos. También consiguió este efecto de una manera totalmente estética. La realeza se hizo más grandiosa, asemejándose cada vez más a la fastuosidad de los antiguos emperadores romanos que eran ensalzados durante su vida; se consideraba que los mejores poseían cualidades que los situaban por encima de los demás en la jerarquía social. Las galas reales de los reyes anglosajones se hicieron más preciosas y pronunciadas, a veces incluso excesivas, confeccionadas con materiales lujosos importados, como la seda, y conteniendo cada vez más joyas. Mientras que antes habían sido compañeros jefes tribales que habían ascendido a la nobleza, los reyes se distinguían ahora por su majestuosidad.

Aunque pasaría un tiempo antes de que la sociedad anglosajona aceptara la idea de que la realeza estaba ordenada divinamente, la adopción del cristianismo fue sin duda un paso calculado para consolidar el poder de los reyes anglosajones, que necesitaban ser percibidos como "reyes". El cristianismo trajo funcionarios que serían muy útiles en este empeño. Los clérigos sabían leer y escribir y, por tanto, estaban bien informados, no sólo sobre asuntos religiosos, sino también sobre historia, sociedad, cultura y leyes. Forjar relaciones estrechas con el clero cristiano significaba, por tanto, forjar relaciones estrechas con personas que podían ser de gran utilidad en los tribunales. Así pues, esta relación se entrelazó muy pronto y tuvo efectos prácticos.

A medida que los anglosajones se convertían en mayor número y el cristianismo se afianzaba en la sociedad, mantener el patronazgo sobre el clero se convirtió en una tarea costosa, que sólo los más ricos de la nobleza podían sostener. A pesar de sus costes, que incluían la concesión de tierras y numerosos recursos a la Iglesia, los beneficios del patronazgo eran inmensos para los gobernantes. Los reyes que nombraban obispos leales a ellos pasaban a estar esencialmente a cargo de los territorios bajo estos respectivos obispados o diócesis. El nombramiento de obispos leales en lo que de otro modo se considerarían tierras "extranjeras" era, de hecho, una de las formas que tenían los reyes de aumentar su influencia sobre sus rivales. Con el tiempo, la capacidad de nombrar funcionarios religiosos para supervisar territorios se convirtió en sinónimo de realeza. Como resultado, reinos menores, como los Hwicce, fueron absorbidos completamente por reinos mayores.

En general, el cristianismo actuó como facilitador de la gobernanza y acelerador de la cohesión política en un entorno inestable. La adopción del cristianismo por parte de los gobernantes anglosajones fue un esfuerzo consciente por reinventar y elevar la realeza primitiva a un nuevo nivel.

A mediados del siglo VIII, el paganismo había sido esencialmente eliminado como fuerza social y cultural predominante en los reinos anglosajones. La Iglesia anglosajona, al principio dividida según las influencias políticas de líderes separados, ahora se adhería a los principios y doctrinas promovidos por la Iglesia romana y administrados por dos arzobispos: el de Canterbury, desde 669, y el de York, desde 735.

El resultado fue un paisaje político completamente diferente, con menos reinos y más grandes de la heptarquía que habían eliminado las distinciones más pequeñas basadas en el linaje tribal. Además de la homogeneidad introducida por el cristianismo, también se había desarrollado plenamente una lengua "inglesa" común a partir de los antiguos dialectos de los anglos, sajones y jutos, lo que proporcionaba la base para un sentimiento de identidad compartido. A pesar de ello, las rivalidades políticas entre los reinos más grandes estaban prácticamente superadas.

Capítulo 4: La supremacía mercia

En este capítulo examinaremos el periodo de la historia anglosajona que sigue a su cristianización. Esta época, que abarca desde principios del siglo VIII hasta mediados del IX, se suele diferenciar como la época de la "supremacía mercia", término acuñado a principios del siglo XX. Esto se debe a que el Reino de Mercia se erigió como el reino más dominante de Gran Bretaña durante aproximadamente siglo y medio. La supremacía de Mercia, encabezada por la sucesión de sus poderosos reyes Ethelbald y Offa, se manifestó en el dominio político, económico y cultural de sus vecinos. Cuando consideramos los factores que hicieron de Mercia el reino más poderoso de los anglosajones en el siglo VIII, es importante pensar en lo cerca que estuvo de unificar políticamente la Inglaterra anglosajona. Los acontecimientos de este periodo sentarían nuevas bases para la noción de un reino unido de Inglaterra.

El auge de Mercia

Una peculiaridad obvia a tener en cuenta al hablar del dominio mercio a lo largo del siglo VIII es la falta de documentos escritos producidos en Mercia. De hecho, la mayor parte de lo que sabemos de los reinados de los reyes Æthelbald (Ethelbald) y Offa procede de fuentes escritas en otros reinos; por ejemplo, las obras de un monje benedictino llamado Bonifacio, que era de Wessex. Al parecer, los gobernantes mercios sólo escribían cartas. Gobernantes posteriores, como Alfredo el Grande de Wessex, hacen referencia a los códigos legales elaborados en este periodo en Mercia, aunque faltan pruebas arqueológicas y textuales que lo confirmen.

Aunque sabemos que Mercia era la fuerza política y económica más fuerte de Gran Bretaña en esta época, la falta de documentos sugiere que la organización estructural del poder mercio era muy diferente de la de otros reinos dominantes de la época. Además, cualquier material de este tipo podría haber sido destruido fácilmente más tarde, sobre todo durante las invasiones vikingas, que afectaron a Mercia con especial dureza.

Sin embargo, no hay razón para sospechar que las crónicas extranjeras tuvieran una estrategia activa contra los reyes mercios o que sus escritos tuvieran un sesgo inherente. Aun así, sus perspectivas, especialmente a la hora de clasificar las decisiones de los gobernantes, habrían diferido notablemente de los relatos de quienes operaban más cerca de las cortes reales de Mercia en el siglo VIII.

Cuando hablamos de la dominación de Mercia a lo largo del siglo VIII, no debemos olvidar que el reino también había sido relativamente fuerte en los cien años anteriores. Sus gobernantes eran reyes de reinos más pequeños del centro de Inglaterra y a veces dominaban partes del sur. El rey Penda, por ejemplo, que reinó hasta su muerte en 655, libró repetidas guerras con éxito contra los northumbrios, los anglios orientales y los sajones occidentales. Durante su reinado, se afianzó el control mercio sobre las Tierras Medias y su influencia se extendió a sus sucesores. En esta época, los mercios también afirmaron su poder sobre el reino de Hwicce e incluso ocuparon zonas del sureste de Inglaterra, como Londres y Surrey. Así pues, a finales del siglo VII, puede decirse que Mercia ya estaba posicionada para dominar a sus rivales, aunque no en la medida en que lo haría más tarde.

Por tanto, la naturaleza del dominio mercio en el siglo VIII se debe principalmente a dos factores. El primero fue la cristianización de los dominios anglosajones, ligada al fortalecimiento de la realeza. El segundo factor fue la longevidad de dos de sus gobernantes consecutivos: Ethelbald y Offa. De hecho, ambos se encuentran entre los reyes que más tiempo han gobernado en la historia anglosajona. En comparación, hubo más de diez reyes northumbrios en el mismo periodo.

Gracias a la influencia del clero cristiano y a los avances territoriales que los anteriores reyes mercios habían realizado antes de sus reinados, Ethelbald y Offa construyeron sobre los cimientos que se les habían entregado y convirtieron Mercia en el reino anglosajón supremo de Gran Bretaña. Utilizaron sus vastos recursos para introducir mejores métodos de ejercicio de la autoridad real a mayor escala y así estuvieron a punto de crear el primer estado "inglés", aunque lo más probable es que ésta nunca fuera su intención.

Ethelbald se convirtió en rey de los mercios en 716, sucediendo en el trono a su primo Ceolred. Ethelbald había estado exiliado durante el reinado de Ceolred (tal vez por el propio Ceolred) por razones desconocidas. La historia de su acceso al trono se relata en la *Vida de San Guthlac*, escrita por un autor llamado Félix para el rey Ælfwald de Anglia Oriental, que reinó de 713 a 749. El autor menciona que Ethelbald se exilió durante el reinado de Ceolred. El autor menciona que el exiliado Ethelbald estaba en contacto con Guthlac, un antiguo noble mercio que se había retirado de la vida pública y vivía como ermitaño en Crowland, en la actual Lincolnshire. Guthlac había profetizado que Ethelbald se convertiría en rey, aunque murió dos años antes de que su profecía se cumpliera. No está claro exactamente cómo Ethelbald se hizo con el trono de Mercia, pero su contacto con Guthlac y la mención que se hace de él en una fuente de Anglia Oriental sugieren que era un candidato favorecido.

Cualquiera que fuera la historia exacta de la ascensión de Ethelbald, parece que se convirtió en el gobernante más poderoso al sur del río Humber durante los quince años siguientes, especialmente tras la muerte de los reyes de Wessex y Kent en 725 y 726. El Diploma de Ismere, una carta expedida por Ethelbald en 736 que registra una concesión de tierras a uno de sus súbditos, atribuye a Ethelbald los títulos de "Rey de los Mercios y de los Ingleses del Sur" y *Rex Britanniæ*, "Rey de Britania". Aunque "Rey de Britania" debe considerarse una exageración típica, el otro título concuerda con el relato de la *Historia Eclesiástica*, donde Bede llama a Ethelbald "rey al sur del Humber". No está claro si "al sur de Inglaterra" se refiere a todos los pueblos al sur del Humber o sólo a los considerados anglos (habitantes de Mercia y Anglia Oriental), pero significa la poderosa posición de la que gozaba Ethelbald en esta época.

A mediados de la década de 730, el reino de Mercia, bajo el mando de Ethelbald, controlaba importantes territorios al sur del Humber y ejercía una considerable influencia sobre sus asuntos políticos. Por ejemplo, Ethelbald aparece como soberano de Hwicce, al suroeste del corazón de Mercia, gobernada por una dinastía real local sometida al dominio de Ethelbald. Las cartas mercianas de la época mencionan esta relación. Otros documentos contienen información sobre tierras religiosas situadas más al este, en los alrededores de Londres, que estaban exentas de impuestos, lo que sugiere el alcance del poder de Ethelbald allí.

La influencia del gobierno de Ethelbald más al sur (en el reino de Kent, por ejemplo) fue menos pronunciada. Sólo puede deducirse del hecho de que los tres arzobispos sucesivos de Canterbury a mediados del siglo VIII eran mercianos. Los reyes de Kentish de la época parecen haber concedido tierras sin la participación directa de Ethelbald, lo que sugiere que el alcance de su influencia política allí se limitaba a las instituciones religiosas.

Ethelbald fue también el señor de Londres, patrocinando las actividades de la Iglesia allí, y fue durante su reinado cuando la ciudad cayó definitivamente fuera de la influencia política de los reyes de Essex.

Las relaciones de Ethelbald con los reyes de Wessex y Northumbria parece que fueron más complicadas, quizá debido a la relativa fuerza de estos reinos en comparación con Kent, Anglia Oriental o Essex. Hay pruebas de que hizo campaña contra Wessex ya en 733 y de nuevo en 740 contra el nuevo rey Cuthred. Tres años más tarde, sin embargo, Cuthred y Ethelbald emprendieron una ofensiva común contra los britanos de Gales, lo que sugiere que, o bien Cuthred estaba subordinado por Mercia, o bien los britanos eran simplemente una facción a la que veían como un enemigo común.

Así pues, el relato de Bede sobre el reinado de Ethelbald sobre los "ingleses al sur del Humber" no debe tomarse como la manifestación de un verdadero líder. La realeza anglosajona, aunque profundamente transformada por la introducción del cristianismo, se encontraba aún en sus primeras fases de desarrollo. Asimismo, los canales de comunicación simplemente no estaban lo suficientemente desarrollados como para hacer de Ethelbald la autoridad clara a los ojos de los ingleses del sur.

A pesar de ello, la influencia que ejerció (especialmente sobre los dominios de los Hwicce, Anglia Oriental y Essex) fue sin duda mayor que la de gobernantes anteriores, por lo que merece ser destacada, incluso por un escritor de una corte rival de Northumbria.

Ethelbald también hizo campaña contra Northumbria en dos ocasiones, en 737 y 740. Aunque sus ofensivas le supusieron poca influencia al norte del Humber, pone de relieve que intentaba explotar la debilidad de Northumbria mientras el rey Eadberht se encontraba lejos luchando contra los pictos en el norte. Algunos también han sugerido que Ethelbald se alió con los pictos para debilitar el dominio de Northumbria al norte de su reino. Sea como fuere, el dominio militar y político mercio durante el reinado de Ethelbald se limitó al sur del Humber.

El gobierno de Ethelbald fue, cuando menos, controvertido. Existen pruebas contrastadas sobre la naturaleza de su relación con la Iglesia o incluso sobre su conducta "poco cristiana". Bonifacio acusó a Ethelbald de no respetar el principio de monogamia y de ser adúltero, por ejemplo, además de su trato explotador y duro con el clero religioso. La primera de estas acusaciones podría explicarse por la prevalencia de tendencias paganas o precristianas entre los gobernantes anglosajones, cuya brújula moral podría no haber sido totalmente fijada a las nuevas normas. Por otra parte, su supuesto trato severo hacia monjes y obispos podría indicar que consideraba su influencia en los asuntos religiosos como una ventaja política.

Su impopularidad también se ve corroborada por la causa de su muerte en 757: el asesinato. El rey mercio fue asesinado a traición por motivos poco claros. El hecho de que le sucediera brevemente un noble llamado Beornred sugiere una posible conspiración, sobre todo porque el gobierno de Beornred fue interrumpido por Offa, que derrotó al contendiente ese mismo año o el siguiente.

El rey Offa de los Mercianos

El reinado de Offa, que duró treinta y nueve años, sólo se parece al de su predecesor Ethelbald en la extensión territorial de su poder. Su dominio se concentró en las Tierras Medias Mercianas e incluyó Londres, que se había convertido en un importante centro comercial para los primeros mercaderes medievales. Offa ejerció un control más directo sobre sus súbditos en Hwicce y Essex, a menudo colocando a nobles mercios en posiciones de poder en estos reinos y contribuyendo a su declive político.

A diferencia de Ethelbald, se percibía a sí mismo simplemente como "rey de los mercios" y no adoptó títulos superlativos que reivindicaran la supremacía de otros reinos. A diferencia de Ethelbald, en sus cartas oficiales nunca se le atribuye otro título. Esto podría sugerir que, en su época, la supremacía merciana ya se consideraba algo normal y los territorios que controlaba se veían como un reino merciano ampliado, no como una combinación de reinos más pequeños. Así pues, no hay pruebas de que pretendiera unificar una nación de anglosajones o ingleses. En su lugar, parecía haber estado motivado principalmente por los objetivos políticos pragmáticos de la expansión del poder.

Al igual que Ethelbald, limitó el alcance de sus ambiciones a los territorios al sur del Humber y no persiguió logros militares significativos en Northumbria. Sin embargo, el hecho de que su hija se casara con el rey Æthelred de Northumbria sugiere que no estuvo completamente al margen.

El rey Offa de Mercia en un penique de plata[4]

En lo que Offa y Ethelbald difieren significativamente es en su percepción de la realeza cristiana y en la percepción de su estatus a través de otras acciones.

Offa mantuvo correspondencia regular con Carlomagno del Imperio carolingio. Sin embargo, su relación con el soberano franco carolingio fue complicada, como demuestran las cartas que intercambiaron. Offa era, en efecto, el rey más poderoso de Britania en aquella época, muy respetado por sus contemporáneos, incluidos sus rivales. Sin embargo, en su correspondencia con Carlomagno se muestra excesivamente ambicioso, y sus ambiciones son frenadas por el emperador carolingio, que claramente no lo consideraba un igual.

Carlomagno, por ejemplo, se sintió insultado cuando Offa pidió que su hija Bertha se casara con el hijo de Offa, Ecgfrith. La petición de Offa era una proposición recíproca, ya que la corte de Carlomagno había solicitado que la hija de Offa se casara con Carlos, el hijo del emperador. Insultado, Carlomagno decretó un embargo comercial sobre los mercaderes mercios en sus tierras. Offa respondió con un embargo a los mercaderes francos que comerciaban en suelo mercio. A pesar de ello, ambos gobernantes mantuvieron su relación y levantaron los embargos comerciales a finales del siglo VIII. Carlomagno incluso envió regalos al rey mercio. Al menos, Carlomagno veía a Offa como una figura respetable y un aliado potencial, mientras que Offa estaba influido por la grandeza y el estatus de Carlomagno.

La influencia franca en Mercia durante el reinado de Offa puede observarse claramente en ciertos aspectos. En la historia de la Europa medieval, la realeza cristiana se convirtió en la forma más predominante durante el reinado de Carlomagno. Carlomagno mantuvo unas relaciones muy estrechas con el papado e impulsó su imagen de monarca cristiano de Europa siguiendo el modelo de los antiguos emperadores romanos (manifestado por su coronación como emperador en el año 800 por el papa León III). A partir de su reinado, la conexión entre la autoridad real y el cristianismo se hizo más importante en toda Europa. La Mercia de Offa no fue una excepción.

Offa empezó a emular algunas de las prácticas reales de la corte de Carlomagno. Por ejemplo, en 787, ungió a su hijo, Ecgfrith, como su cogobernante y pretendido sucesor, algo que ya habían hecho Carlomagno y los anteriores reyes francos. La unción de Ecgfrith corrió a cargo de un obispo cristiano, lo que le convirtió en sucesor legítimo y amplió la relación entre la Iglesia y la autoridad real. La afirmación de la realeza y la transmisión del poder se convertían así en un ritual sagrado, semejante a un rito cristiano. Además, Offa acogió en su corte a los obispos continentales y promovió sus actividades misioneras por todo su reino. Los misioneros celebraron un concilio religioso tras ser recibidos en Canterbury, al que asistió el rey Offa.

Offa también era estrictamente monógamo, algo que constituía una ruptura consciente con su identidad pagana o germánica. De hecho, la imagen de su esposa Cynethryth como reina del reino era también muy destacable en la Mercia del siglo VIII. En los estatutos oficiales, se la menciona como "reina de los mercios", y las pruebas arqueológicas incluyen monedas acuñadas en su nombre. Todo ello sugiere una estrecha interrelación entre el estatus de la reina y su imagen pública como tal. Era una manifestación más de la realeza cristiana: el rey tenía una esposa que era la reina del reino y apoyaba al rey participando en los asuntos de la corte. La monogamia proporcionaba legitimidad, un sentido de civismo y cristianismo, y un estilo de vida sostenible para Offa, algo que emularían los futuros monarcas anglosajones.

El rey Offa murió en 796 por causas naturales. Irónicamente, aunque había intentado garantizar un reinado seguro y fructífero para su hijo Ecgfrith involucrándolo en los asuntos de la corte durante su vida, el reinado de Ecgfrith duró sólo unos meses. Además, murió inesperadamente en diciembre de 796. Alcuino de York, un maestro contemporáneo de Northumbria y discípulo del arzobispo Ecberto, menciona en sus cartas que el rey Offa había dedicado su vida a preparar a Ecgfrith para ser el siguiente rey, sólo para que Dios decidiera el destino de su heredero.

Cenwulf, primo de Ecgfrith de otra rama de la familia, se convirtió en rey a finales de 796, heredando un gran reino que necesitaba urgentemente un gobernante fuerte para mantener la estabilidad. Con el tiempo, Cenwulf fue ese líder, gobernando hasta 821 y conservando la influencia de Mercia como el mayor y más poderoso de los reinos anglosajones. Durante su reinado, el papel del rey de Essex disminuyó. En las cartas emitidas por Cenwulf, el rey de Essex aparece finalmente como un ealdorman (un antiguo rey local que se había convertido en vasallo de un rey mayor (con el tiempo, la palabra conde sustituiría a *ealdorman*).

Además de Essex, Cenwulf reafirmó el dominio mercio sobre Anglia Oriental y Kent, que muy probablemente se habían liberado del control mercio tras la inesperada sucesión de 796. El rey Eadberht III había ganado influencia en Kent, expulsando al arzobispo nombrado por los mercios, Æthelhard, y saqueando Canterbury. El rey Eadberht III había ganado influencia en Kent, expulsando al arzobispo de Æthelhard, nombrado por los mercios, y saqueando Canterbury. Curiosamente, al declarar la guerra a Kent, Cenwulf solicitó una sentencia del papa León III, que había excomulgado a Eadberht, para demostrar que su guerra contra Kent era justificable y cristiana.

Sin embargo, a pesar de las tempranas victorias de Cenwulf, el comienzo del siglo IX resultaría difícil. El principal problema con el que tuvo que lidiar Cenwulf fue la sucesión de Wessex. El heredero, Ecgberht, que había sido obligado a exiliarse por el rey Offa, regresó a Wessex y desafió la dominación mercia. Para reimponer su autoridad, Cenwulf lanzó una invasión contra Ecgberht, pero no logró sus objetivos. Wessex conservó su independencia.

La mayoría de los acuciantes problemas políticos con los que se encontró Mercia durante el periodo de su dominio estaban relacionados con el hecho de tener que afirmar constantemente el control sobre sus súbditos por medios militares. Y, aunque Mercia fue uno de los primeros reinos anglosajones en dominar militarmente a sus vecinos, lucharía por mantener sus logros de forma permanente.

Una nueva sociedad

La época de dominación mercia es mucho más que exitosas conquistas militares y poder político. De hecho, puede afirmarse que, de no haber sido por el desarrollo de estos aspectos, los avances logrados por los reyes Ethelbald y Offa no habrían sido sostenibles. El periodo de la supremacía mercia abarca las transformaciones socioeconómicas y culturales que configuraron el aspecto de la vida anglosajona en el siglo VIII y se convirtieron en su elemento básico durante los siglos siguientes.

El principal factor económico que impulsó el dominio de Mercia en este periodo fue el drástico desarrollo de una red de ciudades dedicadas al comercio, conocidas como emporios, situadas en su mayoría en la costa oriental de Inglaterra. Durante la primera mitad del siglo VIII, los emporios de la Inglaterra anglosajona, entre ellos Londres, York, Southampton e Ipswich, comenzaron a expandirse. Las pruebas arqueológicas sugieren que la actividad económica en estas zonas alcanzó su punto álgido durante el siglo VIII, y que ello estuvo ligado al crecimiento demográfico.

El creciente número de llegadas a estas ciudades amplió y modificó su trazado para dar cabida a nuevos proyectos infraestructurales, civiles y militares. Se construyeron nuevas carreteras y puentes para conectar los nuevos asentamientos en los alrededores de Londres y York con los antiguos centros urbanos. Esto condujo al establecimiento de nuevas fábricas a pequeña escala y a un aumento del comercio con la Europa continental, especialmente con el norte de Francia y los Países Bajos, que en el siglo IX eran dominios francos cristianizados. Ipswich, ciudad de lo que había sido Anglia Oriental antes de su sumisión a Mercia, desarrolló industrias como la alfarería, ampliamente conocida en todos los reinos anglosajones por su gran estilo y calidad.

Los historiadores debaten sobre si el crecimiento de estas ciudades fue estimulado por las políticas de los gobernantes mercios o si éstos simplemente tuvieron la suerte de gobernar durante una época de crecimiento. Sin embargo, es poco probable que una expansión de esta envergadura en tan poco tiempo hubiera podido persistir orgánicamente sin la participación de figuras autorizadas que aportaran recursos.

De hecho, lo más probable es que esta práctica fuera adoptada de los francos: bajo Carlomagno, los comerciantes francos eran protegidos por la Corona si se veían perjudicados u oprimidos en tierras extranjeras. La estrecha relación entre mercaderes francos y anglosajones queda patente en el incidente en el que Carlomagno y Offa decidieron decretar embargos sobre las mercancías vendidas por mercaderes mercios o francos.

Además de los reyes, la Iglesia, incluidas las iglesias locales y los monasterios, también puede haber contribuido a este crecimiento, ya que se beneficiaron en gran medida del aumento del comercio, la producción local y el acceso a nuevas rutas comerciales. Muchas de estas instituciones estaban exentas de impuestos o aranceles bajo el dominio mercio a cambio de promover el comercio y el intercambio de bienes a nivel local. Por ejemplo, la Iglesia necesitaba ciertos bienes importados para llevar a cabo sus ceremonias y ritos religiosos, como el aceite de oliva o el vino, que sólo podían importarse del continente.

Las huellas de la participación de "funcionarios del Estado" en los asuntos económicos de los emporios pueden observarse ya a finales del siglo VII en Kent. Como se observa en las cartas reales, estos individuos eran recaudadores de impuestos o aranceles para la Corona. Lo más probable es que estos servidores reales gravaran con impuestos a quienes utilizaban los caminos o entraban en los puertos anglosajones desde el extranjero, como era práctica habitual en la Europa continental de la época.

Los monasterios, que solían estar apartados de las zonas urbanas hasta que inevitablemente surgían pequeños asentamientos a su alrededor, estaban conectados con los emporios a través de una red de edificios de tipo administrativo. Situados en zonas remotas del país a lo largo de las rutas comerciales, estos emplazamientos incluyen pruebas arqueológicas en forma de numerosas monedas y diferentes mercancías locales o extranjeras. Es probable que estos lugares de producción sirvieran tanto de depósitos de mercancías como de centros administrativos que controlaban aún más el comercio y regulaban la oferta y la demanda entre las distintas zonas.

Los centros de la economía urbana anglosajona también contaban con el apoyo de una creciente economía rural, posible gracias a los avances de la agricultura a partir del siglo VII. Los alimentos y las materias primas se suministraban a los emporios a través de los centros de producción de estos asentamientos rurales, que por lo demás quedaban fuera de la red de las principales rutas comerciales anglosajonas.

Entre los avances agrícolas de la época destaca el paso de una agricultura de subsistencia a una producción agrícola más diversificada. Las granjas del siglo VII empezaron a cultivar productos que también eran más rentables y abastecían los mercados de los emporios con sus productos. Esto también condujo a una mayor organización de las tierras de labranza, con demarcaciones claras. Las evidencias arqueológicas también sugieren el abandono de antiguos asentamientos cuando el rendimiento ya no satisfacía los niveles requeridos debido al agotamiento de la tierra. Los historiadores creen que el traslado a gran escala de esas tierras a otras más ricas explica el abandono, poco claro por otra parte, de antiguos asentamientos como Mucking, en Essex, que habían estado habitados varios miles de años antes. Tales cambios provocaron un notable aumento de la producción agrícola rural.

Los cambios en la estructura de la economía anglosajona estuvieron muy ligados a los cambios sociales y culturales que se produjeron a gran escala a lo largo del siglo VIII. Estos cambios fueron provocados por la cristianización de los anglosajones, cuyos gobernantes eran al menos nominalmente cristianos a finales del siglo VII. A medida que Mercia se alzaba con el poder, el cristianismo se afianzaba aún más en la sociedad anglosajona. Lentamente se fue transformando de una sociedad que había sido cristianizada a una sociedad que era cristiana.

Esto se debió en parte a que el cristianismo se introdujo en la vida cotidiana de la gente común. Reguló la mayoría de los aspectos de la vida desde el principio debido a sus numerosas ceremonias y rituales. Aunque lo mismo puede decirse del sistema de creencias pagano, que también se basaba en rituales frecuentes, el cristianismo permitía muchas menos variaciones de un individuo a otro. En comparación, el paganismo era una religión muy individualista.

El cristianismo anglosajón en el siglo VIII

La creciente relevancia del cristianismo dio lugar al desarrollo de una red muy eficaz de iglesias, monasterios, obispados y diócesis por todos los reinos anglosajones. La élite anglosajona, compuesta por aristócratas ávidos de poder, comenzó a explotar estos avances de diferentes maneras, creyendo que era posible obtener más poder y riqueza con la ayuda del cristianismo. Ejercer influencia sobre la Iglesia colocaba a las élites en una posición poderosa para influir en el pueblo, que escuchaba a los frailes y obispos y los veía como sus guías espirituales a lo largo de la vida. Así pues, la Iglesia y la clase dirigente de los anglosajones empezaron pronto a desarrollar una relación simbiótica. Desde finales del siglo VII, varias iglesias y monasterios, que habían adquirido tierras de la nobleza, se liberaron de cargas para aumentar su influencia.

Respetar esta relación compleja y mutuamente beneficiosa era importante. Así lo demuestra la historia del rey Ethelbald, quien, como escribe el monje Bonifacio, explotó enormemente a los monjes de Mercia durante su reinado. En 749, Ethelbald parecía haber fijado su relación con la Iglesia, eximiéndola de impuestos en todo su reino y concediéndole el derecho a disfrutar de los productos de las tierras cultivadas en su posesión. Tales privilegios, sumados al creciente papel de los monasterios en el comercio interior, aceleraron el crecimiento del poder de la Iglesia. En los albores del siglo VIII, la Iglesia se había enriquecido enormemente con todas estas ventajas.

Los monasterios fundados a lo largo de los reinos anglosajones desde finales del siglo VII presentaban una diversa gama de influencias de culturas vecinas, incluyendo tradiciones irlandesas, francas e incluso italianas. El resultado fue una gran variedad de modelos de vida monástica. Muchos monasterios eran grandes y se encontraban en zonas remotas aisladas del público, pero no siempre fue así.

En inglés antiguo, la palabra *minster* se utilizaba para referirse a todas las comunidades cristianas, independientemente de su tamaño o tipo de organización, una palabra con la misma etimología que el *monasterium* latino. Aunque con el tiempo la palabra fue sustituida por el término "monasterio", posteriormente se utilizó como título para determinadas iglesias de toda Inglaterra. Entre las iglesias más destacadas que llevan el nombre inglés antiguo se encuentran la famosa Abadía de Westminster, en Londres, y la Minster de York, en Yorkshire. Los minsteres fueron dotados de derechos mediante cédulas reales especiales.

A mediados del siglo VIII, los monasterios ingleses ya tenían varios detractores. El venerable Bede, por ejemplo, en una carta dirigida al obispo Ecgberht de York en 734, critica apasionadamente las prácticas de los monjes en los monasterios de Northumbria. Menciona a nobles corruptos que obtuvieron cédulas reales para fundar monasterios, pero que no conocían la tradición monástica ni el modo de vida cristiano. Bede afirma que estos individuos no perseguían activamente un estilo de vida cristiano, incumplían muchas reglas sagradas como el celibato y utilizaban los privilegios que les otorgaban los fueros para enriquecerse y acumular riquezas que pudieran transmitir a las generaciones futuras.

Esencialmente, la crítica de Bede radicaba en la creencia de que la vida monástica debía ser enteramente eclesiástica, practicada únicamente por el clero y no por figuras seculares como la nobleza. Consideraba que las élites sociopolíticas de la comunidad anglosajona estaban invadiendo la vida eclesiástica con sus influencias y mermando su independencia.

Bede no estaba solo en sus críticas, ya que el monje Bonifacio hizo acusaciones similares en su carta de 747 al arzobispo Cuthbert de Canterbury. En ella sugería al arzobispo que introdujera en la Iglesia anglosajona las mismas reformas que se habían introducido en la Iglesia franca. Una de las reformas necesarias era despojar a los laicos del control sobre los monasterios, afirmaba Bonifacio. También mencionó que debían introducirse cambios en el comportamiento y la apariencia del clero. Por ejemplo, los obispos debían vestir de forma más modesta.

Estas críticas se abordarían ese mismo año en el Concilio de Clovesho, un sínodo especial que se había reunido por primera vez cinco años antes. Al Concilio de 747 asistieron el clero de la archidiócesis de Canterbury y el rey Ethelbald de Mercia. Tras muchas discusiones y deliberaciones, el sínodo proclamó una serie de cánones que debían observarse en los monasterios, abordando aparentes deficiencias entre los miembros del clero, como casos de libertinaje y embriaguez o arrogancia y estilos de vida lujosos. El concilio también intentó introducir límites más claros para la participación de los laicos (sobre todo, de la nobleza anglosajona) en los asuntos religiosos de los monasterios. El concilio sugirió que los obispos locales investigaran los monasterios locales bajo el control de aristócratas ricos para resolver los posibles problemas tratados por Bede y Bonifacio en sus cartas.

Parece que el concilio pretendía definir mejor las fronteras entre la vida secular y la eclesiástica, sin condenar públicamente a la aristocracia por explotar el cristianismo en beneficio propio ni imponer castigos extremos como la excomunión. Como se desprende de las actas del concilio, la Iglesia anglosajona del siglo VIII mantenía una rivalidad ciertamente agridulce con las élites políticas anglosajonas. Reconocía que la rápida propagación del cristianismo se debía en gran medida a la implicación de la nobleza anglosajona, pero también criticaba a ésta por no mantener altos niveles de vida eclesiástica en los monasterios bajo sus dominios.

Las críticas dirigidas a la fuerte implicación de los líderes seculares en las instituciones religiosas tenían sus raíces en la verdad. Sin embargo, la Iglesia anglosajona tuvo sus propios problemas con el clima político en constante cambio y la asociación de ciertas instituciones religiosas con determinados gobernantes. Los reyes Ethelbald, Offa y Cenwulf solían patrocinar monasterios y otras instituciones religiosas situadas en territorios conquistados. De este modo, estas instituciones quedaban bajo la influencia directa del rey, al servicio de sus intereses cuando se trataba, por ejemplo, de extender el poder político de los mercios sobre sus súbditos recién adquiridos. Los monasterios de Kentish del siglo IX, por ejemplo, aunque nominalmente estaban bajo el control del arzobispado de Canterbury, eran mecanismos para que los reyes mercios obtuvieran un firme control político. El clero que operaba en estas instituciones no era en absoluto exclusivamente leal a la Iglesia, lo que provocó el estallido de numerosas disputas.

Aunque la implicación de la nobleza en los asuntos religiosos durante el siglo VIII acarreó muchos problemas y críticas, es difícil negar las contribuciones materiales de la nobleza al desarrollo de una cultura intelectual y artística única. El contacto con la Iglesia franca fue vital en este sentido. Durante el reinado de Carlomagno, el clero inglés visitaba a menudo la corte franca. Desde allí traían diferentes textos y fomentaban la erudición en los monasterios ingleses.

Los avances en los campos intelectual y artístico fueron de la mano de la Iglesia anglosajona. El arte insular, a veces denominado arte hibernosajón, es una asombrosa combinación de elementos anglosajones y cristianos céltico-irlandeses, que dio lugar a un estilo de arte religioso muy diferente al del continente. La influencia del cristianismo irlandés es especialmente evidente en Northumbria, debido a los estrechos vínculos del reino con los pueblos celtas de Irlanda y Escocia.

Hay muchos ejemplos de manuscritos religiosos de estilo insular producidos en los reinos anglosajones durante este periodo. *Los Evangelios de Lindisfarne*, realizados en Northumbria a finales del siglo VII, son un evangeliario con una decoración elaborada y fastuosa y un estilo propio. Presenta los retratos de los cuatro evangelistas y otras decoraciones, como las de las páginas alfombradas que preceden al comienzo de cada evangelio. Este y otros manuscritos, como el Evangeliario más antiguo que se conserva, el *Libro de Durrow*, y los Evangelios de Lichfield, de 236 páginas, demuestran claramente el apogeo de las influencias artísticas en el arte anglosajón a finales del siglo

VII y principios del VIII. Estas influencias persistieron hasta aproximadamente el siglo X, cuando quizá se vieron interrumpidas por las invasiones vikingas.

Folio de los Evangelios de Lindisfarne[6]

El estilo insular hiberno-sajón también es destacable al sur del Humber, en los reinos controlados por Mercia durante el siglo VIII, a pesar de que el cristianismo celta había sido menos importante en estas zonas en siglos anteriores. Aquí, sin embargo, junto a los elementos insulares, el arte anglosajón adopta influencias continentales, inspirándose en gran medida en los estilos clásico e italiano. Estas influencias aparecen claramente en obras como el *Salterio Vespasiano*, un salterio iluminado producido en Canterbury en la primera mitad del siglo VIII, o el *Stockholm Codex Aureus*, un evangeliario producido también en Canterbury que contiene decoraciones en pergamino púrpura que recuerdan a los antiguos manuscritos de estilo imperial. Estos libros, junto con otras obras como el *Libro de Nunnaminster*, presentan un estilo artístico distintivo denominado "estilo Tiberio".

Los libros ilustrados no fueron el único tipo de arte producido en la Inglaterra anglosajona durante este periodo. En el siglo VIII se desarrolló un estilo único de escultura a ambos lados del río Humber. Las pruebas arqueológicas han hallado en Mercia una variada gama de este tipo de esculturas, fechadas a finales del siglo VIII, que presentan una combinación de estilos artísticos anglosajón, insular y clásico.

La relación que se desarrolló entre la Iglesia anglosajona y los laicos fue compleja y polifacética. Dado que la vida de un plebeyo era una vida cristiana, la Iglesia tenía autoridad y conocimientos no sólo para dar instrucciones generales, sino también para llevar a cabo actividades destinadas a satisfacer las necesidades espirituales de los laicos. Entre ellas estaban las actividades típicamente cristianas de la comunión, la confesión y el bautismo, por ejemplo, así como otros ritos como la predicación de los domingos.

Los monasterios u otras instituciones religiosas se enfrentaban a menudo a una serie de problemas a la hora de ofrecer estos servicios a los laicos. El más obvio era que las liturgias solían celebrarse en latín, una lengua ininteligible para la mayoría de los laicos. Por tanto, la mayoría probablemente no entendía el significado de los pasajes de la Biblia leídos en voz alta por los sacerdotes. Este problema existía también entre los miembros del clero, ya que muchos sacerdotes de monasterios pequeños o rurales se habían limitado a memorizar las frases latinas de la misa y no podían leer o entender el latín con fiabilidad. Este fue uno de los problemas mencionados durante el Concilio de Clovesho en 747, donde se sugirió que la misa se hablara en inglés antiguo en algunas zonas, en lugar de en latín. Sin embargo, el clero nunca llevó a cabo este cambio. En general, el concilio fomentó un mejor contacto entre los laicos y los miembros del clero para que los laicos participaran de forma más activa y apasionada en las actividades espirituales.

En conclusión, además de los cambios a gran escala en el clima político de la Inglaterra anglosajona a lo largo del siglo VIII, también se produjeron profundos cambios sociales, económicos y culturales. La dominación mercia se vio respaldada por un aumento de la actividad económica y una mejor reorganización de las estructuras sociales que aceleraron el crecimiento y la interconectividad. El aumento de los contactos políticos, económicos y culturales con otras sociedades, sobre todo con los francos bajo Carlomagno, dio lugar a la introducción de nuevas influencias en todos los aspectos de la vida. Durante la mayor parte del siglo y un breve periodo posterior, los reyes mercios fueron muy respetados. Habían dominado a sus rivales a una escala nunca vista hasta entonces. Además de la estabilidad económica, su supremacía también se mantuvo gracias a su compleja relación con las estructuras religiosas, que en última instancia sirvieron como medio para aumentar aún más la influencia real en tierras lejanas.

Culturalmente, la Inglaterra anglosajona de la época de la supremacía mercia fue testigo del afianzamiento del cristianismo como religión mayoritaria y fuerza sociocultural indiscutible. La Iglesia se estableció como una institución más respetable y poderosa, ganando más estructura y estabilidad durante el reinado de los reyes mercios. También fue la punta de lanza del desarrollo de un estilo artístico anglosajón único, ya que trató de combinar influencias de culturas vecinas en algo totalmente distinto.

Los reyes mercios no habían unido a todos los anglosajones en un solo reino y no parece que tuvieran intención de hacerlo. La mayoría de las veces actuaron por intereses materiales pragmáticos, pero al hacerlo consiguieron alcanzar un gran poder y ejercer una gran influencia sobre sus rivales. Pero, con la aparición de nuevas fuerzas en la Inglaterra anglosajona del siglo IX, la era de la supremacía mercia llegó rápidamente a su fin.

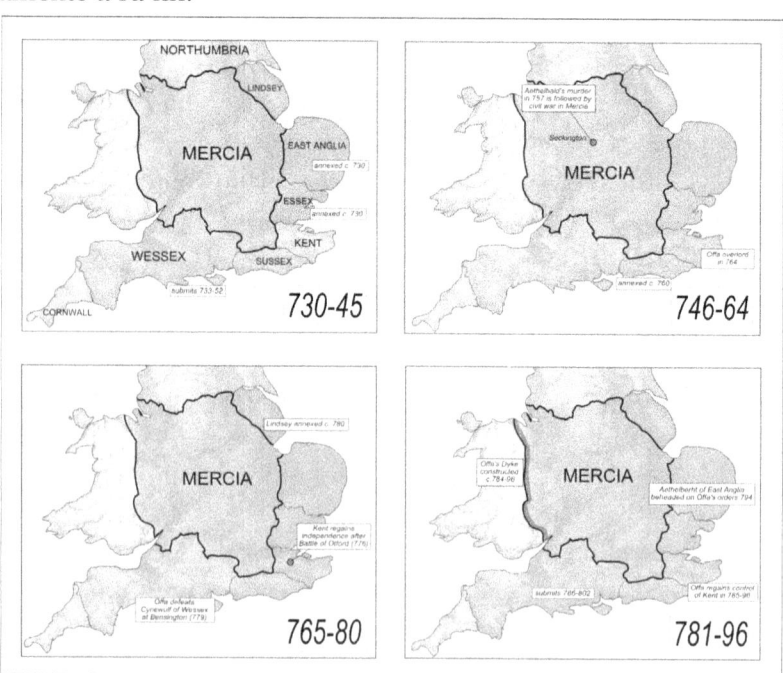

Ilustración de la expansión del poder de Mercia⁷

Capítulo 5: Los anglosajones y la era vikinga

En este capítulo, analizaremos los acontecimientos del siglo IX que transformaron profundamente el panorama social, cultural y político de la Inglaterra anglosajona. Este periodo marcó el declive gradual de la supremacía mercia en Britania como reino anglosajón más destacado. En su lugar surgió el reino de Wessex, que puso en jaque el antiguo poder mercio antes de establecer la supremacía sobre sus rivales. Pero lo más importante es que en el siglo IX los reinos anglosajones se enfrentaron a su mayor amenaza: los vikingos. Aunque la historia de la invasión vikinga de Gran Bretaña es ampliamente conocida, los vikingos son mucho más que pragmáticas y sangrientas incursiones militares. La llegada de los vikingos marcó un punto de inflexión para los reinos anglosajones, obligándoles a reconsiderar sus diferencias y a adoptar nuevas estrategias para luchar contra un enemigo común. Así pues, este capítulo analizará la historia de los anglosajones durante la Era Vikinga para descubrir los retos a los que se enfrentarían cientos de años después de la primera infame incursión vikinga.

Los vikingos

Los vikingos asaltarían por primera vez a los anglosajones en el año 793, desembarcando en el asentamiento nororiental de Lindisfarne, entonces parte del reino de Northumbria. Allí saquearon el monasterio y arrasaron con los lugareños. La naturaleza violenta y despiadada del repentino ataque a una institución religiosa por parte de extranjeros paganos causó conmoción en los reinos anglosajones y más allá. Los anglosajones habían estado en contacto con gente de Escandinavia desde que emigraron a Gran Bretaña, pero nunca antes habían entrado en guerra con ellos.

Alcuino de York, un antiguo erudito de Northumbria que ya se había unido a la corte de Carlomagno cuando tuvo lugar la incursión en Lindisfarne, expresó en sus cartas el horror que había sentido por lo que consideraba un ataque bárbaro que había profanado el cristianismo. Trató de justificar la destructiva incursión como un castigo enviado por Dios por el modo de vida malvado y poco cristiano de muchos habitantes de Northumbria y advirtió que temía que ese ataque no hubiera sido el último. Alcuino tenía razón: los vikingos volvieron a Northumbria al año siguiente y siguieron frecuentando los monasterios del norte, saqueando Tynemouth y Hartness a finales del siglo VIII. Sin embargo, Alcuino nunca pudo imaginar la magnitud de la invasión vikinga que llegaría a Inglaterra décadas después de la primera incursión en Lindisfarne. Los vikingos aún no se habían convertido en la mayor amenaza para los anglosajones.

Northumbria no fue el único lugar donde los vikingos hicieron acto de presencia en el periodo de unos trescientos años conocido como la Era Vikinga. Los nórdicos escandinavos hicieron incursiones, colonizaron, conquistaron y comerciaron con pueblos de toda Europa. Establecieron estrechas relaciones con los francos, que se estaban convirtiendo en la fuerza más dominante de Europa en aquella época, y alcanzaron la costa atlántica de Iberia y asaltaron algunas ciudades mediterráneas. Su despiadado ataque al norte de Francia les valió finalmente el reconocimiento del rey franco, así como una importante porción de tierra llamada Normandía. Establecieron su presencia en las Islas Feroe, el este de Irlanda y otras islas menores de las Islas Británicas. Más al oeste, llegaron a lugares de los que nadie en Europa había oído hablar, fundando colonias en Islandia y Groenlandia e incluso viajando hasta Norteamérica y desembarcando en Terranova.

Maestros de la navegación, los vikingos también utilizarían la vasta red de grandes ríos de Europa Oriental para llegar a las principales civilizaciones ricas de Oriente Próximo (el Imperio bizantino y el mundo musulmán de Oriente Medio) y viajar a través de los dominios de la Rus de Kiev y los mares Negro y Caspio. Los vikingos serían venerados por estos pueblos por su brillante destreza militar y su habilidad en el comercio, convirtiéndose en unos de los protagonistas más dominantes y convincentes de Europa hasta el siglo XI.

La imagen que tenemos de los vikingos como despiadados guerreros consumidores de cerveza con cascos cornudos procede de fuentes cristianas contemporáneas que inevitablemente los describen como paganos y bárbaros y se horrorizan ante su salvajismo. El mundo cristiano (antes de que los propios vikingos aceptaran la religión) fue sin duda víctima de su belicismo durante mucho tiempo, pero sería injusto mencionar a los vikingos únicamente en este contexto. De hecho, gran parte de la actividad vikinga durante la Era Vikinga tuvo que ver con la exploración, la colonización y el comercio, no sólo con la conquista militar, la piratería y las incursiones.

La espectacular expansión de la influencia vikinga a partir de finales del siglo VIII se ha explicado por varios factores. Una posible explicación son las duras condiciones de vida en Escandinavia. Una posible explosión demográfica a principios del siglo VIII pudo obligar a los escandinavos a buscar nuevas zonas donde asentarse, ya que sus tierras eran incapaces de satisfacer su creciente demanda de alimentos. Desde este punto de vista, su decisión de emprender incursiones parece lógica.

Otra explicación del rápido inicio de la Era Vikinga atribuye a los avances tecnológicos el principal catalizador de la salida al mar de los vikingos. Los avances en las técnicas de construcción naval y las mejoras en la navegación fueron factores cruciales en la marcada identidad vikinga. Los nuevos diseños de barcos les permitieron una mayor maniobrabilidad, dándoles la posibilidad de navegar por los ríos europeos, así como durabilidad y velocidad.

Además de estas teorías, también destaca la explicación económica. La recuperación económica y el crecimiento de la Europa del siglo VIII tras la caída de Roma en 476 podrían haber servido de motivación a los escandinavos para explotar las nuevas rutas comerciales y las ciudades más ricas del norte y el oeste de Europa. Durante este periodo circulaban productos comerciales más caros, y los crecientes centros comerciales anglosajones, francos, eslavos o incluso musulmanes parecían buenos objetivos para los vikingos. Escandinavia se vio expuesta en primer lugar a las rutas comerciales del norte y el este de Europa, y acabó llegando a las culturas más ricas de la cuenca mediterránea, como el Imperio bizantino.

Además de mercancías, los comerciantes y mercaderes de diferentes estados también intercambiaban información, una mercancía igual de útil en muchos casos. Traían noticias de los lugares que habían visitado, incluidas historias sobre sus riquezas y debilidades políticas y militares, crisis o conflictos locales. No es improbable que una de las motivaciones de los vikingos fuera explotar estas oportunidades lanzando incursiones en tierras que consideraban caóticas o inestables, como los reinos de los anglosajones.

Como ya hemos mencionado parcialmente, los primeros ataques de los vikingos en la Inglaterra anglosajona no se dirigieron contra los centros comerciales más ricos, como los emporios de Londres o Ipswich. En su lugar, los objetivos iniciales de las incursiones vikingas fueron instituciones religiosas mal defendidas, como los monasterios. En el capítulo anterior, nos hemos referido a la riqueza material presente en las iglesias y monasterios cristianos de la época, gracias al mecenazgo de las élites locales o a que las iglesias funcionaban como centros locales de comercio. En otras palabras, constituían objetivos privilegiados que albergaban una riqueza decente, pero que también eran relativamente fáciles de saquear. Aunque los escritores cristianos contemporáneos presentan las incursiones vikingas como ataques paganos dirigidos contra el cristianismo, ésta no era una motivación tangible de los vikingos.

El fin de la supremacía mercia

En el capítulo anterior hablábamos de la solidez del reino anglosajón de Mercia durante el siglo VIII. Los reinados de Ethelbald y Offa hicieron que Mercia fuera ambiciosa y poderosa, pero la prosperidad de su época terminaría gradualmente cuando Mercia entró en su periodo de decadencia a principios del siglo IX. El sucesor de Offa, Cenwulf, puede considerarse el último gran rey mercio, que gobernó hasta el año 821, pero su reinado se enfrentó a muchos desafíos desde el principio. Imponer el reinado sobre reinos menores siempre había demostrado ser una tarea complicada para cualquier monarca, pero a principios del siglo IX empezaron a surgir más problemas. Como ya hemos mencionado, Cenwulf se enfrentó a una gran oposición por parte de los reinos menores, sobre todo de Wessex, que se rebeló poco después de la muerte de Offa y se negó a someterse a los mercios. En el año 825, ya había signos claros del declive del poder político de Mercia en Inglaterra.

En conjunto, los siguientes acontecimientos en los reinos anglosajones durante el siglo IX coincidieron con una creciente actividad vikinga en Inglaterra. Los vikingos supusieron una importante amenaza para los anglosajones en un momento en el que se encontraban entre los más débiles, inmediatamente después de que el reino de Mercia perdiera su control e influencia.

Los acontecimientos del siglo IX se mencionan sobre todo en la *Crónica anglosajona*, que presenta el punto de vista de Wessex sobre los acontecimientos que condujeron al declive de Mercia. La *Crónica* menciona que los anglios orientales se dirigieron a Ecgberht de Wessex en busca de ayuda contra los mercios tras el fallecimiento del rey mercio Ceolwulf (hermano de Cenwulf) en 823. En ese momento, Mercia se vio sumida en una crisis sucesoria. Los ejércitos de Ecgberht derrotaron decisivamente a los mercios en la batalla de Ellendon en 825, cerca de la moderna ciudad de Swindon, obligando al reino a renunciar a sus esperanzas de sobre-reinado de Anglia Oriental y Kent.

De hecho, a partir de 825, las invasiones mercianas en estos reinos menores ya no darían lugar a la sumisión al dominio merciano. Así lo demuestran las monedas acuñadas a finales de la década de 820 en Anglia Oriental, que llevaban el nombre de su rey local en lugar del de un mercio. Aunque los reyes mercios siguieron concediendo cédulas reales a algunas de las instituciones religiosas de Anglia Oriental en las décadas siguientes, el alcance real de su poder e influencia era limitado en comparación con cien años antes.

A pesar de estas deficiencias, el reino de Mercia era un reino anglosajón fuerte a mediados del siglo IX. Ciertamente, las ambiciones de los reyes mercios nunca cesaron, como se aprecia en las renovadas invasiones de Gales para extender allí la influencia mercia, así como en los matrimonios reales con otros reinos anglosajones, como el celebrado entre el rey mercio Burgred y la princesa sajona occidental Æthelswith en 853. Sin embargo, Mercia no era más que una sombra de lo que había sido.

Mientras tanto, el reino de Wessex asumía lentamente su posición como nueva potencia potencial entre los anglosajones. Allí, el rey Ecgberht fundó una dinastía gobernante en 802. Con la petición de ayuda de Anglia Oriental contra Mercia, Wessex se preocupó más por extender su influencia en los reinos anglosajones, ya que principalmente había librado guerras en el oeste contra los celtas durante las dos primeras décadas del siglo IX. La victoria contra los mercios pareció cambiar las tornas a favor de Wessex.

El rey Ecgberht demostró ser un gobernante ambicioso. Tras su victoria, lanzó una ofensiva en Kent, destronando a un sub-rey nombrado por los mercios, lo que le dio el control virtual sobre los dominios anglosajones del sur. Después, en 829, según la *Crónica anglosajona*, Ecgberht hizo campaña contra el rey mercio Wiglaf, que no estaba emparentado con la línea real de los reyes mercios, y lo derrotó decisivamente.

La *Crónica* menciona que, unos años más tarde, los habitantes de Northumbria también se sometieron al rey sajón occidental en Dore, en la actual Sheffield, lo que otorgó al rey Ecgberht el título de *Bretwalda*, que se traduce aproximadamente como "superrey" de Britania o gobernante de "toda Britania". Este título sólo aparece en la *Crónica anglosajona* y es muy probable que sirviera para glorificar los logros del rey Ecgberht y su éxito en debilitar la supremacía mercia durante su reinado. Aunque es poco probable que Ecgberht gobernara toda Gran Bretaña, el uso del título sugiere que, no obstante, ostentaba un poder considerable en 830.

El reinado de Ecgberht sobre Mercia y Northumbria fue breve y no precisamente profundo. Esto se afirma a pesar de que se acuñaron monedas en nombre del rey Ecgberht como "Rey de los Mercios". Wiglaf regresó en 830 y recuperó el trono mercio, ya fuera por la fuerza o, más probablemente, mediante negociaciones con Ecgberht. Por otra parte, la sumisión del rey de Northumbria Eanred a Ecgberht en Dore parece haber sido voluntaria a cambio de tributo, aunque esto no se menciona en la *Crónica*. Lo que podemos deducir razonablemente es que Wessex se vería desbordada si intentara imponer su dominio sobre tierras tan vastas en el norte como Mercia y, especialmente, Northumbria.

En comparación, el señorío sajón occidental de Kent, Sussex y Essex fue mucho más expresivo. Estas zonas permanecieron bajo la influencia de Wessex incluso cuando las incursiones vikingas se intensificaron a lo largo del siglo IX. Gozaron de una gran seguridad, especialmente en comparación con Mercia y Northumbria, que se llevaron la peor parte de la invasión vikinga. El control estable de estas zonas estaba vinculado a otro factor crucial en la sucesión de los reyes sajones occidentales después de Ecgberht: la línea sucesoria era directa, culminando con el acceso del rey Alfredo el Grande y, finalmente, de su nieto Æthelstan, que se convirtió en el primer rey de los ingleses en 927. La cadena ininterrumpida de sucesión es un testimonio del grado de fortaleza del reino de Wessex en comparación con la más frágil Mercia.

Es interesante examinar otros factores políticos y sociales que proporcionaron estabilidad al emergente reino de Wessex, que pronto se convertiría en el más dominante de los reinos anglosajones. Una de las principales razones del éxito y la longevidad del dominio sajón occidental fue la coherencia de las estructuras políticas y administrativas del reino y la distribución de los cargos reales. Cabe destacar que los ealdormen del reino de Wessex eran funcionarios nombrados por la realeza que ejercían su autoridad en determinadas zonas. A diferencia de Mercia, donde las divisiones entre regiones administrativas parecen haber sido menos claras, las divisiones administrativas de Wessex eran mucho más coherentes. Estas unidades del reino de Wessex, ya fueran condados u otras divisiones, parecían haber sido introducidas por el gobierno central. Se centraban en zonas urbanas prominentes, más que en las antiguas zonas de vivienda de los pueblos locales, definidas de forma aproximada. Por ejemplo, la región de Dorset, administrada por un ealdorman nombrado por la realeza, se centraba en la ciudad de Dorchester.

La coherencia estructural del gobierno sajón occidental se sustentaba en una amplia gama de suboficinas con responsabilidades claramente definidas y organizadas de forma estrictamente jerárquica. El cargo de ministro, nombrado por la realeza, es un ejemplo destacado. Aunque los *ministri* estaban presentes con responsabilidades limitadas bajo el dominio mercio, parecían estar implicados en una amplia gama de asuntos durante la era de Wessex. Así lo demuestran sus frecuentes menciones en las cartas reales. Un ministro típico de Sajonia Occidental no tenía el mismo rango de poder que los ministros actuales. En su lugar, estos individuos ocupaban diferentes cargos, que iban desde la administración de los bienes reales hasta ser mayordomos o simples coperos del rey. A pesar de ello, estaban muy cerca del rey, algo que naturalmente se consideraba prestigioso. Alguien distinguido como ministro a los ojos del rey habría tenido la oportunidad de ascender en la jerarquía de los funcionarios reales, llegando incluso a alcanzar el rango de ealdorman y ostentando un poder considerable.

La sociedad anglosajona en el siglo IX

El declive del poder mercio también se vio acelerado por las cambiantes condiciones socioeconómicas de los reinos anglosajones a lo largo del siglo IX. Las pruebas arqueológicas sugieren una importante evolución económica al sur y al norte del Humber.

En Northumbria, por ejemplo, hay pruebas de que la moneda se fue degradando progresivamente, quizá una elección consciente de los reyes northumbrios para afectar a la economía del reino. A partir de mediados del siglo IX se encuentran cada vez más monedas northumbrias de metal común. Esto sugiere que la decisión estaba dirigida a facilitar la realización de transacciones sencillas entre plebeyos. Se han encontrado monedas northumbrias de este periodo en Anglia Oriental, por ejemplo, lo que sugiere que los lugareños preferían utilizar este tipo de monedas para las transacciones cotidianas.

En otros reinos anglosajones, sin embargo, el declive económico general estuvo marcado por una drástica reducción del volumen de moneda en circulación. Y aunque las pruebas que tenemos del uso de la moneda en este periodo son insuficientes para explicar el declive económico, el nivel cambiante de monedas en circulación sí sugiere un cambio en la naturaleza de su uso.

Las pruebas arqueológicas también revelan un declive general de las actividades sociales y económicas en los emporios anglosajones más destacadas. Parece que se construyeron pocos edificios nuevos en las zonas económicas más activas de estas ciudades a partir de finales del siglo VIII, lo que sugiere un parón en el crecimiento económico. También hay pruebas de un menor mantenimiento de estos centros, lo que se tradujo en un empeoramiento del estado de las infraestructuras.

Curiosamente, los emporios del siglo IX disminuyeron sus manufacturas en industrias como la textil, la fabricación de armas, la alfarería y la metalurgia. Algunos lugares de comercio, como Lundenwic, en la actual Londres, que había sido una comunidad con una bulliciosa vida social y económica durante la época de la supremacía mercia, entraron en un periodo de declive a finales del siglo VIII.

Además de una menor escala de actividades, este declive estuvo marcado por la reducción del tamaño de los emporios. La disminución del poder de los emporios también afectó negativamente a otros tipos de asentamientos que habían participado activamente en el sistema económico de los reinos anglosajones alrededor de un siglo antes. Muchos pequeños puestos de comercio en tierra y depósitos productivos que conectaban las zonas rurales y los centros urbanos se estancaron o fueron totalmente abandonados.

La existencia de una amenaza externa es una posible explicación de este cambio en la actividad socioeconómica de los emporios anglosajones del siglo IX. Tal vez, el aumento de la actividad vikinga en este periodo obligó a los habitantes de estos ricos emplazamientos a volverse más conservadores, a retener sus bienes o incluso a deslocalizarse por completo. Existen pruebas de la actividad vikinga en los reinos anglosajones del sur. La *Crónica* describe el ataque vikingo de 842 a Londres, por ejemplo, como muy brutal, y Londres fue objetivo muchas veces de los invasores a mediados del siglo IX.

Esta hipótesis también puede verse respaldada por el descubrimiento de un foso construido en el norte de Lundenwic durante esta época. Es posible que el foso fuera una estructura defensiva para mantener a raya a los invasores. La mayor presencia de los vikingos en este periodo podría haber dificultado la llegada de mercaderes extranjeros, que temían la piratería vikinga y no se atrevían a cruzar el Canal de la Mancha. Las cartas reales que se remontan a los últimos años del reinado del rey Offa mencionan la necesidad de proteger las aguas de Kent y Sussex, por ejemplo, e incluso Carlomagno había decidido construir una flota para mantener a salvo de la piratería las costas septentrionales de su vasto imperio. Así pues, sabemos que la amenaza exterior existía desde hacía bastante tiempo.

Sin embargo, esta explicación es sólo parcial, ya que parece que el declive de los emporios de su otrora gran estatus ya había comenzado cuando los vikingos empezaron a visitar cada vez más las costas anglosajonas. Lo más probable es que también hubiera otras razones. Un cambio en las condiciones ambientales es otro factor que podría haber obligado a los habitantes de los lugares productivos a trasladarse a otros núcleos, por ejemplo. También hay pruebas de nuevos asentamientos que se convirtieron en imanes del crecimiento urbano a finales del siglo IX y principios del X. Estos asentamientos podrían haber evolucionado como rivales económicos de los emporios, que estaban tan interconectados y dependían tanto unos de otros que el declive de uno podría haber acelerado el declive de los demás.

Sin embargo, a pesar de esta tendencia general al declive, algunos emplazamientos urbanos siguieron floreciendo durante el siglo IX. El caso más notable es el de Canterbury, importante centro británico desde la época romana y sede real y arzobispal desde principios del siglo VII. Las evidencias arqueológicas y las cartas reales revelan el intrincado diseño urbano de la ciudad amurallada, con un alto nivel de mantenimiento de las infraestructuras e incluso normativas locales para la construcción de nuevos edificios: debían estar a cierta distancia unos de otros para permitir que el agua de lluvia se dispersara eficazmente. Canterbury era una ciudad densamente poblada en esta época, con múltiples burgages (parcelas de tierra arrendadas por la nobleza o el rey). Así, los habitantes de Canterbury disfrutaban de algunas de las propiedades de mayor calidad de todas las zonas urbanas anglosajonas.

La ciudad también tenía una vida bulliciosa llena de espacios públicos, como los mercados, así como cofradías y gremios, cada uno con un propósito y una estructura organizativa diferentes. Algunos de estos gremios se ocupaban del mantenimiento de las propiedades públicas y de la imagen de la ciudad, mientras que otros se centraban en servir a sectores específicos de la población de la ciudad, como los mercaderes o los trabajadores. Las factorías de la ciudad también se encontraban entre las más activas de todos los reinos anglosajones, y un elevado volumen de monedas de plata y oro sugiere la creciente riqueza de Canterbury. En definitiva, si tenemos en cuenta la desaparición de los emporios durante este periodo, el poderío económico de Canterbury parece mucho más imponente.

En la Iglesia también se estaban produciendo importantes avances. La Iglesia había acumulado mucha riqueza material gracias a las donaciones de sus primeros mecenas y a las condiciones sociales que habían permitido a las instituciones religiosas prosperar, al menos económicamente. A finales del siglo IX, sin embargo, la Iglesia anglosajona parece haber entrado en una crisis de aprendizaje, marcada por una disminución de la actividad y la capacidad intelectuales. Esta constituye la segunda característica de la sociedad anglosajona posterior a la Edad Media.

Vida del rey Alfredo, elaborada por un biógrafo galés del posterior rey sajón occidental, describe que la tradición intelectual que garantizaba la búsqueda del conocimiento había desaparecido cuando Alfredo se convirtió en rey. El latín se había convertido en una lengua que ni siquiera el propio clero podía entender correctamente, y mucho menos hablar libremente y traducir a la lengua vernácula inglesa. El conocimiento de este hecho estaba muy extendido, y al desprestigio de la Iglesia anglosajona aludían incluso obispos extranjeros, que criticaban la falta de aspectos importantes de la vida eclesiástica como los sínodos regulares, entre otras deficiencias.

En resumen, los analistas contemporáneos aluden al hecho de que, a pesar de la existencia de muchas instituciones religiosas ricas, rara vez seguían una vida monástica cristiana estricta y disciplinada. Las pruebas arqueológicas apoyan las fuentes escritas: sólo se ha descubierto un puñado de manuscritos producidos a mediados del siglo IX. En las cartas reales y legales, los historiadores han identificado el empeoramiento de la calidad de la lengua y la escritura latinas. Hay pruebas de una menor actividad en los scriptoriums de diferentes monasterios, incluido el de Christ Church en Canterbury.

Además, el creciente número de documentos reales producidos en lengua vernácula también sugiere la sustitución gradual del latín por el inglés antiguo. Esto es interesante si se tiene en cuenta el auge de las actividades sociales y económicas en Canterbury. Una vez más, el declive del latín en Canterbury entre mediados y finales del siglo IX puede explicarse por la creciente amenaza vikinga, que había obligado a mucha gente a buscar refugio dentro de la bien fortificada ciudad amurallada. Este crecimiento urbano puede haber aumentado drásticamente la predominancia del inglés antiguo y causado un declive recíproco en el uso del latín.

La situación podría haber sido menos grave en los dominios anglosajones occidentales, como Wessex o los Midlands Occidentales de Mercia, donde la tradición de aprendizaje y dominio del latín mantuvo altos niveles durante la mitad del siglo IX. Esto se debió quizás a las influencias continentales presentes en estas zonas. Por ejemplo, el rey Æthelwulf de Wessex tuvo en su corte a un escriba extranjero procedente de Francia, y los documentos producidos durante su reinado muestran un dominio del latín de alto nivel. Aun así, la situación era lo suficientemente mala como para que el rey Alfredo previera un renacimiento del saber y del monacato en su reino cuando se convirtiera en rey.

La Gran Armada pagana

La *Crónica anglosajona* no menciona que se produjeran ataques vikingos a los reinos anglosajones desde finales del siglo VIII hasta mediados del siglo IX. De hecho, la *Crónica* no dice nada de la actividad vikinga entre 795 (dos años después del ataque a Lindisfarne) y 835, fecha de su relato de la incursión vikinga en Sheppey, en el sur de Inglaterra. Durante la siguiente década y media, las incursiones vikingas fueron en general de menor envergadura, con una fuerza de treinta a cuarenta barcos cada una, en el mejor de los casos. La *Crónica* registra batallas a lo largo de los años 830 y 840 en Southampton, Hingston Down y el río Parret, por ejemplo, aportando pocos detalles nuevos sobre los vikingos o las batallas en sí.

Es en la invasión de 851 cuando se describe a los vikingos con una fuerza considerablemente mayor, de unos 350 barcos. Esta invasión, dirigida contra Canterbury y Londres, parece ser la mayor incursión vikinga registrada, y su magnitud puede confirmarse por las descripciones de ataques vikingos en otras fuentes contemporáneas. Los francos, por ejemplo, cuyas costas estaban igualmente expuestas a la actividad vikinga, registraron en la década de 840 que las incursiones vikingas contenían cientos de barcos.

La naturaleza de la actividad vikinga también parece haber cambiado en esta época. Tras su ataque en 851, los vikingos no volvieron a casa en invierno y permanecieron en Thanet, aterrorizando a la población local durante unos meses antes de decidirse a zarpar. Fuentes escritas afirman que otras bandas vikingas habían actuado de forma similar en Irlanda, donde los vikingos se habían convertido en visitantes frecuentes por la misma época.

A pesar de la creciente magnitud de los ataques vikingos año tras año, los anglosajones resistieron a los extranjeros con gran éxito. La *Crónica* (que recordemos es una fuente recopilada en una corte sajona occidental) registra que los reyes de Wessex derrotaron a los invasores en múltiples ocasiones. Por ejemplo, el rey Æthelwulf de Wessex repelió la invasión del 851, acompañado de su hijo, Æthelbald.

Al parecer, los vikingos atacarían una zona costera de Inglaterra y procederían a desbordar las defensas locales durante un tiempo, pero la respuesta de los ejércitos anglosajones sería oportuna, obligando finalmente a los vikingos a retirarse. Por la forma en que la *Crónica* habla de los vikingos durante la primera mitad del siglo IX, podemos deducir que los consideraba una amenaza recurrente que, sin embargo, podía ser contenida.

Una nueva era de invasiones vikingas comenzó en 865 con la llegada de lo que la *Crónica anglosajona* denomina el "Gran Ejército pagano", un ejército compuesto por una confederación de vikingos daneses, suecos y noruegos. Aunque el tamaño exacto de este ejército no está claro, probablemente no contenía más de unos pocos miles de asaltantes, la mayoría de ellos guerreros experimentados.

El Gran Ejército pagano desembarcó en Anglia Oriental, superó las defensas y arrasó la campiña anglosajona hacia el norte, llegando a York en 866. Para horror de los anglosajones, el ejército fue reforzado más tarde por otra fuerza, aumentando drásticamente el peligro que suponían para los lugareños.

Lo que diferenció al Gran Ejército pagano de las incursiones vikingas anteriores fue que desde el principio se propuso conquistar y ocupar las tierras anglosajonas en lugar de limitarse a saquear e incursionar. Unos objetivos tan claramente definidos hicieron posible la cooperación entre los distintos grupos vikingos del ejército. En general, era una práctica común que las diferentes bandas de guerra vikingas se unieran para realizar incursiones, repartirse el botín y separarse una vez finalizados sus ataques. De hecho, lograr una fuerza de este tamaño, digna de ser considerada "grande", sin duda sugiere que, a pesar de los diferentes grupos vikingos dentro del ejército, éste seguía siendo muy eficiente y exitoso.

Tampoco está claro quién estaba exactamente al mando del Gran Ejército pagano. Según la leyenda, estaba dirigido por los tres hijos del legendario vikingo Ragnar Lodbrok, uno de los líderes vikingos más destacados de la Era Vikinga hasta ese momento. La leyenda cuenta que los hijos de Ragnar (Ivar el Deshuesado, Halfdan Ragnarsson y Ubba) habían unido sus fuerzas para vengar la muerte de su padre a manos del rey Ælla de Northumbria, que había capturado y ejecutado a Ragnar durante una incursión anterior en su territorio. Las fuentes nórdicas que mencionan la invasión también describen a Ragnar como una figura medio mítica y pionera de la expansión y exploración vikingas, por lo que no deben considerarse históricamente exactas. No obstante, el hecho de que el Gran Ejército pagano estuviera compuesto por destacadas figuras vikingas, cada una al frente de su banda, sirve para subrayar su carácter único.

Tras desembarcar en Anglia Oriental, los vikingos hicieron las paces con la población local, que les proporcionó provisiones y caballos mientras se dirigían al norte, hacia York. La *Crónica* menciona que el reino de Northumbria era un objetivo prioritario para los vikingos debido al caos político de su crisis sucesoria. En aquel momento, la corona se disputaba entre el rey Ælla y su hermano Osberht. Si además tenemos en cuenta la afirmación de las fuentes nórdicas de que los hijos de Ragnar habían deseado vengar la muerte de su padre, está claro que los vikingos planearon atacar Northumbria desde el principio y habrían sabido de las dificultades a las que se enfrentaba el reino.

A finales de 866, los vikingos habían derrotado con contundencia a los habitantes de Northumbria, matando a Ælla y a Osberht en la batalla y estableciéndose en York. Durante los meses siguientes, siguieron asolando la campiña de Northumbria, imponiendo su dominio a la población local y obligándola a pagar *danegeld* (diferentes tipos de tributo que los lugareños pagaban a los vikingos a cambio de paz, protección o para disuadir sus futuros ataques). Aunque el término no se utilizó hasta siglos posteriores, algunos anglosajones, incluidos los habitantes de Northumbria, ya habían estado pagando tributo a los vikingos cuando el Gran Ejército pagano desembarcó en Inglaterra.

Después de Northumbria, el siguiente objetivo de los vikingos era el reino de Mercia, el mayor reino anglosajón al sur del río Humber, que poseía miles de acres de valiosas tierras de cultivo que estaban maduras para el pillaje. Los vikingos permanecieron en Nottingham durante el invierno de 867-868, donde un ejército combinado de mercios y sajones occidentales intentó detenerlos. Sin embargo, a pesar del esfuerzo conjunto, los vikingos volvieron a contener a los anglosajones. Es probable que, tras la batalla de Nottingham, los vikingos negociaran un acuerdo de paz con los mercios, probablemente a cambio de tributos, y dejaran el reino en paz durante unos años.

La *Crónica* señala que el Gran Ejército pagano permaneció en Northumbria durante todo el invierno, pero se volvió hacia el sur y atacó Anglia Oriental en 869. Allí se instalaron en la ciudad de Thetford, donde el rey Edmund de Anglia Oriental los atacó. Los vikingos resistieron durante todo el invierno y salieron victoriosos de la batalla contra Edmund, matando al rey.

Anglia Oriental es el primer reino anglosajón de *la Crónica* del que se dice que fue conquistado totalmente por los vikingos un año después de su ataque inicial, en el invierno de 869. El hecho de que Anglia Oriental fuera pequeña y uno de los reinos anglosajones más ricos de la época, podría haber motivado a los vikingos a hacerse rápidamente con su control total. La *Crónica* lamenta la perdición del reino a manos de los vikingos, un sentimiento que parece coincidir con la actitud pública de la época. Edmund pronto sería venerado como un mártir, muerto a manos de los despiadados paganos.

La actividad vikinga se reanudó en la segunda parte del año 871, cuando nuevas bandas de vikingos llegaron de Escandinavia como refuerzo. Se unieron a la fuerza principal en Northumbria y lanzaron otro ataque contra Mercia. Esta vez, los vikingos atacaron lugares más al sur, llegando a ciudades como Londres y Lincolnshire en 872. En la medida de lo posible, trataron de evitar la confrontación con el ejército mercio, optando por pasar el invierno en zonas donde pudieran mantenerse únicamente mediante incursiones.

Este saqueo constante afectó enormemente a la estabilidad social y económica de Mercia. Los granjeros y ciudadanos mercios vivían en constante temor a los vikingos y no podían acceder adecuadamente a las tierras de cultivo de la campiña. Los vikingos también amenazaron algunos de los centros culturales de Mercia, como la iglesia de San Wystan en Repton, un lugar de gran importancia material y espiritual para los reyes mercios. En ella se encontraba el mausoleo real de los mercios, y su ubicación estratégica permitía a los vikingos ejercer un firme control sobre el corazón de Mercia. Los vikingos fortificaron su posición en Repton, y las pruebas arqueológicas sugieren que construyeron fosos defensivos y permanecieron en la ciudad durante mucho tiempo, llegando incluso a enterrar allí a sus muertos.

La *Crónica* menciona que, durante este periodo, los vikingos obligaron a exiliarse al rey Burgred de Mercia. El año 874 se considera el último de su reinado. Burgred viajó a Roma, probablemente en peregrinación, y allí murió y fue enterrado. En su lugar, los vikingos instalaron a un rey títere llamado Ceolwulf II, con quien mantuvieron una estrecha relación. Según la *Crónica*, Ceolwulf era un rey "imprudente" que había hecho un "juramento de lealtad" a los vikingos. Aunque la *Crónica* es una fuente sesgada, el destronamiento de Burgred en favor de Ceolwulf indica la influencia que los invasores tenían en el trono mercio. A pesar de ello, es poco probable que Ceolwulf fuera considerado un rey totalmente ilegítimo, ya que siguió emitiendo cartas reales durante los cinco años que gobernó, y la nobleza y el clero que también habían servido bajo Burgred a menudo actuaban como testigos de sus concesiones reales.

Así pues, a pesar de que los vikingos instalaron a un rey de su agrado, sería exagerado decir que también colocaron a los suyos en posiciones de poder en la corte mercia. Parece más probable que Mercia se encontrara en un estado de grave desorden y que las élites locales no pudieran o no quisieran resistirse a los vikingos mientras mantuvieran sus posiciones de poder.

En su *Vida del rey Alfredo*, Asser señala que el Gran Ejército pagano se dividió poco después de la conquista de Mercia. Una parte del ejército regresó al norte, a Northumbria, y desde allí lanzó una invasión contra los pictos en Escocia. La otra parte permaneció en los reinos anglosajones, moviéndose de un lugar a otro para mantener un fuerte control sobre los territorios conquistados. Parece que los vikingos se contentaron con haber desestabilizado a los anglosajones lo suficiente como para dificultar una resistencia unida; aun así, disfrutaron del botín que les proporcionaban las constantes incursiones en sus tierras.

Uno de los reinos a los que los vikingos intentaron someter en repetidas ocasiones fue el reino de Wessex, que, en 877, había hecho un trabajo relativamente bueno manteniendo a los vikingos a distancia. El Gran Ejército pagano había asaltado los territorios de Sajonia Occidental en varias ocasiones desde su llegada en 865, pero las respuestas de los reyes de Wessex no se hicieron esperar.

A lo largo de los primeros años de la década de 870, los reyes de Sajonia Occidental, Æthelred y Alfredo, se vieron obligados a firmar la paz con los vikingos tras sufrir varias derrotas a manos de éstos, primero en Reading y Basing en enero, y más tarde en Wilton en abril. Estas derrotas obligaron a los sajones occidentales a replantearse sus estrategias, y el rey Alfredo llegó finalmente a un acuerdo con los invasores a finales de 871. También se trasladó más al sur, a Winchester, y procedió a formar una nueva fuerza para expulsar a los paganos de Inglaterra. Alfredo se vio obligado a firmar la paz con los vikingos cinco años después, cuando los invasores regresaron tras haber conquistado Mercia. Se vio obligado a ceder más tierras en los territorios septentrionales, y los vikingos se hicieron esencialmente con el control de gran parte de los territorios septentrionales, centrales y orientales de Gran Bretaña.

Alfredo el Grande

En 877, el Gran Ejército pagano había derrotado a los reinos anglosajones de Anglia Oriental, Northumbria y Mercia. Los vikingos se habían establecido cómodamente en estas tierras, donde cualquier vestigio de liderazgo político había menguado a lo largo de la década de 870. Los invasores habían instalado con éxito a un rey títere sobre la mitad occidental de Mercia, mientras que poseían las ricas Midlands y los territorios orientales, incluido Londres. Sólo el reino de Wessex seguía siendo un rival anglosajón válido para los vikingos, y los reyes sajones occidentales nunca habían conseguido luchar contra los vikingos en sus términos.

Como hemos mencionado antes, una estrategia vikinga destacada consistía en asaltar rápidamente una ciudad mal defendida, donde organizarían sus defensas. Obligarían a los ejércitos reales a acercarse para negociar e intentarían extorsionar todo lo posible. Si el rey se negaba a negociar, los vikingos saqueaban el campo hasta diezmar a la población local para forzar la mano del rey o simplemente se trasladaban a otra ciudad de ese tipo y repetían el proceso. Los dos reyes de Wessex de este periodo, Æthelred y Alfredo, habían sido víctimas de esta estrategia vikinga. Habían sido incapaces de coger a los vikingos con la guardia baja, ya que éstos sencillamente no aceptarían una batalla que les fuera desfavorable.

En 876, la parte del ejército vikingo que se encontraba al sur del Humber procedió a tomar así el control de Wareham, en la parte más meridional de Wessex, en el Canal de la Mancha. Allí llegaron a un acuerdo con Wessex sobre el intercambio de rehenes y el mantenimiento de la paz, pero rápidamente rompieron el acuerdo y se trasladaron a Exeter. Después de esto, los vikingos regresaron a Mercia, donde, como hemos mencionado, dividieron esencialmente el reino en dos antes de volver a Wessex.

En enero de 878, los vikingos atacaron por sorpresa la fortaleza real de Chippenham. También aquí arrollaron a los sajones occidentales, obligando a Alfredo a huir con un pequeño grupo de seguidores más al norte, a Somerset, refugiándose en la remota aldea de Athelney. En los pantanos de Somerset, estableció sus fortificaciones y planeó tomar represalias. Desde esta remota zona, Alfredo comenzó a montar una verdadera resistencia a la invasión vikinga. La *Crónica Anglosajona* menciona que solo, contra todo pronóstico, el rey empezó a reclutar milicias locales de Somerset, Wiltshire y Hampshire durante el mes de mayo de 878.

A finales de mayo de 878, el rey Alfredo y sus tropas estaban listos para atacar. El rey decidió no llevar la lucha directamente a Chippenham, donde los vikingos, liderados por su caudillo Guthrum, se habían fortificado. En su lugar, mientras reunía a sus reclutas, Alfredo atrajo a los vikingos y se enfrentó en la decisiva batalla de Edington con unos pocos miles de hombres. La *Crónica* no menciona los detalles de la batalla, pero terminó con una victoria sajona occidental, con los vikingos masacrados en el campo de batalla. Alfredo persiguió a los vikingos hasta la fortaleza y la sitió, cortando las líneas de suministro y obligando a los vikingos a rendirse dos semanas después.

Como parte del acuerdo de paz, Guthrum se convirtió al cristianismo y los vikingos juraron abandonar las tierras de Sajonia Occidental. Finalmente, Guthrum y algunos de sus hombres se bautizaron, y el líder vikingo y el rey Alfredo de Wessex acordaron un tratado que fijaba las fronteras entre los reinos vikingos recién conquistados en el centro, norte y este de Inglaterra y las zonas bajo el liderazgo de Wessex en el sur.

Alfredo no tuvo que volver a enfrentarse a los vikingos hasta la década de 890, cuando un ejército diferente asaltó las zonas cercanas a Fulham. Esta vez, sin embargo, Alfredo derrotó rápidamente a los invasores y los expulsó "por la gracia de Dios". Así, a finales del siglo IX, la gran invasión vikinga de la Inglaterra anglosajona había terminado.

El rey Alfredo no sólo es una de las figuras anglosajonas más centrales, sino también uno de los personajes más célebres de la Europa medieval temprana. En la cultura popular, su imagen es la del vencedor de los vikingos y el "salvador" de Inglaterra. Alfredo fue, de hecho, el líder anglosajón que asestó el golpe decisivo al Gran Ejército pagano. Gracias a sus esfuerzos, los vikingos fueron expulsados tras más de una década de arrasar las tierras anglosajonas. Aun así, quizá sea engañoso pensar en Alfredo como la persona que derrotó a "los" vikingos, ya que éstos lanzarían muchas más invasiones a los reinos anglosajones en décadas posteriores.

Podría decirse que el rey Alfredo tampoco fue la persona que "salvó" a Inglaterra. Esto se debe simplemente a que en aquella época no existía una "Inglaterra" unida a la que salvar de una invasión extranjera. Las acciones del rey Alfredo se dirigieron principalmente a defender su propio reino de Wessex, y no liberó las tierras inglesas que habían estado bajo la influencia vikinga desde finales del siglo IX. Incluso el acuerdo final al que llegó con Guthrum establecía que Alfredo reconocería mutuamente el dominio vikingo en estas tierras, que con el tiempo se conocerían como Danelaw ("la tierra con las leyes danesas").

Sin embargo, al rey Alfredo no se le conoce como "el Grande" porque sí. Aunque no derrotó decisivamente a los vikingos ni "salvó" a Inglaterra, fue el rey que sentó las bases para crear un reino unido a partir de los reinos anglosajones. De hecho, se puede argumentar que las mayores contribuciones del rey Alfredo se produjeron después de su victoria en Edington, es decir, los pasos que dio en la construcción de la nación que dio lugar a un Reino unido de Inglaterra unas generaciones más tarde. Así pues, es igualmente crucial examinar la naturaleza del reinado de Alfredo después de la victoria de Edington para ver realmente la magnificencia que le hizo merecedor de un título digno.

Mapa de Gran Bretaña en el 886°

El rey Alfredo es el rey anglosajón del que más sabemos, con un amplio margen. Se produjeron muchos documentos de gran calidad durante su reinado o sobre su reinado, como la *Vida del rey Alfredo* y la *Crónica anglosajona*, que nos proporcionan valiosos datos sobre su vida.

Y, aunque faltan cartas reales contemporáneas emitidas en nombre de Alfredo, esto se compensa por el hecho de que Alfredo compuso un código de leyes por primera vez entre los anglosajones en más de cien años. Además, durante el reinado de Alfredo se produjeron muchos otros libros traducidos. Estos fueron compuestos por miembros de la corte de Alfredo, figuras religiosas bajo el patrocinio de Alfredo o, en raros casos, por el propio Alfredo. El propio rey adaptó varios textos del latín al inglés antiguo, como los *Soliloquios* de San Agustín, un texto que sigue siendo fundamental para la filosofía cristiana actual.

El hecho de que hayan sobrevivido tantos textos escritos relacionados directamente con el rey señala diferentes aspectos del reinado de Alfredo. La primera ventaja es que es posible reconstruir el reinado de Alfredo con gran exactitud con la ayuda de tantas fuentes. Esto incluye representaciones de la personalidad y el carácter de Alfredo, lo que nos permite conocer mejor su vida y las decisiones que tomó.

La supervivencia de estos textos también indica que Alfredo cuidó mucho su imagen pública como rey cristiano que promovía el aprendizaje y alentaba la producción de nuevos conocimientos entre sus súbditos. Como hemos dicho, esto le habría dado más autoridad a los ojos del público. Como los reyes anglosajones estaban siendo derrotados por los vikingos, Alfredo necesitaba todo el apoyo posible de sus súbditos presentándose como un rey fuerte. Su nuevo códice legislativo es un logro significativo en este sentido, ya que trata de legitimar su gobierno mediante un texto escrito y forzar la profunda transformación de la sociedad sajona occidental (o anglosajona).

La producción de un volumen tan grande de textos también sugiere que Alfredo buscaba ser representado como la antítesis de los vikingos paganos, que eran el principal adversario de su época. La gente prefería ponerse del lado de un rey como Alfredo que, a diferencia de los vikingos, promovía el aprendizaje y la escritura. Fueran cuales fueran las razones, Alfredo era sin duda un monarca que se preocupaba por su imagen pública y actuaba para reforzarla como podía.

Carlomagno había sido el pionero en tal transformación de la naturaleza de la realeza cien años antes, y sus sucesores habían seguido asumiendo y reforzando esta nueva concepción. El emperador franco pudo haber sido la principal inspiración del rey Alfredo, sobre todo si tenemos en cuenta que necesitaba legitimar su reinado.

Otra razón por la que el rey Alfredo surgió como ejemplo de cómo debía ser un rey procedía de las dificultades de sucesión que habían asolado el trono de Wessex desde mediados del siglo IX. De hecho, desde el principio era poco probable que Alfredo llegara a ser rey, ya que era el menor de los cuatro hijos del rey Æthelwulf. Wessex se había sumido en una crisis sucesoria cuando el príncipe Æthelbald había asumido la autoridad en 856 después de que su padre, el rey Æthelwulf, se hubiera ido de peregrinación. Como resultado, el reino había estado dividido durante muchos años, y los tres hermanos de Alfredo se habían alzado como reyes. Wessex necesitaba estabilidad y un rey fuerte, y Alfredo podría haber sido la clave.

También es muy interesante examinar los primeros años de Alfredo antes de convertirse en rey, ya que pueden aportar valiosos datos sobre la formación de la mente y el modo de vida del futuro gobernante. Algunos historiadores han sugerido que la educación de Alfredo podría haber desempeñado un papel importante en su religiosidad y su amor por el aprendizaje. Al ser el hijo menor, era de esperar que en el futuro ejerciera una carrera clerical, algo muy común en las familias medievales, en las que el hijo mayor solía heredar las posesiones familiares. La biografía de Alfredo menciona que el rey se interesó por la vida religiosa desde muy joven y siempre asistía a diversas ceremonias, como los sermones diarios y semanales.

Desde muy joven, la personalidad del futuro rey ya estaba orientada a dedicarse a actividades que normalmente descuidaba la nobleza. En el fondo, las élites anglosajonas eran descendientes de antiguos jefes guerreros y de una sociedad que valoraba la violencia y el sexo como virtudes primordiales. Según la biografía, Alfredo luchó con esta dicotomía de la vida cristiana por un lado y un impulso más primario de gloria (que incluía el pecado) por otro. En sus últimos escritos, Alfredo afirmó que había sido tentado durante su juventud por varios pecados diferentes, señalando que perseverar había sido muy difícil. Subrayó la dificultad de mantener un sano equilibrio entre los impulsos primarios del cuerpo y las iniciativas más virtuosas de la mente. Una lectura profunda de las luchas de Alfredo lo identifica no sólo como un hombre cristiano que se esforzaba por ser ideal, sino también como un hombre recto y estoico que intentaba guiar su camino con la moral.

Curiosamente, el joven Alfredo había visitado Roma con su hermano Æthelred en el año 853, enviados por su padre, el rey Æthelwulf. La *Crónica* menciona que Alfredo fue bendecido como futuro rey por el papa León IV, y la historia de su encuentro se confirma en otras fuentes escritas. Sin embargo, la *Crónica* probablemente exagera cuando afirma que el papa bendijo específicamente a Alfredo como futuro rey. Las cartas papales al rey Æthelwulf mencionan a Alfredo como un "hijo espiritual" del papa que fue tratado como un auténtico "cónsul romano", condecorado con lujosas vestimentas y accesorios.

No obstante, este encuentro obviamente habría ayudado a impulsar la estrategia de Alfredo para presentarse como un rey legítimo y cristiano durante la caótica situación política de Wessex en la segunda mitad del siglo IX. La visita de Alfredo a Roma es, por tanto, significativa teniendo en cuenta sus futuras pretensiones y su comportamiento. También proporciona información sobre las primeras influencias en el joven Alfredo, ya que la confirmación de la realeza por el papa era una práctica carolingia profundamente franca.

Sea como fuere, la educación y los primeros años de vida de Alfredo desempeñaron un papel muy importante en la formación de su carácter, que se manifestó en las políticas que promovió a lo largo de su reinado. Un ejemplo de ello es su amor por el aprendizaje y su creencia en que la educación era la solución a largo plazo para los problemas de Wessex. Alfredo reconoció que la educación y la alfabetización, junto con la verdadera tradición monástica, habían decaído de forma generalizada en los reinos anglosajones, como hemos señalado anteriormente. Así, para invertir esta tendencia, Alfredo decidió reclutar a distinguidos eruditos y monjes para su corte. Asser, su biógrafo de Gales, fue uno de ellos.

Alfredo reconoció que, a pesar de la importancia del latín como lengua principal de aprendizaje en la Europa de la época, su dominio en tierras anglosajonas era muy bajo. Por ello, dirigió sus reformas a hacer más fácil, además de necesario, el estudio y la comprensión del latín por parte de los seglares. Las traducciones de muchos textos importantes del latín al inglés antiguo sirvieron a este propósito.

Alfredo creía que la sabiduría, la curiosidad y el conocimiento eran ideales que debían ser perseguidos por todos los individuos, incluida la nobleza, que había descuidado en gran medida la educación a cambio de dedicarse a la guerra, por ejemplo. Creía que había ciertas cosas que todos los hombres debían saber, y así se lo hizo saber a la nobleza.

El rey utilizó diferentes tácticas para fomentar la educación entre las élites sajonas occidentales, amenazándolas incluso con destituirlas de sus posiciones privilegiadas si no accedían a sus exigencias. Esto no quiere decir que descuidara todos los demás aspectos de la vida de los nobles, como su destreza militar y sus conocimientos de la guerra. Veremos más adelante que el propio Alfredo aprobó reformas militares vitales. Por el contrario, quería en su corte a personas con conocimientos porque creía que eso le permitiría tomar mejores decisiones en todos los campos, incluida la guerra. En su opinión, la Corona no necesitaba sirvientes incultos y analfabetos. Seguramente, en pocas décadas, una corte instruida se convertiría en un elemento básico de las monarquías de toda Europa.

No hay mejor ejemplo de las contribuciones de Alfredo a la realeza cristiana que su código legal. Sirvió como amalgama de tres códigos legales anteriores a su época: el del rey Æthelbert de Kent, el del rey Ine de Wessex y el del rey Offa de Mercia. De estos documentos anteriores, Alfredo tomó las leyes que consideraba más importantes y que necesitaban ser repetidas o aclaradas. En sentido estricto, hay poco material legal adicional en el código de Alfredo, pero lo que no le falta son matices cristianos y mosaicos.

Esto es especialmente evidente en el prólogo, donde parece que Alfredo resumió la esencia de las tradiciones jurídicas de las religiones abrahámicas. Ofrecer una visión general de la legislación cristiana al principio del libro sugiere en gran medida que Alfredo veía su código como una continuación de la tradición, como una parte esencial de lo que representaba el cristianismo. Así, el código legal de Alfredo el Grande sirve como ejemplo principal de un rey anglosajón que enfatiza los elementos de la realeza cristiana. Aunque muchos habían intentado imponer este concepto, pocos lo habían conseguido al nivel de Alfredo.

Las reformas de Alfredo no se limitaron a los aspectos sociales y culturales de la vida de los sajones occidentales a finales del siglo IX. Sus reformas económicas y militares fueron igualmente vitales para hacer de Wessex el nuevo reino anglosajón más dominante de Gran Bretaña. Estas reformas también deben considerarse en relación con el contexto político: Alfredo sabía que su reino estaba en peligro a causa del Gran Ejército pagano, y muchos de los cambios estaban dirigidos a combatir los desafíos inmediatos que los vikingos planteaban a la seguridad y fortaleza de Wessex.

Su reforma monetaria se llevó a cabo en 875, tres años antes de derrotar a los vikingos en Edington. La nueva moneda sajona occidental, acuñada en nombre de Alfredo en todo el "gran Wessex", incluido Londres, tenía un peso fijo y un nuevo diseño con influencias romanas clásicas. Lo más impresionante es que la reforma de la acuñación se llevó a cabo con el rey Ceolwulf de Mercia, y parece que Alfredo era percibido como el rey "mayor" en esta relación. Muchas monedas llevan su nombre con el título de *Rex Anglorum* "Rey de los anglos", o quizás "Rey de los ingleses", mientras que Ceolwulf es mencionado simplemente como *rex*.

El hecho de que estas monedas se acuñaran en territorios no tradicionalmente sajones occidentales, como Londres, sugiere la creciente influencia de Wessex sobre sus vecinos a mediados de la década de 870. Un sistema monetario compartido fue clave para la integración económica y social de Mercia y Wessex, proporcionando una gran base para una eventual unión política entre los dos reinos. La reforma fue muy posiblemente el intento consciente de Alfredo de expandir su noción de realeza universal entre los anglosajones. Imponer tal influencia en el otrora gran estado de Mercia, ahora desgarrado por la guerra y salvado por los vikingos, fue el primer paso para afirmar el nuevo dominio de Wessex.

Alfredo ganaría más influencia después de la muerte del rey Ceolwulf de Mercia, que fue sucedido por un ealdorman llamado Æthelred a finales de la década de 870. Æthelred gobernó la parte occidental de Mercia que aún estaba bajo control anglosajón, pero nunca disfrutó del título de "rey", sino que reconoció el señorío del rey Alfredo. Parece que los dos líderes tenían un entendimiento mutuo, algo que se aprecia mejor después de que Æthelred se casara con la hija de Alfredo a finales de la década de 880. Æthelred aceptó a Alfredo como figura política superior en parte porque los vikingos habían debilitado la posición mercia y en parte por los esfuerzos conscientes de Alfredo para transformar la relación política existente.

Además de las medidas que alteraron la economía anglosajona acelerando la integración entre Mercia y Wessex, Alfredo tomó medidas para reformar significativamente el ejército anglosajón. Estos cambios se llevaron a cabo ante la inminente amenaza vikinga, que había detectado claras deficiencias en las estrategias anglosajonas.

Como hemos mencionado, la principal táctica de las fuerzas vikingas era evitar la confrontación directa con los ejércitos anglosajones. A menudo, ambas partes negociaban la retirada pacífica de los vikingos a cambio de una suma de dinero o tributo, pero los vikingos solían romper estos acuerdos y lanzar incursiones en otros lugares. Así pues, más que su habilidad y ferocidad en la guerra, fue la adopción de tácticas inteligentes y el conocimiento de las debilidades de su enemigo (en este caso, la incapacidad de los reyes anglosajones para reunir rápidamente ejércitos) lo que dio al Gran Ejército pagano una gran ventaja. No se debió tanto a una discrepancia en la calidad del ejército, ya que los ejércitos anglosajones podían derrotar a los vikingos cuando los interceptaban y forzaban una batalla abierta.

Reconociendo este problema, Alfredo decidió dividir su ejército en dos partes, creando una fuerza permanente que pudiera movilizarse mucho más rápidamente. La otra mitad del ejército original permanecía en sus hogares y no estaba en servicio activo, pero podía ser movilizada si los vikingos atacaban su residencia o zonas cercanas. Si estos focos de resistencia local lograban detener a los vikingos, el ejército permanente podía prestar apoyo rápidamente y asegurar la victoria anglosajona.

Una vez que los soldados de la fuerza permanente habían servido durante cierto tiempo, eran reemplazados por soldados que se habían quedado en casa. Esta medida garantizaba no sólo una respuesta rápida a los ataques vikingos descentralizados, sino también que los soldados estuvieran siempre frescos y listos para la batalla. Aunque los problemas de comunicación dificultaban la coordinación del relevo del ejército permanente, las fuerzas sajonas occidentales acabaron adaptándose al nuevo sistema.

La última reforma importante que llevó a cabo Alfredo a finales de la década de 870 fue el establecimiento de una red de fortificaciones defensivas, conocidas como burgos, en lugares estratégicos de todo Wessex. La construcción de fortificaciones defensivas no era nada nuevo para Britania, ya que se había iniciado en la época de los romanos. De hecho, algunos de los burgos de Alfredo se basaban en estas estructuras más antiguas, mientras que otros se colocaron en zonas previamente desatendidas. El objetivo era cubrir eficazmente todos los dominios de Alfredo y disuadir ataques vikingos concentrados en el futuro. Muchas fortificaciones se construyeron en los caminos reales o en lugares convenientes de los ríos para asegurarse de que restringían el libre movimiento vikingo.

Con el tiempo, los burgos crecieron y transformaron las zonas que los rodeaban con nuevos asentamientos. En pocos siglos, muchos de ellos se convertirían en ciudades de pleno derecho con industrias especializadas y carácter propio, mientras que otros conservaron una importancia puramente estratégica. Esta reforma también se enfrentó a muchas dificultades. La más obvia eran los costes de construcción y mantenimiento. Un documento posterior titulado *Burghal Hidage* menciona que se necesitaban decenas de miles de hombres para mantener el sistema en funcionamiento. Las pruebas también sugieren que Alfredo no terminó la construcción de varios burgos. Teniendo en cuenta estos retos, resulta aún más impresionante que el sistema de burgos construido por Alfredo perseverara en el tiempo, siendo ampliado por futuros reyes sajones occidentales.

Con todo, el rey Alfredo el Grande de Wessex sigue siendo una de las figuras más centrales de la historia anglosajona. Se erigió en líder contra la invasión vikinga y salvó lo que quedaba de los reinos anglosajones al sur del Humber. Sus contribuciones a la resistencia anglosajona contra el Gran Ejército pagano son sin duda dignas de elogio, al igual que su política como rey. Son aún más impresionantes si tenemos en cuenta que Alfredo actuaba principalmente para preservar y proteger su propio reino. Sin embargo, sus decisiones posteriores sugieren que Alfredo tenía una visión del futuro de la realeza anglosajona, un futuro que creía que pasaba por la integración, con Wessex a la cabeza. De hecho, sólo dos generaciones más tarde, el nieto de Alfredo, Æthelstan, llevaría el título de "rey de los ingleses" y sería reconocido como el primer rey de un reino unido de Inglaterra. Alfredo también contribuyó decisivamente a recuperar la tradición y el amor por el aprendizaje en la Inglaterra medieval. Gracias a sus esfuerzos sabemos tanto sobre la historia de los anglosajones.

Capítulo 6: La formación de Inglaterra

En este capítulo, examinaremos el destino de los anglosajones tras el fin de la invasión del Gran Ejército pagano a finales del siglo IX. Anteriormente, analizamos el reinado del rey Alfredo de Wessex, el hombre que comúnmente se considera que puso fin a la invasión vikinga de la Inglaterra anglosajona. Sus reformas no sólo mantuvieron a raya a los invasores, sino que sentaron las bases del futuro Reino de Inglaterra. También hemos mencionado que las acciones de Alfredo no estaban dirigidas a esta unificación, y lo mismo puede decirse de sus sucesores. Sin embargo, como veremos más adelante, las decisiones tomadas por los sucesivos gobernantes de Wessex darían lugar a la creación de un estado anglosajón unificado. A continuación, analizaremos más detenidamente los reinados de reyes sajones occidentales como Eduardo y Æthelstan y examinaremos sus acciones desde la perspectiva más amplia de la temprana construcción de la nación inglesa. Dadas las inestables circunstancias políticas de la época, examinar los procesos que condujeron a la unificación anglosajona resulta aún más convincente.

Después de Alfredo

El rey Alfredo murió en octubre de 899, sucedido por su hijo Eduardo, que llegaría a llevar el título de "el Viejo". Durante su reinado, ya se hacía referencia a Alfredo como el rey de los anglosajones, y con razón. El reinado de Alfredo había aportado una estabilidad muy necesaria al reino de Wessex, que se había convertido en el más dominante de los reinos anglosajones restantes. Sin embargo, esto no significaba necesariamente que sus sucesores fueran reconocidos como reyes.

De hecho, el caótico paisaje de la Inglaterra de principios del siglo X añadió más complicaciones a la dinámica de poder existente entre los reinos anglosajones y los vikingos, que se habían establecido firmemente en el este y el norte de Inglaterra (el Danelaw). Los vikingos habían controlado territorios tanto al norte como al sur del Humber durante décadas antes de que sus posesiones fueran reconocidas por Alfredo. Desde su invasión en 865, habían llegado a dominar los reinos de Northumbria y Anglia Oriental y se habían erigido en señores de gran parte de Mercia. Su avance hacia el sur sólo se había detenido gracias a Alfredo.

La sustitución por los vikingos de la organización política anglosajona en el Danelaw sigue siendo oscura. De hecho, toda la situación se pareció mucho a la llegada de los anglosajones a la Gran Bretaña post-romana en el siglo V. Los hallazgos arqueológicos de la época, los nombres de los asentamientos y las pruebas genéticas apuntan claramente a la presencia cada vez mayor de los vikingos en estas tierras. Sin embargo, no está claro si un número creciente de escandinavos, que no eran necesariamente guerreros-exploradores como los vikingos tradicionales, siguieron llegando al Danelaw durante los primeros años del siglo IX. También es posible que los vikingos que conquistaron estas tierras se convirtieran en la nueva élite, sustituyendo a la nobleza anglosajona existente mediante la continua recaudación de tributos.

También hay confusión a la hora de denominar "el Danelaw" a los territorios conquistados por los vikingos. El primer uso del término aparece en fuentes del siglo XI, y es poco probable que se utilizara como distinción consciente entre los distintos grupos étnicos que formaban los ejércitos vikingos. "Danelaw" o "ley de los daneses" sugiere que, para los anglosajones, los vikingos eran daneses, aunque el Gran Ejército pagano contuviera bandas de guerreros de distintas partes de Escandinavia. Así pues, atribuir un término más sencillo a una combinación de etnias, nacionalidades o identidades culturales vikingas (que, no obstante, eran muy similares) no es necesariamente exacto. Aun así, el uso del término refleja la predominancia de los señores escandinavos en estas tierras.

No sabemos hasta qué punto estaba centralizado el liderazgo del Danelaw ni cómo de conectado estaba este reino vikingo con Escandinavia. Podemos deducir de fuentes contemporáneas sajonas occidentales y de pruebas arqueológicas que existía algún tipo de cohesión entre las diferentes bandas guerreras vikingas que se habían asentado en el Danelaw. Tras la invasión inicial del Gran Ejército pagano, lo más probable es que estas bandas guerreras se hubieran separado, atraídas por diferentes ciudades de las que se apoderaron, como York, Nottingham o Leicester. La *Crónica anglosajona* menciona que los daneses habían trabajado las tierras que habían conquistado desde mediados de la década de 870, lo que sugiere que los vikingos tenían intención de quedarse en esta parte de Inglaterra. Al haber sido reconocida su autoridad sobre esas tierras por Alfredo en la década de 880, lo más probable es que los vikingos no sintieran la necesidad de alterar significativamente su organización política en el Danelaw.

Los anglosajones habían mantenido un control aproximado de la parte norte de Northumbria desde la conquista del reino por la oleada original del Gran Ejército pagano, pero no ostentaban un poder considerable. Las tierras meridionales de Northumbria estaban directamente bajo el dominio de los vikingos, que instalaron reyes mandatarios en la parte septentrional del antiguo reino para imponer eficazmente su dominio a sus súbditos.

La situación era igual de caótica al sur del Humber. Anglia Oriental había sido completamente absorbida por los vikingos, mientras que Sussex y Essex habían pasado a manos del reino de Wessex. Una parte significativa de Mercia también había sido conquistada por los vikingos, pero la mitad occidental del reino, comúnmente denominada "Mercia inglesa", permaneció bajo dominio anglosajón y fue dominada políticamente por Alfredo durante los últimos años de su reinado.

En conjunto, estos eran los dos ejes de poder significativos en la Inglaterra de principios del siglo X: los vikingos, que gobernaban las tierras del Danelaw, y los reinos anglosajones de Wessex y Mercia, con liderazgo sajón occidental. Los conflictos políticos de principios del siglo X tuvieron lugar principalmente entre estas dos potencias.

El reino de Wessex se enfrentó a una lucha sucesoria tras la muerte del rey Alfredo en 899. Sí, su hijo Eduardo se convirtió en rey, pero fue desafiado por una persona que tenía una reclamación bastante seria al trono de Sajonia Occidental -Æthelwold, el hijo menor del rey Æthelred y sobrino del rey Alfredo. Æthelwold era un bebé cuando su padre murió luchando contra los vikingos en 871, por lo que la corona pasó a su hermano Alfredo. Y aunque la *Crónica* describe una historia bastante simple del traspaso de poder de Alfredo a Eduardo, resulta muy intrigante examinar los acontecimientos de los primeros años del siglo X.

Parece que Æthelwold, habiendo alcanzado la mayoría de edad y quizás consciente del hecho de que Alfredo no favorecía necesariamente a Eduardo como su sucesor, desafió abiertamente a Eduardo por el trono de Wessex. Contó con un apoyo considerable tanto dentro de Wessex como más allá de sus fronteras, aunque la *Crónica*, escrita en la corte del vencedor final (Eduardo), menciona que el levantamiento de Æthelwold fue sólo una rebelión temprana rápidamente atajada por Eduardo.

En realidad, Æthelwold buscó la ayuda militar de los daneses, que se la concedieron, quizá creyendo que Æthelwold se convertiría en otro rey títere si salía victorioso. En los primeros años del siglo X, Æthelwold incitó el levantamiento de una gran fuerza vikinga de Anglia Oriental contra Eduardo, que acudió allí con un ejército para acabar con las perspectivas del desafiante. Aunque los daneses bajo el mando de Æthelwold salieron victoriosos de la sangrienta batalla de Holme en diciembre de 902, Æthelwold murió en la batalla y su sublevación terminó.

También es difícil determinar el alcance del poder del rey Eduardo en los primeros años de su mandato. En las cartas reales emitidas en su nombre, se le menciona como "Rey de los Anglosajones", pero es poco probable que ejerciera tanta influencia sobre la Mercia inglesa como su padre. Los fueros del rey Æthelred de Mercia, que había reconocido a Alfredo como superrey desde la década de 880, no mencionan a Eduardo de la misma manera. De hecho, las fuentes mercianas enfatizan la soberanía de Æthelred como rey y especialmente a Æthelflæd (la hija de Alfredo) como reina. De hecho, fuentes como los *Anales de Æthelflæd* y el *Registro Merciano* describen a la reina como una gobernante muy fuerte, especialmente tras la muerte de su marido en 911, que actuaba de forma independiente y aplicaba políticas que beneficiaban a Mercia.

Las monedas mercianas, en cambio, cuentan una historia diferente. Se emiten a nombre de Eduardo, lo que sugiere que Mercia estaba, al menos nominalmente, bajo su control. Parece que, aunque Eduardo ejerció algún tipo de poder sobre Mercia, llegando incluso a tomar el mando de las fuerzas mercianas en una campaña en 909, los reyes mercianos gozaban de relativa libertad para actuar en sus dominios en los primeros años del siglo X.

Tras la muerte de Æthelred en 911, el dominio de Eduardo sobre Mercia se hizo más firme. Heredó algunos de los centros mercianos más importantes, como Londres y Oxford, lo que reforzó enormemente su posición. A partir de este momento, Eduardo también desarrolló una mejor relación con su hermana Æthelflæd de Mercia, y es plausible que ambos coordinaran sus decisiones políticas más importantes en los años siguientes. Los frutos de esta relación se manifestaron en las políticas conjuntas contra los vikingos en todo el Danelaw. Estas políticas incluían no sólo campañas militares ofensivas en Anglia Oriental y partes orientales de Mercia, sino también la construcción continuada de burgos defensivos clave en territorios aún controlados por los anglosajones para mantener seguras las fronteras. Las cartas reales de esta época se refieren a los vikingos de Anglia Oriental y Northumbria como dos ejércitos y entidades políticas separadas, lo que sugiere que el liderazgo del Danelaw estaba descentralizado.

La construcción de burgos dificultaba a los vikingos cruzar a la campiña sajona occidental o merciana y saquear sus tierras. Con el tiempo, se construyeron más cerca de la frontera entre los dominios de los anglosajones y el Danelaw, como en Hertford y Witham, en Essex. Estas defensas se establecieron para frenar posibles ofensivas vikingas desde Anglia Oriental hacia las tierras situadas al norte del río Támesis, las que conducían directamente a Londres, que era un centro de poder crucial. La red de burgos se extendía como una telaraña, cada uno apoyando al siguiente y permitiendo que todo el sistema fuera sostenible.

Parece que esta política tuvo pronto un éxito relativo. Los burgos construidos en el corazón de Inglaterra acabaron provocando que algunos asentamientos vikingos se sometieran a los gobernantes anglosajones de Mercia y Wessex.

En 918, la mayoría de las grandes ciudades al sur del Humber parecían haberse sometido a los anglosajones, y los líderes vikingos llegaban a acuerdos y ofrecían su lealtad. Debido a la falta de estatutos sajones occidentales en este periodo, es difícil determinar qué causó exactamente este cambio en la organización política. Sin embargo, las pruebas sugieren que los vikingos más elitistas probablemente conservaron sus propiedades tras suplicar a Eduardo. Por tanto, es probable que el dominio militar gradual de Sajonia Occidental y Mercia obligara a los líderes vikingos a someterse uno a uno, aunque esto se hizo con cuidado para mantener la paz en lugar de explotar la confianza vikinga. Los daneses, que veían ventajas en alinearse con los reinos de

Mercia y Wessex, negociaron así en nombre de sus súbditos. Sabemos que esta transferencia a gran escala de las tierras del Danelaw al sur del Humber al control de Eduardo fue un proceso profundo debido a las monedas acuñadas en nombre del rey de Sajonia Occidental.

Con la muerte de Æthelflæd en 918, Eduardo era esencialmente el rey anglosajón más poderoso, y procedió a afirmar rápidamente su poder sobre Mercia. La *Crónica Anglosajona* lo menciona empujando hasta el lugar de la muerte de la reina en Tamworth, en Staffordshire, donde el pueblo mercio decidió someterse a él, junto con tres gobernantes galeses, que probablemente habían estado bajo la influencia de Æthelflæd. Eduardo se llevó entonces a Ælfwynn, la hija de la difunta reina mercia, a Wessex, quizá para hacer frente a la posible amenaza de un aspirante a la sucesión más pronto que tarde. Este incidente otorgó a Eduardo un nivel de control sobre Mercia similar al de su padre Alfredo, uniendo una vez más dos de los reinos anglosajones más fuertes.

Además, en los dos o tres años siguientes, Eduardo continuó su política de "expansión defensiva" construyendo burgos por todo su reino. De este modo, hizo más firme su control de los vastos territorios mercianos, avanzando incluso en los territorios daneses de Northumbria. La *Crónica* señala que Eduardo fue elegido "padre y señor" no sólo por los ingleses y los daneses al sur del Humber, sino también por Ragnald de York, el prominente líder vikingo del Danelaw septentrional. Las circunstancias exactas que rodearon la elección de Eduardo como señor no están claras, pero sugieren que Ragnald firmó un tratado de reconocimiento mutuo con Eduardo en el que retenía el control de York y los territorios circundantes al norte del Humber.

Por otra parte, Eduardo fue reconocido como el único líder de los anglosajones, que empezaban a ser llamados los "ingleses". Los reinados de Alfredo y Eduardo habían hecho mucho por esta importante transformación identitaria, que se concretaría durante el reinado del sucesor de Eduardo.

El rey de los ingleses

Los historiadores no se ponen de acuerdo sobre la naturaleza de la construcción o unificación de la nación anglosajona, y la postura mayoritaria es que nunca se inició conscientemente. Los gobernantes anglosajones, desde que se les podía llamar reyes y a sus dominios en Gran Bretaña reinos, estaban motivados por el beneficio personal. Los reyes anglosajones eran conscientes de su duro entorno político, y aumentar el poder político a expensas de los demás fue siempre la principal motivación de los reinados de reyes como Offa de Mercia o Alfredo de Wessex. Estos gobernantes fueron grandes porque supieron adaptarse a las circunstancias cambiantes y emerger de tiempos extremadamente difíciles como figuras dominantes. Esto es cierto incluso aunque a menudo se hiciera referencia a estos gobernantes como "super reyes" o "reyes de los anglosajones" o "reyes de Britania".

La definición de "unidad" entre los anglosajones también presenta complicaciones. ¿Qué implica exactamente esta palabra si tenemos en cuenta la compleja composición étnica, lingüística y cultural de las Islas Británicas durante la Edad Media? ¿Dónde terminaban exactamente los reinos anglosajones? ¿Cómo podía un gobernante ser considerado objetivamente el rey de los anglosajones? Mejor aún, ¿cómo podría un gobernante ser considerado el rey de los ingleses?

Así, cuando hablamos del rey Æthelstan de Wessex como primer rey de los ingleses después de 927, debemos aclarar toda esta confusión, sobre todo porque Æthelstan no heredó directamente todos los territorios controlados anteriormente por su padre Eduardo. Los acontecimientos inmediatamente posteriores a la muerte de Eduardo en 924 siguen sin estar claros, pero parece que Æthelstan inicialmente sólo le sucedió en Mercia, mientras que su hermano Ælfweard heredó el trono de Wessex. No sabemos si Eduardo había repartido las tierras entre sus hijos antes de su muerte. Esta explicación es válida, ya que los reyes francos de Europa habían practicado esta forma de sucesión durante bastante tiempo.

Ælfweard también pudo haber sido proclamado rey en Wessex porque Eduardo había muerto en territorios mercios, donde había estado acompañado por Æthelstan, que tenía un historial de participación en los asuntos mercios. Por ejemplo, Æthelstan había participado en las campañas con sus tíos, Æthelflæd y Æthelred, y era más conocido en la corte mercia. Sin embargo, Ælfweard murió menos de tres semanas después que Eduardo. Æthelstan se convirtió así en el rey tanto de Mercia como de Wessex, aunque al principio se enfrentó a una pequeña resistencia en Wessex cuando intentó imponer su poder. En septiembre de 925 fue proclamado rey en Kingston-upon-Thames, un lugar elegido específicamente por su ubicación en la frontera entre Wessex y Mercia.

Frontispicio de la Vida de San Cuthbert de Bede, que muestra al rey Æthelstan entregando una copia del libro al propio santo⁹

Æthelstan gobernó durante unos quince años hasta su muerte en 939, lo que hace que su gran logro de la unificación inglesa sea mucho más impresionante. En el momento de su ascenso al trono, el único reino anglosajón importante que no estaba bajo su dominio era la Northumbria danesa, centrada en torno a la ciudad de York. (Los anteriores reyes sajones occidentales y mercianos ya habían recuperado el control de Anglia Oriental y los territorios mercianos orientales). Æthelstan se convirtió también en el primer gobernante anglosajón del sur de Northumbria. Lo consiguió mediante una alianza matrimonial entre su hermana y Sihtric, el gobernante vikingo de York, en 926.

Sihtric, que anteriormente también había gobernado el reino de Dublín, controlado por los vikingos, se había convertido en rey de York en 921 tras la muerte de Ragnald de York. Es posible que la posición del gobernante danés se viera debilitada por sus anteriores guerras con los reinos bretones del norte, lo que le obligó a negociar con Æthelstan.

Es importante señalar que Sihtric murió sólo un año después de casarse con la hermana de Æthelstan, y la *Crónica* menciona que fue el rey sajón occidental quien "sucedió al reino de los northumbrios". Es difícil comprender hasta qué punto Æthelstan fue aceptado inicialmente por el pueblo de Northumbria como su rey, pero es posible que fuera desafiado por primera vez por Guthfrith, un primo de Sihtric que dirigió una pequeña fuerza desde Dublín. Sin embargo, esta resistencia no estaba preparada y no consiguió impedir que Æthelstan impusiera su poder en York.

De manera crucial, otros reyes del norte también se sometieron a Æthelstan en Eamont en julio de 927. Entre ellos se encontraban el rey Constantino de Alba (Escocia) y el rey Owain del reino bretón de Strathclyde. Además, los galeses también aceptaron el señorío de Æthelstan. Los reinos galeses de Gwent, Deheubarth y Gwynedd habían proclamado su lealtad a los reyes mercios y sajones occidentales a principios del siglo X y la extendieron también a Æthelstan. Todos estos gobernantes aparecieron como testigos en las cartas reales de Æthelstan durante los años siguientes y asistieron regularmente a la corte sajona occidental, residiendo allí como las figuras más respetadas. Esto confirma el grado de señorío e influencia que Æthelstan había alcanzado en los tres o cuatro primeros años de su reinado.

Sin embargo, el control de Æthelstan sobre Northumbria no era en absoluto firme. Los habitantes de Northumbria siempre se habían considerado separados de los demás reinos anglosajones y tenían una identidad especial. Esta había sido la primera vez que un gobernante del sur del Humber había impuesto con éxito su dominio en Northumbria, y Æthelstan se enfrentó con razón a la disidencia.

Para mejorar su posición en Northumbria, Æthelstan hizo generosas concesiones de tierras a diferentes nobles y miembros del clero.

Pero la cuestión de los territorios en la frontera entre Northumbria y los dominios escoceses del norte complicó las cosas. Estas tierras, que antes formaban parte del antiguo reino de Bernicia, habían estado bajo el control de Ealdred de Bamburgh hasta su muerte en 934. Ese año, Æthelstan lanzó una invasión al norte, yendo más lejos de lo que ningún otro rey anglosajón había hecho antes. La razón de la invasión no está clara, pero un conflicto entre el rey Constantino de Alba y Æthelstan tras la muerte de Ealdred es una posibilidad. Junto a Æthelstan estaban los gobernantes galeses que habían jurado lealtad a Æthelstan, lo que sugiere que su influencia era tangible en esta época.

Según la *Crónica*, Escocia fue atacada tanto por tierra como por mar, aunque los detalles exactos de la campaña (y, lo que es más importante, su resultado) también están rodeados de misterio. Sabemos que ese mismo año Æthelstan regresó a Buckingham, en el centro de Inglaterra, y emitió una carta en la que Constantino aparecía como subrey. Sin embargo, en cartas posteriores, a partir de 935, Constantino ya no aparece como testigo, mientras que todos los demás reyes que habían jurado lealtad a Æthelstan seguían siendo mencionados.

La tensa relación entre Æthelstan y Constantino degeneró en un conflicto a gran escala unos años más tarde. La *Crónica* registra que en 937 tuvo lugar una batalla decisiva en Brunanburh (cuya ubicación exacta no se ha determinado) entre sajones occidentales bajo el mando del rey Æthelstan y una fuerza combinada de escoceses bajo el mando del rey Constantino, britanos de Strathclyde bajo el mando del rey Owain y vikingos de Dublín bajo el mando del rey Olaf Guthfrithson.

Olaf había sucedido a su padre tres años antes como rey de Dublín y se había aliado con los escoceses tras casarse con la hija de Constantino. Posiblemente, su campaña desde Irlanda hacia el norte de Inglaterra fue su apuesta por el trono de York, que creía injustamente perdido a manos de Æthelstan.

Las fuerzas aliadas lanzaron una invasión a finales de 937, pero finalmente fueron derrotadas en Brunanburh por Æthelstan en una sangrienta batalla. Hubo muchas bajas en ambos bandos, incluidos importantes miembros de las familias de los reyes implicados en la batalla. La victoria de Æthelstan se consideró decisiva, y en la *Crónica* se le dedicó un poema para celebrar su hazaña. Sin embargo, como veremos, la cuestión del dominio de los reyes ingleses en Northumbria quedaría en gran medida sin resolver hasta años después de la muerte de Æthelstan.

Æthelstan fue, por tanto, el primer rey de los ingleses, gobernando las tierras que habían sido tomadas por los emigrantes anglosajones tras el fin del dominio romano en Britania. Pero también fue más que eso. Fue el líder político más fuerte de las Islas Británicas. Exigía tributo a los galeses y recibía su ayuda militar; había sometido con éxito a los reinos británicos del norte y a los vikingos de Dublín. En algunos de sus estatutos, se hace referencia a Æthelstan como "emperador", y esta noción no está lejos de la realidad. La casa de Wessex era la casa real más poderosa de Gran Bretaña en aquella época.

El reinado de Æthelstan fue el periodo de la historia anglosajona de Inglaterra en el que la corte real estuvo más implicada en los asuntos europeos. A través de los matrimonios reales y la frecuente relación con líderes europeos, Æthelstan proporcionó un gran ejemplo para otros gobernantes anglosajones del siglo X. Por ejemplo, para reforzar su reputación internacional y su legitimidad, Æthelstan llevó a cabo una política exterior amistosa con los francos. Tras la disolución del Imperio carolingio, las familias reales rivales descendientes de Carlomagno también buscaron legitimidad e influencia. Desde este punto de vista debe considerarse el matrimonio entre Eadgyth, hermanastra de Æthelstan, y el que pronto sería emperador Otón del Sacro Imperio Romano Germánico.

Æthelstan no sólo es recordado por su conquista de Northumbria y su posición privilegiada como el gobernante más poderoso de Gran Bretaña. También fue un gran reformador y reforzó el marco jurídico y administrativo interno de su reino. Æthelstan se enfrentó a nuevos retos como primer rey anglosajón que gobernaba un territorio tan extenso, cercano a las fronteras modernas de Inglaterra. Decidió centralizar su dominio para gobernar con mayor eficacia. Elaboró el mayor número de textos legales y cédulas reales de todos los gobernantes para convertir la práctica en parte inherente de la realeza y legitimar así su gobierno en todas las tierras anglosajonas. También celebró frecuentes concilios y se trasladó de una ciudad a otra. Estos consejos, conocidos como witans, eran una parte crucial de la administración de Æthelstan. Funcionarios de diferentes rangos, miembros del clero, nobles, ealdormen y muchas otras figuras solían asistir y discutir asuntos relevantes. Se puede afirmar que esta práctica desempeñó un papel importante en la tradición parlamentaria por la que hoy se conoce a la Inglaterra moderna.

Æthelstan también comprendió que era un rey cristiano. Sabía que debía elegir cuidadosamente sus acciones y cultivar buenas relaciones con la Iglesia. Durante su reinado, el clero desempeñó un papel importante en la creación y difusión de nuevas leyes, la mayoría de las cuales se basaban en otros grandes códigos anglosajones, como el de Alfredo. Æthelstan consultaba regularmente con el arzobispo Wulfhelm de Canterbury, quien redactó muchas de las leyes relativas a las relaciones reales con la Iglesia.

En general, el cristianismo adquirió mayor relevancia en las leyes inglesas durante el reinado de Ætelstán, y la fusión de ambos aspectos de la vida se convirtió en un elemento básico de los reinos europeos medievales. Sus cuatro códigos emitidos en Grately, Exeter, Faversham y Thunderfield abordan una amplia gama de dificultades sociales y económicas que podrían haber sido destacables en la época. Se ocupaban de asuntos como el impago de diezmos a la Iglesia, los robos, la posesión e intercambio de bienes y la tramitación de asuntos judiciales. Las leyes de Æthelstan eran extensas y ambiciosas, lo que demuestra su empeño en imponer y mantener el orden en circunstancias difíciles.

Æthelstan fue también uno de los reyes anglosajones más piadosos y cultos. De nuevo, en este aspecto, se basó en los cimientos establecidos por su abuelo, Alfredo el Grande. Por ejemplo, el hecho de que Æthelstan siguiera promulgando leyes en inglés antiguo demuestra la influencia de Alfredo, al igual que su mecenazgo de la cultura.

Es importante destacar que el arzobispado de Canterbury había pasado a estar bajo el control directo de los sajones occidentales cuando Æthelstan se convirtió en rey, y utilizó esta posición para aumentar su influencia sobre la Iglesia. En todas las tierras de Sajonia Occidental, por ejemplo, el rey ejercía la mayor influencia en asuntos religiosos, incluso promoviendo y nombrando obispos leales para diferentes diócesis.

Æthelstan también hizo mucho por integrar mejor en su reino a la Iglesia de Northumbria, que se había desarrollado por separado desde la invasión de los vikingos. Se fundaron muchos monasterios e iglesias en las tierras controladas anteriormente por los daneses para combatir la posible regresión de los valores cristianos en estas zonas. Se implicó especialmente en el culto a San Cuthbert, el patrón de Northumbria, situado en Durham, al que donó gentilmente muchas veces durante su reinado, incluso durante su campaña del norte. Entre sus donaciones se encontraba una copia de la *Vida de San Cuthbert* de Bede, escrita íntegramente en inglés antiguo y con una ilustración de Æthelstan entregando el libro al santo.

En general, Æthelstan realizó numerosas donaciones a diferentes instituciones religiosas de todo su reino y fuera de él, forjando relaciones con obispos extranjeros de toda Europa. También coleccionó con avidez reliquias antiguas y manuscritos antiguos, muchos de los cuales donó a diversos establecimientos monásticos. Su compromiso con estos asuntos fue imitado por sus sucesores, y el renacimiento eclesiástico puede considerarse una característica de la Inglaterra del siglo X. Sin duda, detrás de las acciones de Æthelstan había motivaciones políticas, pero aun así dieron lugar a un rico y raro legado cultural en una época de gran agitación.

La Casa de Wessex

Æthelstan, el primer rey de los ingleses, unió todas las tierras de los anglosajones, poniendo fin a años de dominio vikingo en Northumbria y haciendo que todos los reyes rivales de Britania se sometieran a él. Sin embargo, aunque su reinado fue abrumadoramente positivo para el reino, los problemas empezaron a aparecer tras la muerte de Æthelstan a la temprana edad de unos 45 años, en 939. El problema más obvio al que se enfrentaron los sucesores de Æthelstan fue mantener el norte bajo control. La reticencia histórica de los habitantes de Northumbria a aceptar a los sureños como reyes, unida a un renovado interés vikingo por controlar York y sus territorios circundantes, complicó las cosas a los reyes Edmundo y Eadred.

Edmundo, hermano de Æthelstan, ascendió al trono sin dificultades en 939, pero su autoridad en Northumbria se vio rápidamente desafiada por una figura conocida: Olaf Guthfrithson, que regresó con una pequeña fuerza desde Dublín en 940. El pueblo de York proclamó rey a Olaf, que dirigió su atención hacia el corazón de Inglaterra. Dirigió sus esfuerzos a tomar los "cinco distritos" (los importantes centros de Nottingham, Lincoln, Derby, Leicester y Stamford), todos ellos situados en el este de Mercia. En esta misión contó con el apoyo del arzobispo Wulfstan de York, cuyas motivaciones para apoyar a Olaf siguen sin estar claras.

El rey Edmundo se enfrentó finalmente al líder danés en Leicester, pero no tuvo éxito en su asedio y se vio obligado a reconocer a Olaf como gobernante de la zona. Sólo después de la muerte de Olaf, dos años más tarde, Edmundo reconquistó con éxito los "cinco distritos" y expulsó a los nórdicos que habían regresado a Mercia oriental con la ofensiva de Olaf. En 944, la reconquista de Northumbria se completó cuando Edmundo arrebató York al hermano de Olaf, Ragnald, y a otro líder vikingo, Olaf Sihtricson. Tras la muerte de Edmundo en mayo de 946 y la sucesión de su hermano Eadred como nuevo rey, Northumbria volvió a perderse, esta vez a manos del legendario vikingo Eric Bloodaxe, que no sería expulsado hasta 954.

A pesar de estas penurias a lo largo de las décadas de 940 y 950, con Northumbria y Mercia oriental repetidamente en el punto de mira de los vikingos, el desarrollo de los procesos sociales, económicos, administrativos y culturales en Inglaterra nunca cesó. El progreso en estos campos se puso de manifiesto durante el reinado del rey Edgar, apodado "el pacífico" por la relativa ausencia de actividades militares durante su mandato de casi dieciséis años como rey, a partir de 959. Edgar había gobernado Mercia desde la muerte de su padre en 955 y heredó la parte meridional del reino de su hermano, Eadwig, tras la muerte de éste.

El rey Edgar siguió en gran medida políticas como las de sus predecesores, continuando con el firme dominio sobre Northumbria y ampliando el marco legal. Cuando se convirtió en rey, el modelo de gobierno de Sajonia Occidental ya había alcanzado una gran madurez, con un cuerpo administrativo claramente definido que delegaba la autoridad legal de algunas de las familias nobles más poderosas y de los ealdormen.

Las leyes promulgadas durante la época de la casa de Wessex ya habían introducido cambios en la fiscalidad basados en el "sistema de centenas", una nueva unidad de división de la tierra. Al final de su reinado, Edgar también había transformado el sistema monetario de su reino, centralizando la producción y distribución de monedas e introduciendo una nueva dimensión de unidad que es testimonio de su gobierno en todos los reinos anglosajones.

Pero lo más importante es que la sociedad eclesiástica de Inglaterra experimentó una profunda transformación durante el siglo X, y las principales figuras de la Iglesia introdujeron importantes cambios que fueron refrendados por el rey. Tres figuras religiosas estuvieron a la cabeza de estos cambios: el arzobispo Dunstan de Canterbury, el obispo Æthelwold de Winchester y el arzobispo Oswald de York. Nuestro conocimiento de estas reformas procede casi en su totalidad de fuentes sesgadas, en su mayoría biografías producidas después del reinado de Edgar. No obstante, en los textos de la segunda mitad del siglo X predominan los relatos religiosos, en los que se exponen las principales motivaciones de las reformas. Al parecer, los reformadores pretendían invertir el supuesto declive de la vida monástica en Inglaterra que se había producido tras las invasiones vikingas.

Los reformadores también se vieron muy influidos por la *Historia Eclesiástica* de Bede, que criticaba las prácticas religiosas anglosajonas, y por el movimiento de reforma monástica continental en curso. Argumentaban, al igual que sus contemporáneos europeos del siglo X, que la Iglesia inglesa había caído en el desorden, con monasterios poblados por clérigos que tenían familias y poseían grandes propiedades.

En su lugar, los reformadores creían que el clero debía vivir su vida según la Regla de San Benito, en celibato y con plena dedicación a las actividades religiosas.

Los contactos que los reyes ingleses habían forjado con reinos cristianos (y, por tanto, con el clero cristiano en Europa) sin duda amplificaron estos sentimientos. Las reformas se impulsaron sobre todo en los monasterios de Wessex y Mercia, donde, hacia el año 975, se habían establecido muchos monasterios y conventos de monjas de estilo benedictino. Los funcionarios religiosos, con el apoyo de la Corona, confiscaron a menudo las posesiones de los clérigos que vivían en los antiguos monasterios, expulsándolos e instalando monjes y monjas en su lugar para mantener las instituciones en funcionamiento. Edgar expresó su apoyo concediendo numerosas donaciones a nuevos monasterios, lo que impulsó aún más el interés y la actividad.

En 970, los reformadores introdujeron leyes que imponían reglas uniformes a todos los monasterios benedictinos del reino para evitar desviarse del libro de reglas original, que se tradujo al inglés antiguo y se distribuyó ampliamente para potenciar su atractivo y alcance. La imposición de la uniformidad puede considerarse un importante movimiento político para afirmar la unidad de un reino gobernado por un solo rey. Aun así, los reformadores encontraron muchas dificultades para aplicar las reformas, especialmente en Northumbria, donde la vida monástica no cambió de forma tan significativa.

Los líderes de las reformas también habían sido estrechos aliados políticos de Edgar desde la juventud del rey, apoyando su reclamación al trono tras la muerte de su hermano Eadwig. Si se miran en este sentido, las reformas benedictinas en Inglaterra en el siglo X también estaban dirigidas a aumentar la influencia de estos funcionarios religiosos en la corte real. A finales del siglo X, el movimiento de reforma benedictina en Inglaterra no sólo había afectado enormemente a los asuntos eclesiásticos en las instituciones religiosas de todo el reino, sino que también había reforzado la posición de la Corona. Como veremos más adelante, a pesar de estos cambios, la autoridad de los últimos reyes sajones occidentales sería puesta a prueba en las últimas décadas del milenio.

Capítulo 7: De Æthelred el Desprevenido a Guillermo el Conquistador

En el último capítulo del libro, examinaremos la historia posterior de los anglosajones, empezando por el reinado de Æthelred, a quien se ha dado el título de "el Desprevenido" debido a la naturaleza turbulenta de su gobierno. Como veremos más adelante, Æthelred sería incapaz de mantener la estabilidad en el reino debido a numerosos factores internos y externos que asolaron su reinado. A finales del siglo X también se produciría una nueva oleada de invasiones vikingas a gran escala, que acabaron por mermar el poder de los reyes de Sajonia Occidental y les obligaron a adaptarse a las cambiantes circunstancias políticas. La nueva actividad vikinga provocaría incluso la expulsión de la Casa de Wessex y la aparición de gobernantes escandinavos en el trono inglés durante varias décadas. Esta caótica parte de la historia anglosajona terminó con una lucha sucesoria a mediados del siglo XI, cuando una candidatura aparentemente improbable sucedió al trono de Inglaterra, marcando una nueva era en la historia de los anglosajones. Profundizaremos y analizaremos la compleja procesión de acontecimientos desde la ascensión de Æthelred hasta la conquista de Inglaterra por Guillermo de Normandía en 1066. Por último, evaluaremos la época de dominio anglosajón en Gran Bretaña y el legado material y cultural con el que los anglosajones son recordados en la historia.

Æthelred el Desprevenido

El reinado del rey Æthelred el Desprevenido, desde 978 hasta 1016, incluyendo un breve interregno causado por su derrocamiento y regreso en 1013-1014 generalmente se considera uno de los momentos más bajos de la realeza anglosajona, y no sólo porque condujo al colapso del poder de la Casa de Wessex. Los cronistas contemporáneos y posteriores constatan una completa degradación de las esferas sociopolítica y económica de Inglaterra en aquella época, sin duda acelerada por una nueva oleada de invasiones vikingas procedentes de Escandinavia. Estas invasiones, que aumentaron en gravedad a lo largo de la década de 990 y alcanzaron su punto álgido en la primera década del siglo XI, se cobraron un gran tributo al rey inglés, que no logró mantener la unidad de su reino y se vio obligado a abandonar a sus súbditos.

En resumen, el rey Æthelred recibió el apodo de "el Desprevenido" por muchas razones. Ciertamente, su incapacidad y debilidad de carácter contribuyeron al declive del poder de su reino. Sin embargo, si se observa con más detenimiento, el reinado de Æthelred parece haber estado plagado de problemas desde el principio, problemas arraigados profundamente en la naturaleza de la sociedad anglosajona de finales del siglo X.

Para comprender los problemas que asolaron el reinado de Æthelred, es importante analizar los acontecimientos de la segunda mitad de la década de 970 que le llevaron a convertirse en rey. El padre de Æthelred, el rey Edgar el Pacífico, murió en julio de 975, y la *Crónica* describe su muerte como una gran tragedia, un sentimiento que sin duda se deriva de las inclinaciones religiosas del rey y su patrocinio de las reformas monásticas durante su reinado. El pueblo lloró la muerte de un líder querido que les había garantizado paz y seguridad durante los quince años que había sido rey.

Sin embargo, individuos poderosos, como Ealdorman Ælfhere de Mercia, utilizaron el caos proporcionado por la muerte de Edgar para reclamar tierras que la Iglesia había ganado durante su reinado, expulsando por la fuerza a monjes y monjas de las instituciones religiosas. En la *Vida de San Oswald*, el biógrafo señala una represión generalizada de monjes y monasterios que anteriormente habían estado bajo el patrocinio de Edgar, en un acontecimiento que los historiadores han considerado la "reacción anti monástica".

Esta reacción no fue necesariamente contra la nueva forma de monacato y práctica cristiana, ya que quienes aprovecharon el momento eran benefactores de la Iglesia. En cambio, parecía un movimiento para reclamar parte del poder político que había sido debilitado por los prominentes líderes de la Iglesia durante el reinado de Edgar. Algunos nobles, por ejemplo, justificaron sus acciones alegando que habían sido coaccionados a ceder sus tierras a la Iglesia para cumplir con las nuevas regulaciones del rey.

Fue en medio de este caos cuando Eduardo, hijo de Edgar y su primera esposa, Æthelflæd (que entonces tenía trece años), ascendió al trono. Esto fue posible en gran medida gracias a la influencia de amigos en la corte de su padre, como el arzobispo Dunstan de Canterbury. Inesperadamente, sin embargo, el joven rey fue misteriosamente asesinado en marzo de 978 (menos de tres años después de ascender al trono) durante una visita a su hermanastro, Æthelred, hijo del rey Edgar de su segunda esposa, Ælfthryth. Eduardo, trágicamente asesinado en circunstancias poco claras, fue venerado como un mártir. Fue otra tragedia, que puso en entredicho la integridad del reinado de Æthelred, coronado rey menos de dos semanas después. Æthelred, él mismo cuatro años más joven que Eduardo, pudo haber sido una víctima ignorante de las intrigas de la corte real.

El reinado de Æthelred fue único. Como rey, fue caracterizado por sus contemporáneos y escritores posteriores como débil, pasivo y en gran medida fracasado, influenciado por diversos grupos de interés y nunca del todo capaz de afirmar su autoridad sobre sus súbditos más poderosos. La *Crónica* habla de su incapacidad para controlar a la nobleza anglosajona, de su tendencia a tomar decisiones impulsivas y violentas y de su ingenuidad en el trato con los vikingos.

Como hemos mencionado, fue la combinación de todos estos factores lo que le dio el título de "el Desprevenido". Sin embargo, las fuentes que proporcionan los relatos más detallados del reinado de Æthelred, como las versiones C, D y E de la *Crónica anglosajona*, se recopilaron después de que hubiera terminado, en la corte de un rey rival (Cnut el Grande). Dado que estos relatos no son contemporáneos, están intrínsecamente sesgados debido a su conocimiento de la naturaleza desastrosa del mandato de Æthelred como rey. Por ello, al hablar de Æthelred, es importante contrarrestar estas fuentes con relatos primarios producidos por los contemporáneos del rey, como la versión A de la *Crónica*, aunque tales fuentes contienen muchos menos detalles.

Una representación de Æthelred el Desprevenido[10]

En la segunda mitad de la década de 980, Æthelred parece haber ganado más influencia en los asuntos políticos del reino. Al principio de su reinado, fue víctima de las rivalidades en la corte entre diferentes grupos de interés, incluidas las derivadas de la reforma monástica y su reacción tras la muerte de Edgar. Los nombres de algunas de las figuras más poderosas que habían dominado las listas de testigos de los fueros reales durante los primeros años del reinado de Æthelred desaparecieron en la década de 980. Algunos, como el obispo Æthelwold de Winchester, murieron (en su caso, en 984). La desaparición de otros nombres de las cartas reales, como la reina madre Ælfthryth, sugiere que su influencia o poder había disminuido.

En 985, el rey Æthelred parece haber promulgado también su primer código legal y recuperado el control de la acuñación centralizada de monedas. Las cartas de esta época muestran un cambio en la política y las preferencias a la hora de elegir aliados. Æthelred devolvió muchas tierras a la Iglesia como un esfuerzo consciente por recuperar sus pérdidas durante la reacción anti monástica. Así, en unos diez años, Æthelred superó parcialmente a las figuras influyentes del antiguo sistema y socavó sus intereses en favor de nuevos grupos con los que empezó a entablar relaciones personales. Sin embargo, para entonces, el rey Æthelred se enfrentaba a una amenaza que afectaba significativamente a sus decisiones y le obligaba a apropiarse de muchos recursos para mantener la seguridad de su reino.

Aunque la influencia danesa se había reducido considerablemente en Inglaterra desde el reinado de Æthelstan, no todos los daneses se habían visto obligados a abandonar Inglaterra con la conquista de Northumbria. Como hemos señalado antes, la mayoría de los daneses, ahora cristianos, estaban bien integrados en el reino. Ciertamente parecía que los vikingos habían sido en gran parte eliminados. Las incursiones que tuvieron lugar a principios de la década de 980 fueron muy localizadas y de pequeña escala. De hecho, no hay razón para sospechar que la actividad vikinga de esta escala hubiera cesado por completo durante el siglo X, ya que los reinos vikingos habían perseverado en partes de Gran Bretaña e Irlanda. A pesar de pillar por sorpresa a los ingleses en lugares como Southampton, Devon, Portland o Cornualles durante este periodo, los vikingos fueron rápidamente expulsados.

Este patrón de incursiones vikingas a pequeña escala en las zonas costeras inglesas cambió en 991, cuando una gran partida de asalto de noventa barcos navegó hacia Inglaterra desde Noruega, liderada por Olaf Tryggvason, el futuro rey noruego. Esta fuerza atacó importantes zonas de Essex, saqueando ciudades como Ipswich antes de enfrentarse a un ejército inglés en la batalla de Maldon en agosto. No tenemos muchos detalles sobre cómo se desarrolló la batalla, pero sabemos que terminó con una victoria vikinga, con el ealdorman inglés y líder del ejército (Byrhtnoth) muerto en el campo de batalla. El rey Æthelred se vio obligado a negociar y supuestamente pagó a los vikingos la enorme suma de 10.000 libras para detener sus ataques antes de proceder a construir su flota para atrapar a los traicioneros vikingos. Sin embargo, fue traicionado por uno de sus ealdormen, que dejó escapar a los invasores.

La incursión de 991 fue el primero de muchos ataques vikingos destructivos a gran escala que se sucederían durante las dos décadas siguientes. Olaf Tryggvason regresó en 994 con una fuerza de tamaño similar, acompañado por Sweyn "Forkbeard" de Dinamarca, atacando primero Londres y luego las costas de Essex y Sussex. Los vikingos fueron recompensados una vez más, esta vez con oro y plata por valor de 16.000 libras. Como garantía de que detendrían el ataque, Olaf Tryggvason se convirtió al cristianismo y navegó de vuelta a Escandinavia. Las cantidades pagadas a los vikingos a cambio de la paz eran enormes, y la *Crónica* menciona que este tipo de pagos continuaron hasta bien entrada la primera década del siglo XI. Es probable que las cuentas sean exageradas, sobre todo porque habría sido prácticamente imposible reunir monedas por un valor tan elevado. La cantidad pagada a los ejércitos vikingos probablemente incluía una gran parte de objetos de valor, como reliquias de iglesias u otras formas de botín.

No sólo se pagaba tributo a los vikingos a cambio de la paz. A veces, los ingleses contrataban soldados del ejército vikingo como mercenarios, con el acuerdo de que defenderían las costas inglesas de otros ataques vikingos. En definitiva, se trataba de una solución muy extendida, practicada mucho antes de que Æthelred se convirtiera en rey. A menudo, los funcionarios locales la aplicaban por separado para mantener a salvo sus tierras. Sin embargo, a pesar de los esfuerzos de los ingleses, estas medidas no bastarían para disuadir nuevas incursiones vikingas, que se intensificaron a finales de la década de 990 y causaron gran destrucción y agitación.

La Casa de Dinamarca

Los ataques vikingos continuaron con mayor ferocidad en 997, tres años después de que Æthelred hubiera llegado a un acuerdo de paz con el ejército anterior. Los invasores saquearon primero las costas del suroeste de Inglaterra, desplazándose durante los dos años siguientes antes de asaltar Normandía en el año 1000. Otra fuerza atacó también Sussex y más tarde Devon al año siguiente.

Todos estos ataques habían obligado al rey Æthelred a adaptar su política, pero cada vez estaba más claro que resistir unas invasiones tan rápidas sería una tarea ardua, que requería la cooperación de los líderes locales. La *Crónica* menciona que algunos ealdormen, como Ulfcetel de Anglia Oriental, fueron derrotados en 1004 cuando intentaron enfrentarse a los vikingos. Otros se mostraron reacios a comprometer sus fuerzas en la costosa lucha contra los escandinavos. El duque Ricardo de

Normandía estaba dispuesto a cooperar con los ingleses, tras haber acordado en 991 la paz mutua y una alianza defensiva contra los vikingos. Esta alianza se reconfirmó cuando Æthelred se casó con la hija de Ricardo, Emma, en 1002. La necesidad de buscar nuevos aliados confirma que las incursiones vikingas eran una amenaza importante en esta época.

Aunque la decisión de Æthelred de aliarse con los normandos puede justificarse, no puede decirse lo mismo de su política para tratar a los vikingos en su reino. La "masacre del día de San Brice", sin duda el acontecimiento más infame del reinado de Æthelred, tuvo lugar en noviembre de 1002. El rey, en una decisión que parece propia de un gobernante paranoico, ordenó matar a todos los daneses de Inglaterra, creyendo que habían conspirado con los vikingos invasores para derrocarle. Este decreto probablemente iba dirigido a los daneses que se habían asentado recientemente en Inglaterra, en contraposición a los que habían vivido en el reino durante generaciones, ya bien asimilados con los anglosajones. Tal vez, Æthelred quería eliminar a los mercenarios escandinavos que habían aceptado luchar con los ingleses, ya que en algunos casos habían sido desleales. Las pruebas arqueológicas de fosas comunes que contenían los cráneos de decenas de varones con genes escandinavos, desenterradas en Dorset y Oxford en la década de 2000, se han identificado como prueba de que la masacre tuvo lugar efectivamente.

Un gran ejército regresó de Escandinavia en el año 1009, dirigido por un comandante danés llamado Thorkell, que había acompañado a Sweyn Forkbeard en sus incursiones anteriores. Esta invasión resultó ser demasiado para Æthelred, que había estado luchando con interminables intrigas en la corte. Sabemos que el rey había perdido el apoyo de algunos de sus aliados más poderosos, entre ellos la nobleza y los ealdormen de varias provincias, porque ya no aparecían en sus cartas como testigos a principios del siglo XI. Æthelred había intentado prepararse para un inminente ataque vikingo encargando la construcción de una gran fuerza naval inglesa, pero este proyecto había sufrido muchos reveses, propenso a la corrupción y la traición.

El ejército de Thorkell, cuando desembarcó en Kent en 1009, fue sobornado por el gobernante local y se dirigió a Sussex, donde asoló sin piedad la campiña inglesa durante los meses siguientes. Los ingleses fueron incapaces de contraatacar, por lo que los vikingos saquearon Canterbury en 1011 y tomaron prisionero al arzobispo Ælfheah (que fue asesinado más tarde). Æthelred se vio entonces obligado a pagar una ridícula suma de dinero como tributo (la *Crónica* habla de 48.000 libras de oro y plata) como parte del acuerdo de paz con Thorkell. El líder vikingo no sólo accedió a enviar a sus soldados a casa y a cesar los ataques a Inglaterra, sino que se unió a Æthelred con una fuerza de cuarenta y cinco barcos.

Un año más tarde, Sweyn Forkbeard, ahora rey tanto de Dinamarca como de Noruega, regresó con una gran fuerza y lanzó una invasión a gran escala de Inglaterra, abriéndose camino desde Kent hasta las Tierras Medias Orientales. Lo que sucedió a continuación fue un colapso casi instantáneo del poder que Æthelred había mantenido. Los ealdormen ingleses se negaron a luchar contra los vikingos bajo Thorkell. Una a una, las tierras de Inglaterra cayeron ante los invasores, como fichas de dominó. Los "cinco distritos" se sometieron a Sweyn sin apenas resistencia, una espina clavada en el costado de Æthelred, que intentó resistirse a los invasores. Con la ayuda de Thorkell, Æthelred presentó batalla en Londres, pero no pudo perseguir a los vikingos para provocar sus bajas decisivas. Sweyn se desplazó hacia el oeste, saqueando la campiña hasta la rendición de Æthelmær, que finalmente obligó al rey a rendir también Londres. A finales de 1013, Æthelred se vio obligado a exiliarse en Normandía.

El rey escandinavo sólo duró unos meses como rey de Inglaterra antes de sufrir una muerte inesperada en febrero de 1014. Naturalmente, su ejército declaró a su hijo, Cnut, nuevo rey. Sin embargo, la nobleza anglosajona, que se había sometido a Sweyn durante sus conquistas, se mostró reacia a aceptar a su hijo como nuevo señor. En su lugar, "invitaron" a Æthelred a volver a ser rey. Es probable que esta invitación se basara en ciertas exigencias de los nobles, que tenían motivos para sentirse maltratados o menoscabados. La *Crónica* menciona que hicieron prometer a Æthelred que resolvería sus errores anteriores y concedería la amnistía a quienes le habían traicionado el año anterior. Así pues, en retrospectiva, el regreso de Æthelred al trono estaba condenado desde el principio. No obstante, aceptó.

Al oír esto, Cnut se vio obligado a huir de vuelta a Escandinavia. Æthelred, sin embargo, no pudo aferrarse al poder ni a la autoridad que le garantizarían la lealtad de sus súbditos. Procedió a hacer campaña en Lincolnshire, castigando a los nobles que habían apoyado a Sweyn. Esto dio lugar a otra rebelión, esta vez liderada por su propio hijo, Edmund "Ironside".

Edmundo se estableció en el norte, donde los sentimientos anti-Æthelred habían sido más fuertes, y rápidamente se ganó el apoyo local. Probablemente, Edmundo estaba motivado por su deseo de hacerse con el trono, ya que Æthelred lo había descartado como posible sucesor en favor de Eduardo, hermanastro de Edmundo. Eduardo, hijo de Æthelred con su segunda esposa Emma de Normandía y adolescente en ese momento, ya empezaba a participar en asuntos políticos al lado de su padre.

La apuesta de Edmundo por el poder, sin embargo, también fue efímera. Cnut regresó a Inglaterra tras haber repuesto sus fuerzas en Dinamarca y llevó la lucha directamente a los territorios de Wessex. Æthelred no estaba preparado para enfrentarse a los vikingos que regresaban, ya que había caído enfermo, y Edmundo lideró la resistencia esta vez. Sin embargo, al igual que su padre, sus aliados, incluido Thorkell, desertaron al enemigo.

Æthelred murió en abril de 1016 mientras Cnut saqueaba las tierras de Inglaterra y negociaba términos de paz con los nobles locales. En la batalla de Assandun, librada en octubre de 1016 (cuyo lugar exacto no se ha determinado), Cnut derrotó decisivamente a las fuerzas de Edmundo y le obligó a rendirse. Los dos líderes acordaron dividir el reino de Inglaterra, conservando Edmundo únicamente el control de las tierras de Wessex. Sin embargo, esta división no duró mucho. Edmundo murió un mes después y Cnut asumió el control de Inglaterra. Ahora era el rey de Dinamarca, Noruega e Inglaterra, una entidad política conocida como el Imperio del Mar del Norte. La Casa de Wessex, que había unido y gobernado Inglaterra durante más de un siglo, había caído.

Tal vez por ser un rey extranjero o por la falta de estatutos reales producidos durante sus diecinueve años como rey de Inglaterra, nos queda la sensación de que los reinados de Cnut y sus dos sucesores de la Casa de Dinamarca fueron un periodo transitorio. Esto se debe en parte a los acontecimientos de 1066, que acabaron con el dominio de esta dinastía que gobernaba el Imperio del Mar del Norte.

A todas luces, Cnut fue uno de los gobernantes más poderosos que Inglaterra había visto jamás, y sin duda el más competente y experimentado desde al menos Edgar el Pacífico. Inglaterra estaba en su punto más bajo cuando él subió al trono de Inglaterra en 1016 y, como extranjero con una historia de hostilidad con los ingleses, tuvo que trabajar mucho para invertir el declive del poder inglés. Las políticas adoptadas durante su reinado, así como el hecho de que marcó un breve periodo de relativa paz en Inglaterra, atestiguan que logró la estabilidad en un entorno complejo. El hecho de que sea uno de los gobernantes con el título de "el Grande" también lo corrobora.

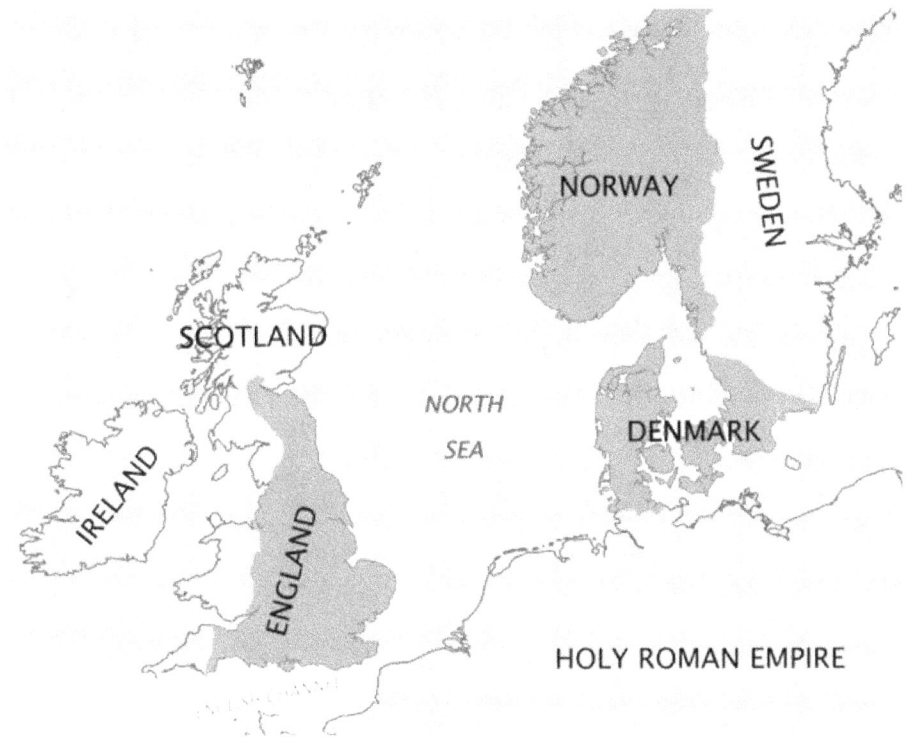

Un mapa del Imperio de los Mares del Norte de Cnut[11]

Como rey de Inglaterra, Dinamarca y Noruega en una época en la que la información tardaba semanas en llegar de un lugar a otro, Cnut se encontró en una posición bastante singular en 1016. Se dio cuenta de la necesidad de adoptar varias medidas que garantizaran la seguridad de su posición en Inglaterra, sobre todo porque a menudo estaba ausente, ocupado atendiendo asuntos en Escandinavia, como rebeliones domésticas. Para reforzar su control sobre Inglaterra, Cnut dividió las tierras que había conquistado en cuatro partes, asignando cada una a uno de sus partidarios en 1017. Mantuvo el control de Wessex, delegando Anglia Oriental a Thorkell, Northumbria a Erik de Hlathir, y Mercia a Eadric Streona.

Además, Cnut eliminó la resistencia de la Casa de Wessex, obligando a los hijos de Æthelred, que podrían haber tenido pretensiones al trono, a exiliarse a la corte de la familia de su madre en Normandía. Ese mismo año, Cnut se casó con la viuda de Æthelred, Emma, en un intento de reforzar su imagen de rey legítimo. El matrimonio fue probablemente negociado por Emma a cambio de la seguridad de sus hijos y de una posición importante para ella en la corte de Cnut, algo a lo que el rey parece haber accedido.

Un año más tarde, en 1018, Cnut promulgó su propio código legal, respaldado por el arzobispo Wulfstan de York y basado en gran medida en la tradición jurídica anglosajona. En general, parece que la intención de Cnut era ser visto como el continuador de la realeza anglosajona, como otro en la línea de sucesión y no como un usurpador del trono. Cultivar una buena relación con el arzobispo lo confirma, al igual que el intento consciente de Cnut de volver a conectar con los tiempos pacíficos y estables del pasado, especialmente los del rey Edgar. Para ser un gobernante extranjero que había conquistado el trono inglés y obligado a exiliarse a miembros de la familia real, Cnut era bastante tolerante con las costumbres, tradiciones y prácticas religiosas locales. Fue un activo benefactor de la Iglesia, especialmente en el sur, donando cuantiosos regalos a Canterbury y Winchester.

Aunque puso a muchos escandinavos en posiciones de poder como ealdormen y en funciones administrativas inferiores, la composición de la administración inglesa había vuelto a ser de predominio anglosajón a finales de su reinado en la década de 1030. A los nobles vikingos instalados por Cnut, de vida relativamente corta, se les concedieron al principio muchas tierras por toda Inglaterra, pero su influencia se mantuvo a raya gracias a una clase de élites anglosajonas igualmente poderosas, lideradas por el conde (título cada vez más utilizado en esta época) Godwin de Wessex. El conde Godwin y otros nobles influyentes, aunque eran una clase nueva en comparación con la antigua aristocracia, fueron acumulando más poder en Inglaterra. Esto fue posible gracias a las frecuentes ausencias de Cnut, que crearon un pequeño vacío de poder en el reino, aunque a menudo delegaba en regentes para que gobernaran en su nombre. A lo largo de la década de 1020, Cnut realizó numerosas campañas en Noruega y derrotó las rebeliones que desafiaban su dominio en Dinamarca, por ejemplo.

En conjunto, Cnut el Grande fue un convincente gobernante del Imperio del Mar del Norte y uno de los reyes de Inglaterra más exitosos de la Casa de Dinamarca. A su muerte, en 1035, el reino volvería a verse inmerso en una lucha sucesoria. Su hijo, Harold Harefoot, actuó como rey durante los cinco años siguientes, aunque no fue coronado hasta 1037 debido a las dudas de la nobleza a la hora de declararle su apoyo. Su hermanastro, Harthacnut, debía heredar el trono, pero estuvo ausente, tratando de consolidar su posición en Dinamarca, al igual que su padre. Sólo tras la muerte de Harold Harefoot en 1040, Harthacnut regresó a Inglaterra para reclamar el trono pacíficamente.

Restauración de la Casa de Wessex

Harthacnut fue el último miembro de la Casa de Dinamarca que gobernó Inglaterra en el siglo XI, y su reinado duró muy poco: el rey sufrió una apoplejía a principios de 1042 y murió en junio de ese año. La cuestión de la sucesión volvió a estar en el aire, pero esta vez la transición de poder se produjo sin problemas ni desafíos. Poco antes de su muerte, Harthacnut, quizá consciente de su avanzada edad, invitó a Eduardo, hijo de Æthelred el Desprevenido y Emma de Normandía, a regresar a Inglaterra. Es probable que, dado que Harthacnut era soltero y no tenía hijos, viera a Eduardo como un sucesor natural, un sentimiento que compartía la opinión pública inglesa, incluidas las élites. A ello alude la *Crónica*, que menciona que el pueblo de Inglaterra había elegido a Eduardo como próximo rey. Sin embargo, también era el único candidato lógico para ocupar el trono después de Harthacnut. Por tanto, el apoyo de las élites no significa necesariamente que Eduardo fuera su elección preferida como rey.

El reinado de Eduardo como rey de Inglaterra duraría unos veintitrés años, hasta enero de 1066, lo que le convertía en el monarca que más tiempo había reinado en Inglaterra desde su padre, Æthelred. Los primeros años de Eduardo como rey estuvieron naturalmente marcados por las intrigas políticas. A pesar de su linaje real, era prácticamente desconocido, ya que había pasado la mayor parte de sus primeros años en el exilio en Normandía con la familia de su madre. De hecho, Eduardo, que ya tenía unos cuarenta años cuando ascendió al trono, era un gobernante mucho más desconocido de lo que lo habían sido Cnut, Harold Harefoot o Harthacnut. La vida en el exilio le había convertido en un normando afrancesado que hablaba francés en privado. Su corte real también estaba compuesta por figuras que habían sido estrechos aliados de Cnut, como el conde Godwin de Wessex y Siward de Northumbria. Naturalmente, estos protagonistas habían acumulado mucha más influencia en Inglaterra que el nuevo rey, por lo que los primeros años del reinado de Eduardo transcurrieron en interminables maniobras políticas.

Eduardo se vio obligado a aceptar el hecho de que no tenía la influencia necesaria para ejercer su autoridad sobre sus súbditos más poderosos. Debía atender a sus necesidades y demandas para ganarse el favor de la aristocracia inglesa y danesa de su reino. Sólo después de hacer concesiones a estos grupos de interés, Eduardo fue finalmente coronado rey el día de Pascua de 1043, unos dos años después de su llegada a Inglaterra, cuando Harthacnut aún vivía.

Godwin de Wessex era el conde cuyo apoyo Eduardo más necesitaba. Godwin, un experimentado conde de origen inglés, había formado parte de la corte real durante muchos años y ejercía una influencia considerable en el reino. Para ampliar su poder, Eduardo se dio cuenta de que tenía que dar algo a cambio al conde de Wessex, y así lo hizo.

Al principio, concedió a los hijos de Godwin, Sweyn y Harold, condados en West Midlands y East Anglia, y luego se casó con la hija de Godwin, Edith, en enero de 1045. Esto aumentó significativamente la influencia de Godwin y su familia, pero no pasó mucho tiempo antes de que el conde y el rey Eduardo se convirtieran en rivales, especialmente en asuntos de política exterior. Lo más importante es que Eduardo decidió no hacer campaña en Dinamarca para ayudar al rey danés Sweyn Estridsson contra la invasión del rey noruego Magnus, a pesar de que el rey Sweyn, apoyado por Godwin, había pedido personalmente la ayuda de Eduardo. Godwin quería ayudar al rey Sweyn porque el rey Magnus aspiraba a invadir Inglaterra y reclamar el trono para sí, algo que nunca ocurrió debido a la muerte de Magnus en 1047.

Las tensiones entre el rey Eduardo y el conde Godwin se agravaron aún más en 1051-1052, cuando Eduardo nombró a su amigo normando Roberto de Jumièges nuevo arzobispo de Canterbury, a pesar de que el clero inglés y Godwin favorecían a otro candidato. Roberto había llegado a Inglaterra con Eduardo en 1041 y había sido obispo de Londres desde 1043. Fue uno de los aliados más cercanos de Eduardo desde el principio, y su nombramiento como nuevo arzobispo redujo aún más la influencia de Godwin en el reino. Eduardo también nombró a clérigos y nobles normandos para puestos de poder dentro de su reino, una medida naturalmente impopular para la aristocracia inglesa. Para ganarse el favor de la opinión pública, Eduardo procedió a disolver la flota real, por considerarla una carga fiscal innecesaria.

Para entonces, sin embargo, la relación entre Eduardo y Godwin se había tensado, y un incidente en el que se vio implicado el conde Eustaquio de Boulogne, cuñado de Eduardo, puso al reino al borde de la guerra civil. Eustaquio y sus hombres normandos se enzarzaron en una pelea con los habitantes de Dover, y Eduardo exigió que Godwin, como conde que presidía Kent, castigara a los ciudadanos. Godwin se negó. El arzobispo Robert, amigo íntimo y aliado de Eduardo, acusó entonces a Godwin de tramar una conspiración contra el rey, lo que llevó a los condes leales a Eduardo (Siward y Leofric), a reunir a sus hombres y prepararse para luchar contra Godwin. Este, por su parte, contaba con el apoyo de sus hijos Harold y Sweyn, que también se preparaban para la batalla. Las tensiones eran tan fuertes como siempre, pero al final ninguno de los dos bandos estaba dispuesto a luchar. Como resultado, Godwin y sus hijos huyeron. Harold se fue a Irlanda, mientras que Godwin y Sweyn se fueron a Flandes. Tras expulsar con éxito a sus oponentes, Eduardo, respaldado por el arzobispo Roberto, se divorció de su esposa y la envió a un convento.

Sweyn Godwinson murió en el exilio, pero su padre y su hermano recuperaron sus pérdidas y regresaron a Inglaterra en 1052 con un gran ejército para enfrentarse a Eduardo. Esta vez, el apoyo al rey no fue tan firme. Eduardo negoció un acuerdo con Godwin y Harold, restituyéndoles en sus antiguos cargos y accediendo a deshacerse de los normandos en su corte. De hecho, los dominios de Godwin y Harold se ampliaron a expensas de los del rey y sus aliados normandos, lo que fue apoyado por los condes Siward y Leofric, que conservaron sus tierras como parte del acuerdo. Eduardo también recuperó a Edith como esposa. Tuvo que aceptar que, tras una crisis que duró dos años, el poder de la familia Godwin no había hecho más que aumentar.

A lo largo de la década de 1050, a medida que iban muriendo todos los antiguos miembros destacados de la corte, incluido Godwin, Eduardo decidió conceder aún más tierras a miembros de su familia. Harold Godwinson fue nombrado nuevo conde de Wessex, mientras que sus hermanos menores Tostig, Gyrth y Leofwine fueron ascendidos a posiciones dominantes en Northumbria, Anglia Oriental y las Midlands sudoccidentales. De este modo, la familia Godwinson, tan poderosa como el propio rey, adquirió una influencia considerable.

Aunque la mayor parte del poder de los Godwinson se concentraba en el sur de Inglaterra, el control de estos condados les daba la capacidad de recaudar impuestos, levantar ejércitos y presidir los asuntos políticos y judiciales locales. Las fuentes contemporáneas nos ofrecen una visión limitada de las intenciones de Eduardo. Se desconoce si creía que le habían obligado a renunciar a tal control e influencia. Es una explicación lógica si tenemos en cuenta que Eduardo se retiró gradualmente de los asuntos políticos activos en la segunda mitad de la década de 1050, pasando cada vez más tiempo fuera, por ejemplo, cazando. Dedicó menos atención a los asuntos de política interior y exterior. Harold y Tostig Godwinson hicieron campaña contra los galeses y los escoceses en este periodo, no el rey. Así, la Casa de Wessex bajo el rey Eduardo había vuelto a decaer unos quince años después de su restauración como familia reinante de Inglaterra en 1042.

A medida que el poder y la influencia de Eduardo declinaban gradualmente hasta bien entrado su reinado, la cuestión obvia de la sucesión al trono se hizo más evidente. Eduardo no tenía hijos, y no estaba muy claro a quién favorecía como próximo rey. El hecho de que Eduardo nunca nombrara un sucesor provocó toda la crisis de 1066 tras su muerte.

Guillermo de Normandía era quizás el pretendiente más improbable al trono. Hijo ilegítimo del duque Roberto I de Normandía, tardaría bastante en consolidar su poder en el ducado antes de estar en condiciones de lanzar su candidatura al trono de Inglaterra. Guillermo estaba emparentado con Eduardo (era primo lejano del rey), pero este parentesco no era en absoluto suficiente para convertirlo en un candidato lógico a ojos de sus rivales, especialmente Harold Godwinson.

Es importante destacar que Guillermo afirmó que Eduardo le había prometido el trono de Inglaterra en secreto durante la crisis de 1051-1052. Pocas fuentes contemporáneas mencionan que tal encuentro tuviera lugar entre Eduardo y Guillermo. Por ejemplo, sólo en la versión D de la *Crónica anglosajona* se menciona siquiera el acontecimiento. En ella se afirma que Guillermo visitó a Eduardo en 1051, tal vez para apoyar al rey inglés en un momento de crisis contra Godwin y su familia. Sin embargo, en ese momento Guillermo estaba involucrado en una guerra en el condado de Anjou, por lo que su visita a Eduardo es poco probable.

Aunque Guillermo visitara a Eduardo, no está claro si el rey le confió la sucesión. Las fuentes normandas mencionan otro encuentro entre Guillermo y el arzobispo Roberto, que supuestamente había viajado como dignatario en nombre de Eduardo para llevar al duque normando la noticia de que había sido elegido sucesor. Sin embargo, las fuentes no aportan muchos detalles sobre la naturaleza de esta visita.

Junto a Guillermo de Normandía, cuya posible candidatura como próximo rey permaneció relativamente desconocida para los ingleses hasta 1006, también se postuló el sobrino exiliado del rey Eduardo:

Eduardo el Exiliado. Era hijo de Edmund Ironside, que se había visto obligado a huir de Inglaterra en 1016 tras la conquista de Cnut. Edmund había regresado a Inglaterra en 1057 con su familia, pero murió poco después y fue enterrado en Londres. En su lugar, fue su hijo Eduardo Ætheling, de cinco años, el siguiente en la línea de sucesión en la Casa de Wessex. Todos los demás miembros varones de la Casa de Wessex habían muerto para entonces. Sin embargo, Eduardo era demasiado joven y su madre tenía muy poca influencia como para hacer valer su derecho durante la vida del rey Eduardo, y mucho menos después de su muerte. En el momento de la llegada de Eduardo Ætheling a la corte, el rey Eduardo ya se había vuelto pasivo a la hora de atender los asuntos de estado, habiendo delegado la mayor parte del trabajo en los Godwinson. Así pues, el joven Eduardo nunca se involucró en los asuntos reales, y el hecho de que no tuviera ejército, a diferencia de Guillermo, hizo que su candidatura como próximo rey fuera aún más débil.

La conquista normanda

Los acontecimientos de 1066 (una de las fechas más importantes de la historia inglesa) son muy complicados debido a las intrincadas relaciones entre los diferentes protagonistas durante la crisis que siguió a la muerte de Eduardo, quien murió a principios de enero y probablemente confió el reino a Harold Godwinson, el candidato más obvio para convertirse en el siguiente rey.

Harold era cuñado de Eduardo, el conde más poderoso del reino con vastos dominios. Procedía de una familia respetada y bien establecida, tenía experiencia en el gobierno y la guerra, y contaba con el apoyo de otros condes. Es importante destacar que Harold también era de origen anglosajón y provenía de una familia local, lo que le daba ventaja sobre Guillermo. Y aunque Edgar Ætheling pertenecía a la Casa real de Wessex, las élites no podían haberle prometido su apoyo basándose únicamente en este factor. Finalmente, como si todos estos factores no hubieran sido suficientes. Harold afirmó que el rey Eduardo le había nombrado sucesor en su lecho de muerte.

Aun así, la precipitada coronación de Harold el mismo día en que Eduardo fue enterrado demuestra su firme voluntad de convertirse en rey y su posible conciencia de que otros eran igual de capaces de hacer valer su poder en Inglaterra.

Uno de esos contendientes era el rey Harald Hardrada de Noruega. La participación de Hardrada en la lucha por el poder había sido en parte fruto de la casualidad. Hardrada, un guerrero experimentado que había pasado su juventud como comandante militar en la Rus de Kiev y el Imperio bizantino, se había convertido en rey de Noruega en 1046. Ambicioso, deseaba reclamar también el trono de Dinamarca, pero no lo consiguió a pesar de lanzar numerosas incursiones en los territorios daneses. Aunque el trono de Inglaterra nunca había estado entre los objetivos del rey Harald, fue invitado como candidato a finales de 1065 por Tostig Godwinson, que para entonces había tensado su relación con su hermano Harold.

Para comprender mejor las luchas de 1066, es importante examinar los acontecimientos de 1065 que enfrentaron a Tostig con Harold, más concretamente, la rebelión de Northumbria contra Tostig.

Tostig había sido conde de Northumbria durante una década, pero la población local estaba descontenta con su gobierno. Mientras Tostig se encontraba en el sur visitando al rey Eduardo, los habitantes de Northumbria se rebelaron, tomando el control de York y saqueando las posesiones de Tostig. Su principal exigencia era la expulsión del conde Tostig y la instalación de Morcar, el hermano menor del conde Edwin de Mercia, como nuevo conde. Los rebeldes llegaron hasta el sur de las Midlands Orientales, saquearon las tierras de Tostig e insistieron en sus demandas antes de que Harold Godwinson negociara la paz. Tostig fue despojado de su condado y obligado a exiliarse. Tostig estaba furioso, pues creía que Harold había incitado la rebelión y la había utilizado para expandir su propia influencia en el norte a expensas de su hermano.

Por la misma época, Harold también se había casado con la hermana del conde Eadwig y del recién nombrado conde Morcar, asegurándose así una alianza con esta poderosa familia inglesa. Probablemente, Harold pretendía entablar el mayor número posible de buenas relaciones con los lugareños para que apoyaran su candidatura como rey tras la muerte de Eduardo.

Tostig, sintiéndose traicionado por su hermano y futuro rey, huyó a Flandes, donde reunió una pequeña fuerza e intentó regresar a Inglaterra, posiblemente con la intención de convertirse en rey. Sin embargo, su intento fracasó, ya que las fuerzas de Harold rechazaron fácilmente la flota de Tostig, obligándole a huir a la corte del rey Malcolm de Escocia.

En Escocia, Tostig Godwinson se unió al rey Harald Hardrada de Noruega, que ya había lanzado su invasión para hacerse con el trono inglés. Es posible que Tostig invitara a Harald a lanzarse a por el trono, con la esperanza de recuperar su condado como recompensa. Para Hardrada, que se veía a sí mismo como el próximo rey de Inglaterra y el recuperador del Imperio del Mar del Norte de Cnut el Grande, Tostig podría haber resultado un valioso aliado para cimentar su posición como rey.

Hardrada, que había reunido un ejército considerable en primavera, desembarcó a principios de septiembre en las islas Orcadas, controladas por Noruega. A continuación, se dirigió a la ciudad de Dunfermline, en la costa sureste de Escocia, donde se reunió con Tostig y el rey Malcolm de Escocia. Tostig, con su pequeña fuerza que palidecía en comparación con la de Hardrada, se unió a los noruegos y zarpó hacia Northumbria.

Mientras los noruegos al mando de Harald Hardrada saqueaban la campiña de Northumbria a lo largo de septiembre de 1066, la noticia de la muerte del rey Eduardo ya había llegado a Guillermo de Normandía. El duque ya había preparado una gran flota para cruzar el Canal de la Mancha a finales del verano, pero el tiempo desfavorable le retrasó. Se desconoce el tamaño exacto del ejército de Guillermo, y muchas fuentes exageran enormemente el número de hombres de que disponía en 1066. Se puede suponer que Guillermo había reunido una fuerza de unos 10.000 hombres, procedentes no sólo de Normandía, sino también de Bretaña, donde había hecho campaña en años anteriores.

Por suerte para Guillermo, el rey Harold Godwinson de Inglaterra ya se había desplazado hacia el norte para reunirse con Harald Hardrada cuando éste decidió cruzar el canal a finales de septiembre. Durante todo el verano, el rey inglés había mantenido una flota que patrullaba las costas del sur de Inglaterra, anticipándose a una posible invasión de Guillermo. Viendo que había una amenaza más inmediata en la parte norte de su reino, Harold Godwinson marchó a Northumbria para enfrentarse a los noruegos.

Cubriendo una distancia de unas veinticinco millas al día, la marcha de Harold y su ejército desde Londres a York duró sólo nueve días, un tiempo excepcionalmente corto. Aun así, cuando llegaron el 25 de septiembre, encontraron la ciudad diezmada por Harald Hardrada. La fuerza noruega se había desplazado hacia el este y acampado en el pueblo de Stamford Bridge. Los ingleses se dirigieron rápidamente a la aldea, tratando de pillar a los noruegos con la guardia baja.

La batalla que siguió causó numerosas bajas en ambos bandos. Los cronistas describen una cruenta batalla por el estrecho cruce del río, que sólo estaba defendido por un único noruego. Éste detuvo el avance inglés inicial, matando a decenas de soldados ingleses antes de caer él mismo, lo que permitió a las fuerzas noruegas movilizarse y formar una defensiva. Sin embargo, los ingleses salieron victoriosos, y tanto Harald Hardrada como Tostig Godwinson murieron en la batalla. Los supervivientes negociaron una tregua con el rey Harold y acordaron navegar de vuelta a Noruega.

Stamford Bridge fue una victoria asombrosa para los ingleses. Fue una de las victorias más decisivas sobre los vikingos en la historia, comparable al triunfo de Æthelstan en Brunaburh más de cien años antes. Sin duda, sirvió para legitimar aún más el reinado de Harold, ya que había defendido con éxito su reino de una gran invasión extranjera. Sin embargo, por desgracia para los ingleses, las fuerzas de Guillermo de Normandía desembarcaron en Pevensey sólo tres días después de la batalla de Stamford Bridge. Los normandos construyeron una pequeña fortificación en Hastings, que utilizaron como cuartel general mientras asaltaban los alrededores.

Esto exigió una pronta respuesta por parte de Harold Godwinson, que muy probablemente ya estaba de regreso a Londres cuando se enteró de la invasión de Guillermo. Había dejado una parte de su fuerza en el norte y decidió reponer sus tropas al llegar a Londres, descansando durante una semana. Después, se dirigió al sur, a Hastings, donde se enfrentó a los normandos. El 14 de octubre, en la batalla de Hastings, los ingleses fueron derrotados por los normandos. Harold Godwinson, el último rey anglosajón coronado, murió en la batalla, posiblemente tras recibir el impacto de una flecha en el ojo. Su ejército fue derrotado tras la muerte de su líder.

Los ingleses huyeron a Londres, tratando de organizar una mayor resistencia y dando su apoyo a Edgar Ætheling como próximo rey. Acompañados por los condes Morcar y Edwin, creían que Guillermo atacaría allí a continuación. Sin embargo, Guillermo continuó asolando la campiña meridional, avanzando hacia el este y finalmente tomando Canterbury. Consiguió eludir a las fuerzas inglesas que le perseguían.

Finalmente, los líderes ingleses se sometieron uno a uno a Guillermo, que fue coronado rey de Inglaterra el día de Navidad de 1066 en la recién construida abadía de Westminster. A cambio de la sumisión, Guillermo perdonó la vida a los nobles ingleses, incluido Eduardo. La era del dominio anglosajón en Inglaterra había terminado.

Conclusión

A Guillermo le costó mucho trabajo consolidar su poder sobre Inglaterra tras la conquista de 1066. Muchos nobles anglosajones intentaron organizar rebeliones en los primeros años de su reinado o huyeron del reino. Guillermo, por su parte, comenzó a sustituir a la élite inglesa por normandos, aunque mantuvo los sistemas gubernamentales y administrativos existentes. El sistema anglosajón era muy sofisticado para su época, con Inglaterra ya dividida en unidades que determinaban asuntos importantes, como los impuestos. En lugar de intentar modificar el sistema, Guillermo colocó a algunos de los normandos más destacados en puestos de poder para controlar mejor los asuntos de su reino.

También prometió amnistía a muchos de los antiguos nobles, aunque esperaba que prestaran apoyo militar y levantaran ejércitos de sus dominios en tiempos de necesidad. Muchos fueron despojados de sus tierras, que se redistribuyeron entre los leales seguidores de Guillermo, la mayoría de los cuales eran distinguidos comandantes normandos o ellos mismos nobles. Otros optaron por emigrar. El resultado de la disolución de las antiguas propiedades y su redistribución se menciona en el Libro de Domesday, un manuscrito que registró los resultados de la encuesta realizada en todo el reino en 1086.

En la Iglesia, los anglosajones también fueron sustituidos cada vez más en favor de clérigos normandos. De este modo, la Iglesia inglesa dejó de ser un rival potencial del rey normando.

Además, Guillermo construyó varias fortificaciones importantes por todo el reino, que abasteció con tropas leales para disuadir nuevas rebeliones de la resistencia inglesa. El rey Guillermo, apodado "el Conquistador", tuvo que asegurarse de que la situación en Inglaterra estuviera constantemente bajo control, ya que a menudo estaba ausente, atendiendo asuntos en su ducado natal, al otro lado del canal.

Con todo, una vez arraigados los cambios iniciales aplicados por Guillermo, surgió una Inglaterra radicalmente nueva. Tenía una nueva élite y estaba gobernada por una nueva dinastía que se había originado en el norte de Francia. La conquista normanda también provocó cambios sociales y culturales generalizados, como el reemplazo de muchas palabras del inglés antiguo y el aumento de la influencia francesa. Se volvió a utilizar el latín para los documentos oficiales en lugar del inglés antiguo, un cambio importante que afectó a las altas esferas de la nueva sociedad.

Se calcula que menos de 10.000 normandos se asentaron en Inglaterra durante el periodo posterior a la conquista a principios del siglo XII, y se integraron bien en la sociedad inglesa. Con el tiempo, surgieron nuevas distinciones basadas en el origen y el lugar de residencia. Los ingleses normandos, por ejemplo, eran los nacidos en Inglaterra, pero de origen normando. Pero estas distinciones también se desvanecieron con el tiempo.

En retrospectiva, Guillermo había logrado en Inglaterra lo que ningún otro conquistador pudo. Transformó fundamentalmente la naturaleza de la sociedad inglesa y nunca se enfrentó a una amenaza real que pudiera deshacer esos cambios. Se habían intentado procesos similares durante la conquista vikinga inicial, pero el alcance de aquella invasión del siglo IX nunca llegó tan lejos como la conquista normanda del siglo XI. Las motivaciones de los invasores escandinavos eran muy distintas de las de los normandos (que a su vez eran descendientes de vikingos). Guillermo fue aceptado como rey inglés sin grandes dificultades, y sus descendientes seguirían gobernando Inglaterra.

¿Qué lugar ocupa la conquista normanda en la historia de los anglosajones? Es el acontecimiento que marcó el fin del dominio anglosajón en Inglaterra, una era que había comenzado en algún momento del siglo V. De hecho, las consecuencias de la conquista de Guillermo pueden compararse mejor con el asentamiento anglosajón en Gran Bretaña tras la independencia de los normandos. De hecho, podría decirse que las consecuencias de la conquista de Guillermo pueden compararse mejor con la colonización anglosajona de Gran Bretaña tras la caída de Roma en la Alta Edad Media. Los efectos de ambos procesos fueron generalizados y duraderos.

Aun así, el legado de los anglosajones perduró en Inglaterra hasta nuestros días. Los cambios socioculturales introducidos por los normandos desembocaron en el siglo XIV en el desarrollo del inglés medio como lengua materna de la mayor parte de la población inglesa. Combinaba elementos del inglés antiguo con nuevas palabras aportadas por los normandos. También sobrevivió el orden político establecido durante la dominación anglosajona. Las fronteras de Inglaterra tras la conquista, así como las fronteras modernas del país, fueron forjadas en gran parte en la Edad Media por los anglosajones, al igual que muchas de las ciudades más importantes. La historia de los anglosajones es apasionante de examinar, llena de historias y recuerdos fascinantes que siguen profundamente arraigados en la cultura popular.

Segunda Parte: La Inglaterra medieval

Un apasionante recorrido por la Edad Media inglesa

Introducción

Cuando escucha la frase Inglaterra medieval, ¿en qué piensa? ¿Caballeros con armadura avanzando a caballo hacia la batalla? ¿Reyes con coronas doradas sentados en sus castillos? ¿Quizá incluso se imagina pequeñas ciudades con tejados de paja, un camino embarrado y un cerdo deambulando por las calles?

La época conocida como periodo medieval, también llamada Edad Media, ha sido increíblemente romantizada en libros, películas y, en última instancia, en nuestra memoria desde que terminó hace unos seiscientos años. Algunos se lo imaginan como una época grandiosa, llena de nobles hazañas, emocionantes batallas y una vida sencilla. Otros se refieren a este periodo como la Edad Oscura, indicando una época de suciedad, pobreza e ignorancia general. La verdad, como ocurre a menudo, se encuentra en algún punto intermedio entre estos dos extremos. La Inglaterra medieval no era ni tan glamurosa ni tan horrenda como a menudo la pintamos; era mucho más variada que esas simples imágenes que solemos imaginar.

El periodo medieval en Inglaterra abarca aproximadamente entre seiscientos y ochocientos años. Es mucho tiempo para que ocurran cosas. Para ponerlo en perspectiva, seiscientos años atrás, desde nuestros días, sería a principios del siglo XV. Shakespeare aún no vivía. Colón aún no había surcado el océano azul. Los Estados Unidos de América no se convertirían en un país hasta más de trescientos años después. En seiscientos años, los humanos han pasado de caminar y montar a caballo como principales medios de transporte a los aviones y los coches. Hace seiscientos años, la mayoría de la gente aún creía que la tierra estaba en el centro del universo, y ahora, hemos enviado hombres a la luna.

La cuestión es que pueden pasar muchas cosas en seiscientos años. La Inglaterra medieval del año 600 tenía un aspecto bastante diferente de la Inglaterra medieval de 1485. Durante este tiempo, Inglaterra vio el ascenso y la caída de varias dinastías reales. Vio cómo los barones se rebelaban repetidamente contra la autoridad del rey, e incluso vio el primer levantamiento popular de Inglaterra. Hubo tanto guerras extranjeras como guerras civiles. Fue un periodo en el que se produjo la conversión al cristianismo y la Iglesia se convirtió en la institución más poderosa del mundo occidental. El sistema jurídico contaba tanto con los infames y crueles juicios por ordalía como con los orígenes del juicio por jurado. Fue una época de caballeros y monjes, así como de campesinos y señores. A lo largo de estos seiscientos años, Inglaterra y su pueblo pasaron por muchos cambios, ordalías y desarrollos. Hubo mucho más en estos seiscientos años que castillos y caballeros.

Este libro pretende atravesar esos estereotipos para ofrecer una visión realista de la Edad Media. Hablaremos de los caballeros acorazados avanzando en la batalla, pero examinaremos por qué el uso de caballeros acorazados en la estrategia militar decayó a lo largo del periodo. Conoceremos algunos de los crueles y espantosos castigos utilizados en el sistema judicial, pero también examinaremos por qué el sistema fue diseñado de esa manera. Hablaremos de la corrupción y el inmenso poder de la Iglesia medieval, pero también veremos el papel que desempeñaba la Iglesia en la vida local.

Este libro trata sobre la verdadera Inglaterra medieval. Parte de ella puede parecerse a lo que siempre ha pensado sobre la Edad Media, pero gran parte puede sorprenderle. Por ejemplo, ¿sabía que el famoso mártir cristiano Tomás Becket empezó como político, no como sacerdote? ¿Sabía que la infantería era estratégicamente mejor que la caballería? ¿Sabía que las mujeres de la Edad Media podían desempeñar los mismos trabajos que los hombres? ¿Sabía que el rey Arturo no era inglés, que los vikingos son, en cierto modo, responsables del inicio de Inglaterra y que la peste negra podría ser el resultado de uno de los primeros actos de guerra biológica?

Hay muchas cosas fascinantes que aprender sobre la época medieval, y este libro le guiará a través de ellas a la vez que le proporcionará una comprensión exhaustiva de todo el periodo. Tanto si ya conoce los aspectos básicos como si no tiene ni idea de los años que abarca la Inglaterra medieval, podrá seguir el hilo y aprender algo nuevo mientras este libro le guía por uno de los periodos más interesantes de la historia de Inglaterra.

Capítulo 1: Alta Edad Media (600-1066)

En el año 600, Inglaterra no existía, pero en 1066, el pueblo inglés llevaba casi un siglo unido bajo un solo rey.

La historia de la Alta Edad Media en Inglaterra es, por tanto, la historia de cómo surgió una nación. A lo largo de estos quinientos años, los dispares grupos que habitaban la zona se unieron en una nación con un único rey y una cultura diferenciada. En Inglaterra ocurrieron muchas cosas durante esta época. Desde el desarrollo de las ciudades hasta las incursiones vikingas, así es como empezó la nación que llamamos Inglaterra.

Escenario: Inglaterra antes del 600

Si queremos entender la Inglaterra de la época medieval, ayuda el saber un poco sobre lo que ocurría antes. En realidad, los ingleses no eran los habitantes originales de Gran Bretaña, así que ¿cómo llegaron allí y quién habitaba esa tierra primero?

Antes de la Edad Media, Inglaterra, o más bien Gran Bretaña, formaba parte del Imperio romano como provincia de Britania. El emperador Claudio hizo que sus generales conquistaran la isla en el año 43 de la era cristiana, aunque los romanos tardaron mucho más tiempo en someter realmente a todas las tribus del sur que vivían en la isla en aquel momento. Estas tribus originales eran los britanos celtas (tampoco eran los habitantes nativos de la isla; al igual que los romanos y los anglosajones, llegaron del continente). Roma nunca pudo conquistar y mantener plenamente la parte norte de la isla (Escocia), pero el sur (Inglaterra y Gales) estuvo bajo firme control romano, a pesar de las numerosas rebeliones, durante unos cuatrocientos años.

Durante este tiempo, los britanos celtas se romanizaron inevitablemente. Vivían en casas de estilo romano, vestían ropas de estilo romano e incluso hablaban un tipo de latín británico. Gran Bretaña estaba cubierta de calzadas romanas y asentamientos romanos. Hacia el siglo IV, las personas que vivían allí eran plenamente romano britones.

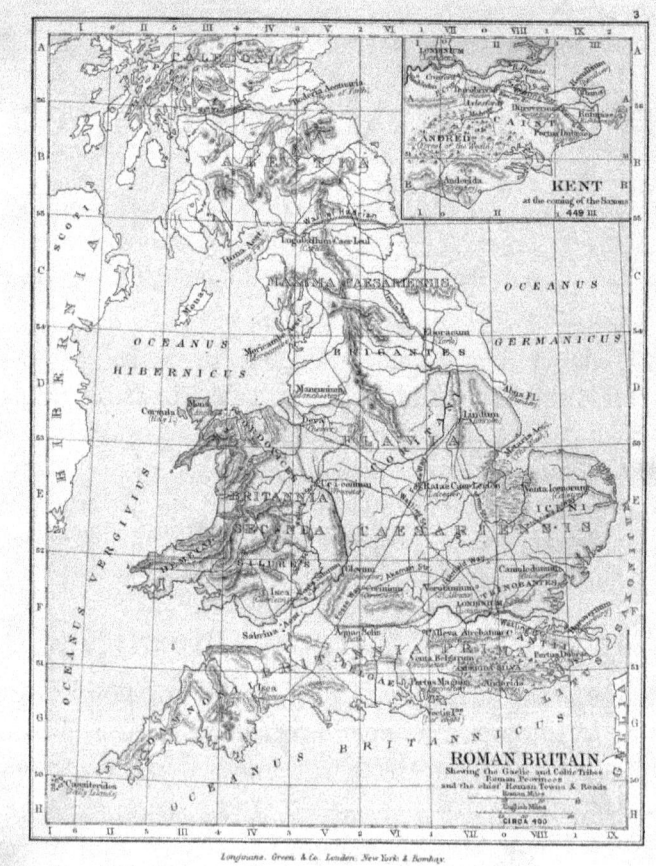

Un mapa de las cinco provincias de la Britania romana[12]

Quizá le sorprenda saber que Gran Bretaña fue una provincia romana durante tanto tiempo. Normalmente no pensamos en Gran Bretaña como algo romano. Hoy en día, quedan muy pocos vestigios de la Britania romana, y mientras otras provincias romanas anteriores hablan lenguas romances (como el francés y el español), que tienen sus raíces en el latín, los británicos hablan inglés, que es una lengua germánica. Si el pueblo británico estaba totalmente romanizado en el siglo IV, ¿qué ocurrió?

En resumen, Roma cayó. Fue saqueada por los visigodos en el año 410, pero para entonces las cosas ya llevaban un tiempo cuesta abajo. A menudo pensamos en el saqueo de Roma como el principio del fin del Imperio romano, pero para entonces, las cosas ya estaban prácticamente en su final para la provincia de Britania. El imperio ya se estaba derrumbando debido a una combinación de amenazas externas y luchas intestinas. Uno de los diversos emperadores que se disputaban el control durante el periodo sacó a las legiones romanas de Britania para luchar en otros lugares, y sencillamente nunca regresaron a la remota provincia insular. Britania se quedó sin presencia militar romana.

Aunque eso pueda sonar muy bien, lo que significaba era que los habitantes ya no contaban con la protección imperial. No había legiones romanas que los protegieran y, desgraciadamente, había muchos grupos que estaban encantados de aprovecharse de ello.

De repente, la vida se volvió muy dura para los romano-britones. Se encontraron con el ataque de varios grupos bárbaros: los pictos de Escocia, los escotos de Irlanda, los anglos y los sajones (ambas tribus germánicas), y los jutos, que eran una tribu nórdica. Con el tiempo, los anglos, sajones y jutos pasaron de asaltar Gran Bretaña a establecerse en ella y, por comodidad, solemos referirnos a ellos colectivamente como los anglosajones.

Cuando retomamos la historia de Inglaterra doscientos años más tarde, en el 600 e. c., al comienzo de la Edad Media, la tierra estaba dividida en varios reinos anglosajones que competían entre sí. La nación inglesa acabó formándose a partir de estas naciones.

Pero, ¿qué ocurrió con los britanos celtas? No solo ya no contaban con la protección militar romana, sino que, sin Roma, el sistema económico que había estado sosteniendo la provincia también se derrumbó, junto con las funciones y servicios relacionados con el gobierno imperial. Las ciudades romanas, con sus ahora inútiles edificios públicos y plazas de mercado, fueron abandonadas, y entonces llegaron los anglosajones.

Hablaremos más de esto en el capítulo 4, pero la tradición nos dice que los britanos celtas fueron expulsados de la zona que se convertiría en Inglaterra por los conquistadores anglosajones. Algunos optaron por emigrar a Bretaña, una zona en lo que hoy es el noroeste de Francia, y no desaparecieron por completo de la isla de Bretaña. Gales es una nación celta, al igual que Cornualles.

Aunque los britanos mantuvieron la zona que se convirtió en Gales, una o dos generaciones después de la partida de los romanos, la Britania romana había sido totalmente sustituida por *Angleland*, la tierra de los anglos.

Inglaterra anglosajona

Así, a principios de la Edad Media, la zona que se convertiría en Inglaterra era efectivamente anglosajona, pero aún no era Inglaterra. A principios del siglo VII, esta zona estaba dividida en la heptarquía anglosajona, que constaba de siete reinos rivales: Northumbria, Mercia, Wessex, Anglia Oriental, Sussex, Essex y Kent.

Los reinos de la Heptarquía anglosajona, junto con los reinos galés y picto[18]

Entraremos en más detalles sobre quiénes eran exactamente los anglosajones y cómo eran en el capítulo 4, pero por ahora, hablemos de cómo se desarrolló Inglaterra, o más bien la zona que se convertiría en Inglaterra, durante el periodo en que los anglosajones estuvieron al mando.

Como ya hemos comentado, cuando los romanos se marcharon, las ciudades que habían construido quedaron completamente abandonadas. Así, en los siglos V y VI, no había ciudades en Inglaterra. Los anglosajones de esta época vivían en una sociedad tribal y rural. Prácticamente, solo había una forma de enriquecerse en este mundo, y era arrebatar cosas a tus vecinos. La guerra era un negocio rentable, y las élites de esta sociedad ganaban poder y riqueza haciendo la guerra y conquistando a sus vecinos. Hubo muchos más de siete reinos anglosajones, pero los siete de la heptarquía fueron los que llegaron a dominar a medida que los diferentes grupos se disputaban el poder durante los siglos V, VI y VII.

Aunque la guerra puede ser muy rentable a corto plazo, tampoco es el plan económico más viable a largo plazo. Cuanto más territorio conquiste, más fondos necesitará para gobernar esa zona. Si sus fondos proceden únicamente de campañas, eso significa que ahora tiene que conquistar aún más territorio. A la larga, un reino simplemente se hace demasiado grande para funcionar solo con el botín de guerra.

Ahora bien, la guerra también le proporciona a uno un excedente de diversos bienes (las cosas que uno arrebata a los pueblos que conquista). Estos excedentes pueden utilizarse para desarrollar un plan económico mucho menos arriesgado y más sostenible: el comercio.

En la Inglaterra del siglo VII comenzaron a aparecer de nuevo las ciudades. El comercio floreció y los asentamientos permanentes volvieron a ser viables. A medida que la economía seguía desarrollándose, las comunidades se desarrollaron en torno a la producción de ciertos bienes clave. Hubo asentamientos que se centraron en la producción de sal, la extracción de hierro y la recolección de madera.

Así pues, durante los dos primeros siglos de la Edad Media, la sociedad anglosajona creció y prosperó. Siguió siendo una época llena de guerras y otras penurias que cabría esperar encontrar en los siglos VI y VII, pero no fue la edad oscura como algunos la han pintado.

La era vikinga

A finales del siglo VIII, los reinos anglosajones estaban floreciendo, pero seguían siendo en gran medida reinos rivales. Haría falta una importante amenaza exterior para unir a estos reinos, y esa amenaza eran los vikingos.

Las primeras incursiones vikingas en Inglaterra comenzaron en la década de 790. Estas incursiones, aunque relativamente pequeñas en escala, fueron devastadoras para los asentamientos costeros. Los vikingos eran incursores nórdicos que procedían de varias zonas diferentes, como Dinamarca, Suecia y Noruega. Aunque tenían muchas diferencias, todos los vikingos compartían al menos una habilidad crucial. Eran excelentes constructores navales.

Los vikingos fabricaban muchos tipos diferentes de barcos, pero los que se utilizaban normalmente en las incursiones se llamaban barcos largos. Como su nombre indica, estos barcos eran largos y estrechos y, lo que es más importante, tenían poco calado. Esto significaba que podían viajar fácilmente en aguas poco profundas. En estos barcos, los vikingos podían desembarcar en las playas de los asentamientos cercanos al agua y luego empujar rápidamente sus embarcaciones mar adentro de nuevo. También podían navegar por los ríos, ampliando el alcance de sus incursiones.

Estas rápidas y mortíferas incursiones ya eran bastante malas para los anglosajones, pero las cosas empeoraron mucho en el siglo IX. Los vikingos comenzaron a realizar ataques más sustanciales contra los reinos anglosajones. No se limitaron a quemar y saquear, sino que empezaron a conquistar territorios. Algunos incluso optaron por asentarse en la isla. En 865, la amenaza vikinga se convirtió en una invasión total con la llegada del *mycel hæþen here*, o Gran ejército pagano.

El Gran ejército era una fuerza nórdica o vikinga que se lanzó rápidamente a la conquista de los reinos anglosajones. En realidad, el ejército era un grupo más dispar de lo que sugiere su nombre. No era una gran fuerza unificada, sino que estaba formada por muchos grupos distintos. Recuerde que, aunque los vikingos eran todos nórdicos, procedían de muchas zonas diferentes. El Gran ejército pagano reflejaba esto.

Por supuesto, esta variación entre sus miembros no hizo que el Gran ejército pagano fuera menos devastador para los anglosajones. El Gran ejército conquistó Northumbria e instaló un rey títere. Poco después le siguió Anglia Oriental. Mercia resistió más tiempo, pero también cayó en manos de los nórdicos. Wessex fue la última en someterse, pero finalmente, el rey de Wessex, el rey Alfredo, fue expulsado de su reino por los vikingos en 878.

En ese momento, ciertamente parecía que Angleland se había convertido en la tierra de los nórdicos, pero si eso hubiera seguido así, Inglaterra probablemente tendría un aspecto muy diferente hoy en día. ¿Qué ocurrió?

El rey Alfredo de Wessex había sido expulsado de su reino, pero no estaba muerto. Ese mismo año, 878, el rey Alfredo libró una batalla contra los nórdicos y obtuvo una victoria decisiva. Desde el borde de la derrota, Alfredo consiguió expulsar a los nórdicos y recuperar Wessex. Esta increíble victoria y su posterior reinado le valieron a Alfredo un nombre que pocos monarcas consiguieron: Alfredo el Grande.

El auge de la dinastía Wessex

La victoria de Alfredo en 878 fue crucial, pero no fue el final de las cosas. En 878, Alfredo hizo un trato con el nórdico Guthrum que exigía que este se convirtiera al cristianismo y abandonara Wessex. Guthrum estableció entonces un reino en Anglia Oriental, de modo que mientras Wessex se recuperaba, los nórdicos seguían dominando una gran parte de Inglaterra. Las fronteras negociadas por Alfredo y Guthrum se hicieron oficiales hacia 886. La zona controlada por los nórdicos llegaría a denominarse más tarde el Danelaw, e incluía los reinos anglosajones de Northumbria, Anglia Oriental, Essex y partes de la Mercia original.

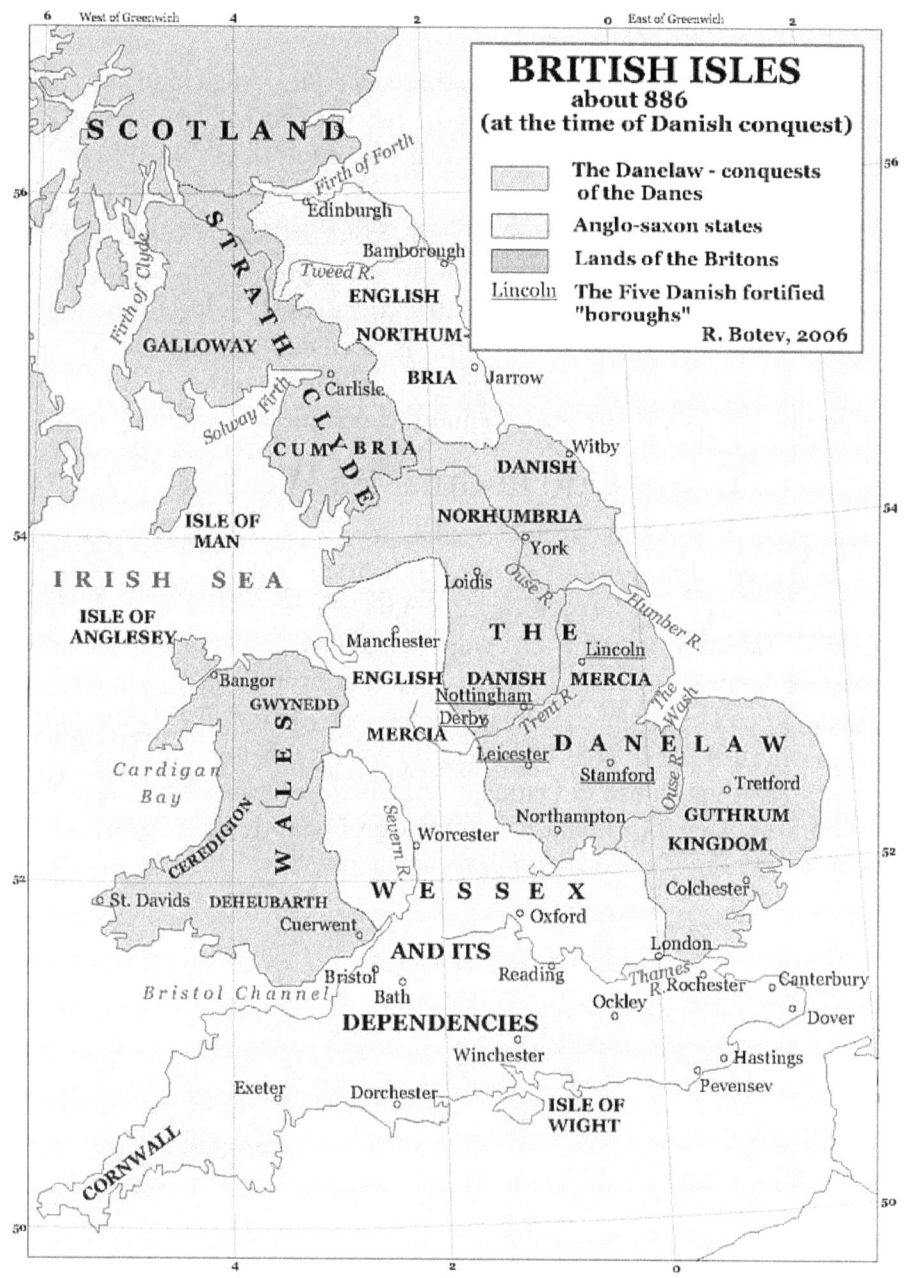

Los reinos de Inglaterra en 886[14]

Cuando Alfredo murió en 899, sus hijos continuaron la lucha contra los daneses. El hijo de Alfredo, Eduardo el Viejo, se convirtió en el rey de los anglosajones, título que había creado su padre. Esto significa que la casa de Wessex continuó al mando. La hija de Alfredo, Ethelfleda, se había casado con el rey de los mercios y era conocida como la «Señora de los mercios».

Con la muerte de Alfredo, los daneses intentaron de nuevo conquistar Mercia y Wessex, pero tanto Eduardo como Ethelfleda construyeron un anillo de fortalezas para proteger sus reinos. En 910, Eduardo obtuvo una victoria decisiva contra los daneses en Tettenhall, poniendo fin a sus planes de reconquistar Wessex.

A partir de 912, Eduardo pudo pasar a la ofensiva. Paso a paso, recuperó los reinos anglosajones de Essex y Anglia Oriental. Su hermana Ethelfleda volvió a imitar los movimientos de Eduardo y también pasó a la ofensiva. Comenzó a retomar los cinco distritos daneses, que formaban parte de la zona que originalmente había pertenecido a Mercia. Ethelfleda había progresado lo suficiente en su campaña como para recibir una promesa de sumisión por parte de los daneses de Northumbria cuando murió en 918.

Al enterarse de la muerte de su hermana, Eduardo interrumpió su campaña contra los daneses para ir a Tamworth, donde consiguió que los mercios lo aceptaran como rey, formando un reino anglosajón aún más grande. Eduardo consiguió entonces recuperar el resto de Mercia de manos de los daneses. Cuando Eduardo murió en 924, la casa de Wessex tenía ahora el control de la mayor parte de Inglaterra, con la excepción de Northumbria, donde un rey nórdico se sentaba en York.

Eduardo fue sucedido por su hijo, Athelstan. Athelstan fue capaz de terminar lo que su padre empezó, pero con medios sorprendentemente menos violentos. Athelstan hizo que su hermana se casara con el rey nórdico de York, un hombre llamado Sihtric. Cuando Sihtric murió en 927, Athelstan se hizo con el control de Northumbria y se convirtió en el primer rey que gobernó a todo el pueblo inglés. El año 927 es, por tanto, el inicio de Inglaterra como nación, y Athelstan está ampliamente considerado como el primer rey de Inglaterra.

Dando un paso atrás en los detalles que llevaron a Athelstan a convertirse en el primer rey de Inglaterra, hay dos maneras de leer los acontecimientos que llevaron al dominio de Wessex en los reinos anglosajones. Se podría argumentar que la dinastía de Wessex, empezando por Alfredo el Grande, fue la salvadora de los anglosajones. Hicieron retroceder a los invasores daneses y unieron a los anglos en un reino más poderoso que estaría mejor equipado para defenderse.

Sin embargo, también se podría argumentar que el ascenso de la dinastía de Wessex y la unificación de los anglosajones bajo su mando fue el simple producto del oportunismo. Alfredo el Grande y sus descendientes aprovecharon el hecho de que los daneses debilitaban a sus rivales anglosajones. Mientras trabajaban para expulsar a los daneses, Wessex pudo consolidar fácilmente las naciones anglosajonas conquistadas bajo su control. En cierto modo, los reyes de Wessex eran simplemente otros conquistadores.

Es probable que haya algo de verdad en ambas interpretaciones. No cabe duda de que sin Alfredo el Grande, lo más probable es que los daneses hubieran conquistado a los anglosajones e Inglaterra nunca hubiera llegado a existir. Sin embargo, es igualmente cierto que Wessex no fue el único reino anglosajón y que el dominio definitivo de sus gobernantes se debió en gran medida a su capacidad para aprovechar la oportunidad creada por la toma del poder por los nórdicos. Así que, en última instancia, los vikingos son en cierto modo responsables de la unificación de Inglaterra.

Inglaterra bajo la dinastía Wessex

Hablaremos más sobre esta época en nuestra discusión sobre los anglosajones, pero en aras de la cronología, hay algunas cosas que debe saber sobre Inglaterra bajo la dinastía de Wessex. Inglaterra estaba ahora bajo el gobierno de un solo rey, pero no estaba unida en la forma en que hoy pensamos en las naciones.

Cuando Athelstan se convirtió en el rey de los ingleses en 927, gobernaba sobre varias zonas bastante dispares. Cosas vitales para el gobierno, como la moneda, los sistemas de medición de la propiedad de la tierra y las leyes, diferían enormemente en toda Inglaterra. Dependiendo de dónde se encontrara, podía estar bajo un sistema de leyes al estilo mercio, sajón occidental o danés.

Esto podría parecer una auténtica pesadilla logística hoy en día, pero en el siglo X, lo que menos les preocupaba a los reyes ingleses era que todo en su administración fuera uniforme. En su mayor parte, las zonas locales siguieron utilizando sus propios sistemas, especialmente las que utilizaban la ley danesa, aunque se instituyeron algunos cambios. El reino empezó a utilizar el mismo tipo de moneda y se amplió el sistema de

Wessex de dividir el reino en condados y estos en unidades aún más pequeñas llamadas «centenas». Finalmente, se establecieron normas nacionales sobre la frecuencia con la que debían reunirse los tribunales que presidían estas localidades.

Aunque estos cambios puedan parecer insignificantes, fueron el principio de la creación de una nación inglesa unificada, tanto en la práctica como en el nombre. Vivir bajo el mismo rey era una cosa, pero utilizar las mismas monedas y los mismos sistemas creó muchos más puntos en común entre los anglosajones de Wessex, Mercia y otros lugares de Inglaterra.

Este proceso de unificación práctica continuaría en el siglo XI, solo que no bajo los reyes anglosajones. En 1013 regresaron los daneses.

El retorno de los daneses

Para entender cómo los daneses consiguieron invadir Inglaterra de nuevo, primero tenemos que hablar del rey anglosajón de la época: El rey Etelredo. Cuando el padre de Etelredo, el rey Edgar, murió en 975, hubo una disputa sobre si el trono debía pasar a Etelredo o a su hermanastro mayor, Eduardo. Ambos hermanos tenían partidarios, y aunque Eduardo se hizo inicialmente con el trono, lo mantuvo durante menos de tres años. Eduardo fue asesinado, y Etelredo subió al trono en 978, a la edad de doce años.

Asumir el trono tras el asesinato del rey anterior y hacerlo siendo un niño marcó el estado de ánimo de la mayor parte del reinado de Etelredo. En resumen, no fue un buen rey. De hecho, la historia lo ha apodado Etelredo el Indeciso, y fue durante el reinado de Etelredo el Indeciso cuando los vikingos comenzaron de nuevo a asaltar Inglaterra.

Etelredo fue incapaz de hacer frente al problema vikingo. Solo consiguió empeorarlo masacrando a los daneses el día de San Brice en 1002. Etelredo fue incapaz de rechazar a los daneses, por lo que les pagaba continuamente tributos más altos para comprar la paz. Sin embargo, las incursiones solo siguieron empeorando. En 1013, el pueblo inglés se hartó. Aceptaron a Svend, rey de Dinamarca, como su rey. Etelredo se vio obligado a huir del país, buscando asilo con su familia.

Sin embargo, el rey Svend no gobernó Inglaterra mucho tiempo. Murió en 1014, y los ingleses invitaron a Etelredo a regresar con la condición de que fuera un mejor rey, a lo que este accedió felizmente, convirtiéndose de nuevo en rey de los ingleses en 1014.

El hijo de Svend, Canuto, sin embargo, no estaba contento con este acuerdo. En 1016, Canuto dirigió otra invasión danesa de Inglaterra. Etelredo murió durante el conflicto, y su hijo Edmundo II de Inglaterra fue finalmente derrotado por Canuto. Sin embargo, Canuto permitió que Edmundo mantuviera el control sobre Wessex, lo que resultó ser un acuerdo sin consecuencias porque Edmundo murió a los pocos meses, dejando a Canuto gobernante de toda Inglaterra. Durante los siguientes veinticinco años, Inglaterra tuvo un rey danés.

Durante diecinueve de esos años, Canuto gobernó Inglaterra, haciéndolo desde 1016 hasta 1035. No se puede discutir que Canuto fue un rey eficaz. Durante su reinado, consiguió conquistar Noruega, por lo que fue rey de Inglaterra, Dinamarca y Noruega. Canuto ganó gran popularidad entre el pueblo inglés gracias a su conversión al cristianismo y a su dedicación al mantenimiento de la ley. Bajo Canuto, Inglaterra vivió casi dos décadas de seguridad y relativa paz.

A pesar de sus éxitos, la muerte de Canuto volvió a dejar a Inglaterra con un problema de sucesión. Canuto tenía dos esposas, una de las cuales era la viuda de Etelredo, Emma, y tenía hijos tanto de ella como de su otra esposa. Sus dos hijos sintieron naturalmente que tenían derecho al trono. Haroldo, el hijo de Canuto con su primera esposa, se apoderó primero del trono de Inglaterra, manteniéndolo durante cinco años antes de morir repentinamente en 1040. La temprana muerte de Haroldo dio a su hermano, Harthacnut, hijo de Canuto y Emma, la oportunidad de hacerse con el trono inglés. Harthacnut gobernó solo dos años antes de morir repentinamente. Ninguno de los hijos de Canuto era bien visto por el pueblo inglés.

Sorprendentemente, fue uno de los hijos de Etelredo el siguiente en ocupar el trono tras la muerte de los dos hijos de Canuto. Eduardo el Confesor fue el último de la dinastía de Wessex en gobernar Inglaterra. Reinó desde 1042 hasta 1066. Aunque Eduardo tuvo un reinado bastante exitoso, él y su esposa, la reina Edith, no consiguieron tener hijos. Cuando murió sin hijos en 1066, Inglaterra volvió a sumirse en la confusión sobre la sucesión. Esta vez, una amenaza exterior decidió aprovecharse de esa confusión. Pronto sería el fin de la Inglaterra anglosajona.

Inglaterra desde el año 600 hasta 1066 fue una nación emergente. Aunque hubo muchos progresos en términos de crecimiento económico y unidad política, también hubo un estado de guerra casi constante debido tanto a los invasores extranjeros como a las luchas internas por cuestiones de sucesión. La monarquía había demostrado ser tanto una poderosa fuerza de consolidación como la fuente de muchos problemas. Empezando por Athelstan en 927, los reyes y reinas de Inglaterra seguirían teniendo un enorme impacto en el país durante los ochocientos años siguientes, a lo largo de la Edad Media y posteriormente.

Capítulo 2: Alta Edad Media (1066-1272)

El libro de David Carpenter sobre este periodo de la historia inglesa lleva el título *La lucha por el dominio,* y sin duda es una descripción acertada. Comenzando con la conquista normanda en 1066, pasando por la guerra civil de dieciocho años conocida como la Anarquía, y terminando en el siglo XIII con los conflictos entre los barones y los reyes, la Alta Edad Media en Inglaterra estuvo dominada por las luchas por el poder. Mientras que la Alta Edad Media vio el establecimiento del rey y su gobierno, la Alta Edad Media pondría a prueba ese gobierno y el alcance del poder del rey.

La conquista normanda

En 1066, Eduardo el Confesor murió sin descendencia y, como suele ocurrir con las monarquías, la falta de un heredero directo provocó problemas. Inmediatamente después de la muerte de Eduardo, Harold Godwinson, un conde, fue nombrado rey. El rápido nombramiento de Harold sugiere que los hombres poderosos de Inglaterra estaban al menos parcialmente de acuerdo sobre el nombramiento de Harold, y su rápida actuación pudo ser también un intento de adelantarse a los pretendientes rivales al trono. Sin embargo, el nombramiento de Harold no detuvo a sus rivales. Si Harold quería conservar el trono, tendría que luchar por él.

El primer problema no fue Guillermo de Normandía (más tarde conocido como Guillermo el Conquistador), sino alguien mucho más cercano. El hermano de Harold, Tostig, unió fuerzas con el rey de Noruega, Harald Hardrada, y atacaron York. El rey Harold cabalgó hacia el norte con su ejército y se enfrentó a las fuerzas de Tostig y Harald en Stamford Bridge el 25 de septiembre de 1066.

La batalla de Stamford Bridge fue una victoria decisiva y total para el rey Harold. Tanto Tostig como Harald murieron en la batalla, y los restos de sus fuerzas huyeron en barcos. Harold había defendido exitosamente su derecho a ser el rey de Inglaterra, pero, por desgracia, aún le quedaba otro rival. Tres días después de la victoria de Harold en Stamford Bridge, Guillermo, duque de Normandía, desembarcó en el sur de Inglaterra con una fuerza invasora.

¿Por qué sentía el duque de Normandía que tenía derecho al trono inglés en primer lugar? La falta de hijos del rey Eduardo no fue solo un tema de discusión en su lecho de muerte. Guillermo de Normandía afirmaba que Eduardo lo había nombrado heredero. Es posible que Eduardo hubiera hecho tal promesa a Guillermo en algún momento alrededor de 1051, en un esfuerzo por mantener relaciones pacíficas con Normandía, pero no habría sido una promesa seria, ya que el rey Eduardo aún gozaba de buena salud e incluso podría haber tenido hijos en ese momento.

Las narraciones normandas afirmarían más tarde que en 1064/1065, mientras actuaba como embajador de Eduardo en Normandía, Harold Godwinson había confirmado el nombramiento de Guillermo como heredero e incluso prestó juramento a Guillermo. Parece muy poco probable que esta historia sea totalmente cierta teniendo en cuenta su fuente, pero en 1066, Harold fue condenado por romper su juramento. Como nunca tuvo la oportunidad de defenderse, nunca sabremos qué ocurrió exactamente. Lo que sí sabemos es que Guillermo utilizó esta historia para justificar su invasión.

El ejército del rey Harold se enfrentó al de Guillermo en la batalla de Hastings el 14 de octubre. Algunos consideran imprudente la decisión de Harold de enfrentarse a Guillermo tan poco después de la batalla de Stamford Bridge, pero siempre es difícil juzgar con la mirada retrospectiva. La batalla de Hastings no fue bien para el rey Harold, por lo que es fácil decir que su decisión de enfrentarse a Guillermo en aquel momento fue imprudente.

Entraremos más en los detalles de la batalla en nuestro capítulo posterior sobre batallas, pero huelga decir que los normandos ganaron la batalla de Hastings. Las fuerzas inglesas fueron aniquiladas casi en su totalidad, incluido el rey Harold y sus hermanos. Guillermo era el único rival al trono que quedaba en pie, y no tardó en reclamar su lugar. Guillermo fue coronado rey de Inglaterra en Londres el 25 de diciembre de 1066.

Al igual que el dominio anglosajón y luego el danés habían traído cambios a Inglaterra, el dominio de los normandos tendría un gran impacto en la nación inglesa. El primer cambio se produjo en la élite gobernante. Tras sofocar varias rebeliones en los primeros cinco años de su reinado (1066-1070), Guillermo I se hartó de la aristocracia inglesa que quedaba. Fueron apartados del poder y sustituidos por los normandos designados por Guillermo.

Sin embargo, Guillermo no se limitó a cambiar las caras en el poder. También introdujo algunos cambios en el sistema. Aunque a menudo pensamos en el sistema feudal como un elemento básico de todo el periodo medieval, fue solo bajo el dominio normando cuando Inglaterra adoptó un verdadero sistema feudal, aunque el sistema que existía antes de la conquista era de tipo feudal. Hablaremos de este sistema con más detalle en el capítulo 5.

La anarquía

Al igual que la dinastía anglosajona y la danesa, el dominio normando de Inglaterra tampoco estaba destinado a durar, y también terminó debido a problemas con la sucesión.

Después de Guillermo I, su hijo, Guillermo II, gobernó Inglaterra. Cuando Guillermo II murió sin descendencia, su hermano Enrique I subió al trono. Las cosas parecían decididas, ya que Enrique I tenía un hijo, el *Barco Blanco* se hundió en el canal de la Mancha. Su muerte condujo a un periodo de la historia inglesa que se conocería como la Anarquía.

Tras la muerte de Guillermo, el rey Enrique I nombró heredera al trono a Matilde, su hija. Sin embargo, cuando Enrique murió, los barones no apoyaron la reclamación de Matilde. Estaba casada con Geoffrey Plantagenet, conde de Anjou, a quien los barones anglonormandos no apreciaban. El sobrino de Enrique, Esteban de Blois, se hizo con el trono.

Como Matilde estaba en Normandía en el momento de la muerte de Enrique I, Esteban llegó primero a Inglaterra y pudo hacerse con el trono con relativamente poca dificultad. Sin embargo, su reinado no siguió la pauta de este prometedor comienzo.

La mayor parte del reinado de Esteban, de hecho, todo excepto un año, tuvo lugar durante la Anarquía, una guerra civil inglesa que duró de 1135 a 1153. Esta guerra de dieciocho años fue esencialmente una lucha entre Esteban y la emperatriz Matilde (emperatriz porque su primer marido fue el emperador del Sacro Imperio Romano Germánico Enrique V) por el trono inglés.

No disponemos aquí de espacio para sumergirnos en un relato detallado de la Anarquía. Como su nombre indica, fue una época compleja y caótica de la historia inglesa. Los problemas de Esteban se extendían más allá de la pretensión de la emperatriz Matilde al trono. En el oeste, los galeses consiguieron asaltar y finalmente hacerse con el control de algunas zonas, y en el norte, el rey David de Escocia invadió y conquistó importantes áreas de tierras inglesas.

Durante este periodo, tanto Esteban como la emperatriz Matilde concedieron tierras y favores para intentar ganar apoyos. Varias personas cambiaron de bando a lo largo de la guerra, y muchos aprovecharon el caos para intentar obtener más poder. Los condes hicieron la guerra a otros condados, y los castellanos y las guarniciones estacionadas en los diversos castillos de toda Inglaterra aterrorizaron a las poblaciones locales. La moneda nacional, que había sido establecida por los reyes anglosajones, se fracturó, y Esteban, la emperatriz Matilde e incluso algunos barones emitieron monedas en su propio nombre.

Esto no significaba que toda Inglaterra estuviera ardiendo constantemente, como podría sugerir el nombre de «Anarquía», pero la guerra constante significaba que a veces, en ciertos lugares, la anarquía se hacía muy real. Esto era especialmente cierto en las zonas fronterizas entre la zona controlada por Esteban y la controlada por la emperatriz Matilde. Incluso cuando Inglaterra se rompió en múltiples pedazos, la ley y el orden seguían reinando dentro de estos pedazos más pequeños, controlados por gente como el rey David, el rey Esteban y el conde Roberto (hermano de la emperatriz Matilde y partidario en el conflicto).

Entonces, ¿qué puso fin al caos? La guerra había demostrado ser un firme punto muerto. Mientras Matilde había regresado a Normandía en 1148, su hijo Enrique continuó la lucha en Inglaterra en 1153. Los hombres poderosos de Inglaterra eran reacios a entrar en una última batalla decisiva, ya que no querían ceder de nuevo su poder local a un rey poderoso. La Iglesia también se negó a tomar partido, negándose a reconocer al hijo de Esteban, Eustaquio, como heredero. Todos parecían estar esperando que algo rompiera el estancamiento para poder ponerse del lado del vencedor.

Lo que rompió el estancamiento fue, irónicamente, lo mismo que había causado la guerra civil en primer lugar: la muerte del heredero varón al trono. En 1153, Eustaquio murió y Esteban se quedó sin heredero. Su otro hijo, Guillermo, no mostró ningún deseo de ascender al trono, así que, en 1153, Esteban hizo heredero a Enrique, el hijo de la emperatriz Matilde, poniendo fin de forma efectiva a la Anarquía.

Resultó que Enrique no tuvo que esperar mucho para conseguir su trono. Esteban murió poco menos de un año después, en 1154, y Enrique se convirtió en Enrique II.

El angevino

Enrique II marcó el comienzo de una nueva dinastía gobernante en Inglaterra, que duraría el resto del periodo medieval: los Plantagenet.

Enrique II era hijo de la emperatriz Matilde y de Geoffrey Plantagenet, lo que lo convierte en el primer rey inglés de la línea Plantagenet. Sin embargo, los historiadores suelen referirse a Enrique II y a los dos reyes que le siguieron (Ricardo Corazón de León y el rey Juan) como los angevinos.

Los angevinos eran reyes ingleses con un imperio. De hecho, en conjunto, pasaron más tiempo en el continente que en Inglaterra. El Imperio angevino se extendía desde el norte de Inglaterra hasta los Pirineos, incluyendo parte de Irlanda y amplias zonas de Francia (Anjou, Normandía, Aquitania, Maine y Bretaña).

El Imperio angevino[15]

Este gran imperio no fue el resultado de una conquista, sino de la posición de Enrique II cuando se convirtió en rey de Inglaterra. Heredó de su padre el título de conde de Anjou y Maine y fue nombrado duque de Normandía por el rey de Francia en 1150. Quizá su maniobra más exitosa fue casarse con Leonor de Aquitania en 1152. Este matrimonio lo convirtió en duque de Aquitania. Así, cuando Enrique II se convirtió en rey de Inglaterra en 1154, ya poseía vastas extensiones de tierra en el oeste de Francia.

Por desgracia, además de muchas tierras, Enrique II también tenía muchos hijos —cinco para ser exactos. Pronto tuvo problemas al intentar encontrar lugares para que gobernaran todos ellos. Sus hijos se rebelaron contra él varias veces. Finalmente, su hijo Ricardo se alió con el rey Felipe II de Francia y obligó a su padre a llegar a un acuerdo. El rey Enrique II murió poco después.

A pesar de sus problemas familiares, Enrique II tuvo un enorme impacto perdurable en Inglaterra, y su reinado fue realmente decisivo en la historia inglesa, en gran parte por los cambios que introdujo en el sistema judicial.

En resumen, Enrique II quería un mayor control sobre los asuntos locales y, tras la Anarquía, hubo un mayor impulso para desarrollar un sistema que pudiera mantener la paz de forma más eficaz. Los cambios de Enrique II fueron complejos, pero crearon un sistema con procedimientos diferenciados. Las decisiones eran ahora tomadas por jurados y oídas por los jueces del rey en lugar de los tribunales locales.

El nuevo sistema era voluntario, por lo que la cantidad de personas que acudieron a él indica que tenía atractivo. Este fue el comienzo de un sistema que duraría hasta la década de 1970 en Inglaterra. Hablaremos de la ley y el orden en el periodo medieval con más detalle en un capítulo posterior, pero este fue uno de los impactos de largo alcance que Enrique II tuvo en Inglaterra. Su imperio no tendría tanta suerte.

El hijo menor de Enrique, Juan, se convirtió en rey en 1199 tras la muerte de su hermano, Ricardo Corazón de León. Aunque Ricardo solo pasó unos seis meses de su reinado en Inglaterra, sus habilidades militares y diplomáticas habían mantenido unido el Imperio angevino durante sus diez años de reinado. El rey Juan era menos hábil en estas artes.

El rey Felipe II de Francia aprovechó la oportunidad y comenzó a tratar de expulsar al rey Juan de Francia. Tanto por mala suerte como por malas decisiones, Juan fue perdiendo poco a poco las posesiones continentales del Imperio angevino. En 1204, ya solo era rey de Inglaterra, pero los problemas del rey Juan no acabaron con sus fracasos continentales. El resto de su reinado consolidaría su lugar como uno de los peores reyes de Inglaterra.

La Carta Magna y las guerras de los barones

Librar guerras requiere dinero, por lo que para continuar sus expediciones militares en Francia y recuperar Normandía, el rey Juan necesitaba fondos. Así pues, pasó mucho tiempo después de 1204 buscando formas de enriquecerse, una tarea que solo se vio incrementada por la inflación de este periodo.

Exprimir cada moneda que se pueda obtener de los súbditos no hace a un rey popular, y Juan no se detuvo ahí. El nuevo y popular sistema judicial desarrollado por su padre, Enrique II, podría haber sido una forma de que Juan ganara algo de popularidad, pero no supo utilizarlo. La justicia se convirtió en una farsa bajo el reinado de Juan, antagonizando aún más a sus súbditos.

Los barones se volvieron cada vez más hostiles al rey Juan y, en 1212, el rey descubrió un complot para asesinarlo. Aunque aquella vez consiguió controlar la situación, tres años más tarde, las tensiones volvieron a estallar. Esta vez, en lugar de intentar matarlo, los barones intentaron que Juan accediera a una lista de demandas. Estas demandas constituyeron la Carta Magna (la Gran Carta), y fue uno de los momentos más significativos de la historia inglesa.

La Carta Magna era un documento de sesenta y dos capítulos que ponía un límite al poder del rey. En concreto, pretendía cosas como restringir la capacidad del rey para recaudar fondos e impedirle que tratara a los individuos como le viniera en gana. La Carta Magna fue la primera vez que se impusieron restricciones a un rey inglés. Fue un momento histórico en el sentido de que sometió al rey a la ley. Antes de esto, el rey siempre había estado por encima de la ley, ya que era él quien hacía las leyes. Ahora, había algo superior al rey.

La Carta Magna fue un documento elaborado por los barones, por lo que sus preocupaciones eran principalmente propias de estos. Hizo poco por proteger al pueblo llano, pero la idea general y algunas partes de la Carta Magna se convertirían en precedentes de posteriores sellos democráticos como la Declaración de Derechos estadounidense. Algunos capítulos de la Carta Magna, como «A nadie venderemos, a nadie negaremos o retrasaremos el derecho o la justicia», siguen vigentes hoy en día.

Por supuesto, el rey Juan no quiso acceder a estas exigencias, pero los barones se levantaron en armas y se vio obligado a sellar la carta en Runnymede, un prado cercano al Támesis.

Desgraciadamente, la paz que la Carta Magna parecía asegurar no duró mucho. El rey Juan pidió al papa que condenara la Carta Magna, cosa que hizo, lo que significaba que el rey Juan no tenía que acatarla. En cambio, los barones entraron en guerra, rebelándose contra el rey Juan y ofreciendo el trono a Luis, el hijo del rey de Francia. Así comenzó la primera guerra de los Barones en 1215.

Luis podría haber logrado convertirse en rey de Inglaterra, de no ser por la muerte del rey Juan. Con el rey Juan muerto, la mayoría de los barones cambiaron su apoyo de Luis al hijo de Juan, Enrique, que tenía entonces nueve años. Sin el apoyo de los barones rebeldes, Luis fue derrotado en 1217.

Aunque Enrique III gobernó durante mucho más tiempo, acabó enfrentándose a problemas similares a los de su padre. Las costosas campañas exteriores de Enrique III fueron impopulares por la misma razón que lo habían sido las del rey Juan, y los funcionarios locales que nombró fueron detestados. Sus hermanastros, de la familia Lusignan, también eran impopulares y contribuyeron a alimentar la creciente aversión de los ingleses hacia los extranjeros. De nuevo, hubo problemas con los barones y, en 1258, Enrique III aceptó reformas. Pero al igual que con su padre, las reformas sobre el papel resultaron ineficaces. En 1263 estalló la segunda guerra de los Barones, con los barones rebeldes liderados por Simón de Montfort.

Durante el conflicto, tanto Enrique III como su hijo y heredero, Eduardo, fueron capturados. Parecía que Simón de Montfort y los barones ganarían, pero Eduardo escapó de la captura y derrotó a Montfort en la batalla de Evesham. La guerra continuó durante dos años después de esto. Finalmente terminó en 1267, y Enrique III fue restaurado en el trono.

La victoria de Enrique III no vino acompañada de la restauración total del poder real. Durante los últimos años de su reinado, tras la guerra, se vio obligado a acceder a algunas de las peticiones de los barones, como restringir los funcionarios locales del rey para evitar abusos y confirmar la Carta Magna. Negoció con el Parlamento la obtención de fondos para la cruzada de su hijo, lo que marcó una importante transición en la historia inglesa. El rey recurría ahora al Parlamento para la aprobación de los impuestos, algo que se convertiría en un elemento básico del sistema inglés. El rey Enrique III murió en 1272, y el reinado de su hijo Eduardo marcaría el comienzo del último periodo medieval: la Baja Edad Media.

Los años 1066 a 1272 fueron testigos de cambios masivos en la monarquía y los poderes que gobernaban la nación inglesa. En 1066, Guillermo I se estableció como un fuerte rey conquistador. Consiguió introducir un sistema feudal que teóricamente otorgaba mucho poder a la monarquía. Sin embargo, en 1272, Enrique III había aceptado el hecho de que si quería seguir siendo el rey de Inglaterra, tendría que complacer a los barones.

Aunque a menudo pensamos en el periodo medieval como una época en la que los monarcas gobernaban con soberanía absoluta, este periodo de la historia inglesa nos muestra que no siempre fue así. Se podían poner límites al poder de un rey. Sin embargo, esos límites a menudo tenían que ser confirmados con la espada más que con la pluma.

Capítulo 3: Baja Edad Media (1272-1485)

Podría pensarse que este último periodo de la Edad Media sería una época de prosperidad que conduciría a Inglaterra a la era del Renacimiento. Sin embargo, en su mayor parte, la Baja Edad Media fue todo lo contrario. Fue una época de grandes penurias y ruina para Inglaterra. Desde la devastación de acontecimientos naturales como la Gran Hambruna y la peste negra hasta la tensión provocada por conflictos como la guerra de los Cien Años, la Revuelta de los Campesinos y esa famosa guerra civil ahora conocida como las guerras de las Dos Rosas, la Inglaterra de 1272 a 1485 fue cualquier cosa menos aburrida, independientemente de la posición de cada uno.

Entonces, ¿cómo consiguió Inglaterra superar estos doscientos años y entrar en la era del Renacimiento? Las numerosas penurias acabarían forzando un cambio en la actitud de los gobernantes y el pueblo de Inglaterra. El final de la Edad Media se produciría menos por los acontecimientos en sí y más por los cambios en la mentalidad de la gente que estos acontecimientos produjeron.

Unidad a través de la guerra

Eduardo I subió al trono en 1272 tras más de cincuenta años de luchas entre los barones y el rey. El propio Eduardo había participado incluso en estos conflictos, ya que había vencido a las fuerzas de Simón de Montfort en la batalla de Evesham y restaurado a su padre, Enrique III, en el trono durante la segunda guerra de los Barones.

Por tanto, en un principio podría haber parecido que Eduardo I experimentaría luchas internas con los barones similares a las que habían asolado tanto a su padre (el rey Enrique III) como a su abuelo (el rey Juan). Sin embargo, al final de su reinado, Eduardo I sería uno de los reyes más exitosos de la historia inglesa. ¿Cómo transformó el legado de sus predecesores?

Tanto el rey Juan como Enrique III habían luchado con conflictos internos, y Eduardo I, lo quisiera o no, esencialmente puso fin a esto introduciendo un tipo diferente de conflicto. Durante su reinado, Eduardo I conquistaría Gales y casi conquistaría también Escocia. Su destreza militar hizo que Inglaterra pasara de las luchas internas a las guerras exteriores.

La conquista de Gales por Eduardo I fue a la vez brutal y eficaz. Desplegó una enorme fuerza en 1277 para su primera invasión y luego sometió aún más a los galeses, aplastando su revuelta en 1282, durante la cual fueron asesinados los miembros de la familia gobernante galesa. En 1283, Gales estaba efectivamente bajo control inglés. La conquista y posterior control de Eduardo I sobre Gales tuvo tanto éxito debido a las enormes cantidades de capital que Eduardo vertió en la campaña. El ejército invasor de Eduardo I no solo era lo suficientemente grande como para que los galeses tuvieran prácticamente pocas esperanzas de resistencia, sino que también construyó una serie de castillos en el territorio conquistado para cimentar su control sobre la zona. Fue caro pero muy eficaz.

Gales no fue el único lugar en el que se dejó sentir la fuerte aptitud militar de Eduardo I. Eduardo I también era conocido como el «martillo de los escoceses». La razón exacta de la invasión de Escocia por Eduardo I está ligada a una disputa sucesoria en la que no entraremos en detalle aquí, pero baste decir que, en 1296, Eduardo I invadió Escocia.

Edward Zanquilargo - Martillo de los escoceses[16]

La campaña escocesa de Eduardo I no tuvo ni de lejos el mismo éxito que su conquista de Gales, en gran parte debido al problema con el que luchan hasta hoy los administradores: la falta de fondos. Los gastos de la conquista galesa de Eduardo no le habían dejado dinero suficiente para repetir la misma estrategia en Escocia. Eduardo I también se enfrentó a una dura resistencia en Escocia por parte de figuras como William Wallace y Roberto I Bruce.

Aunque Eduardo I derrotó a Wallace en 1298, marchó de nuevo sobre Escocia en 1306, cuando Roberto I Bruce fue declarado rey de Escocia. Eduardo I pudo vencer a Roberto I Bruce en la batalla de Methven en 1306, pero murió en 1307 antes de poder terminar su conquista escocesa. La campaña quedó en manos de su hijo, Eduardo II.

Eduardo II no tenía la misma capacidad militar que su padre. En 1314, las fuerzas de Roberto I Bruce derrotaron a las de Eduardo II en la batalla de Bannockburn, poniendo fin de forma efectiva a las esperanzas inglesas de conquistar Escocia, aunque no se firmó un tratado hasta 1329.

La derrota de Eduardo II en Bannockburn marcó la aguda diferencia entre él y su padre. Mientras que Eduardo I había sido capaz de gobernar Inglaterra con eficacia, logrando la unidad nacional mediante campañas en el extranjero, Eduardo II no era una gran mente militar. Pronto se encontraría con el mismo problema al que se habían enfrentado su abuelo (Enrique III) y su bisabuelo (el rey Juan): los barones descontentos.

El reinado de Eduardo II puede describirse como poco menos que un desastre. La descarada promoción de sus favoritos personales, como Piers Gaveston y los Despenser, condujo a malas decisiones gubernamentales. También enfureció enormemente a las élites gobernantes, que se veían relegadas. Los barones presionaron a Eduardo II para que introdujera cambios en el Parlamento tanto en 1311 como en 1327, pero no consiguieron hacer reformas sustanciales y duraderas.

Al final, Eduardo II fue depuesto por su propia familia. Su esposa, la reina Isabel, y su amante, Roger Mortimer, invadieron Inglaterra en 1326. Eduardo II fue capturado poco después, y su hijo Eduardo III fue nombrado rey en su lugar en 1327.

Las campañas de Eduardo I contra Gales y Escocia habían unido brevemente al rey y a los barones bajo un objetivo común, pero los fracasos militares de Eduardo II y su deficiente reinado habían introducido de nuevo el problema del descontento de los barones. Cada vez estaba más claro que Inglaterra solo podía gobernarse eficazmente cuando el rey contaba con el apoyo de sus barones.

La gran hambruna

Hagamos un paréntesis entre reyes y barones para hablar de cómo era la vida del ciudadano de a pie en la Baja Edad Media. A principios del siglo XIV, Inglaterra, como el resto de Europa, iba bastante bien económicamente. La productividad agrícola estaba en su punto más alto, con más tierras en uso que nunca, y la población había crecido en los dos últimos siglos como consecuencia de ello. No era simplemente una época de agricultura de subsistencia. Los excedentes permitían que floreciera el comercio, y las ciudades ofrecían lugares para que los campesinos vendieran y compraran diversos bienes.

Sin embargo, la sociedad seguía basándose en la agricultura, lo que la hacía vulnerable a las catástrofes agrícolas. La gran hambruna, que comenzó en 1315, fue devastadora para una sociedad así. Aunque las hambrunas suelen estar causadas por la sequía, la gran hambruna fue el resultado de un problema meteorológico muy diferente: las fuertes lluvias. La gran hambruna fue causada por un periodo de fuertes lluvias y temperaturas frescas. Esto no solo provocó la pérdida de las cosechas, sino que las condiciones de humedad también impidieron la producción de heno para alimentar al ganado.

El reciente crecimiento demográfico hizo que la hambruna fuera aún más devastadora. Antes de la hambruna, muchos campesinos habían podido por fin adquirir sus propias tierras, y había muchas comunidades agrícolas, desarrollándose en lugares marginales con tierras más difíciles de cultivar. Estos asentamientos se encontraban en sus primeras etapas precarias cuando sobrevino la hambruna. La gente vendió tierras en masa y se trasladó hacia centros de población más grandes con la esperanza de poder comprar alimentos. Sin embargo, los precios de los alimentos se dispararon rápidamente. La gente empezó a comerse su ganado y la cooperación en las pequeñas comunidades agrícolas se vino abajo. En 1322, entre el 10 y el 15 % de la población inglesa había muerto de inanición. A pesar de esta devastación, la población se recuperó con relativa rapidez, una vez que el tiempo empezó a cooperar en 1322. Para 1330, tanto la población como el comercio se habían recuperado.

Aunque tuvo relativamente pocos efectos a largo plazo en la historia de Inglaterra, la gran hambruna nos muestra lo incierta que podía ser la vida en la Edad Media, especialmente para las clases bajas. No solo

Inglaterra, sino toda Europa, se enfrentó a enormes pérdidas de vidas a causa del clima. Aunque en cierto modo era inevitable, también demuestra la incapacidad de los gobiernos medievales para hacer frente a este tipo de crisis con eficacia. Era una época de inestabilidad, en la que la gente se veía conmovida y desgarrada tanto por los caprichos de la naturaleza como por los de los reyes.

La guerra de los Cien Años

En 1340, el rey Eduardo III tomó una decisión que afectaría enormemente a todo el pueblo inglés durante mucho tiempo. Se declaró rey de Francia. Eduardo III no fue el primer rey inglés en hacer esta afirmación, pero sí el primero dispuesto a hacer valer su punto de vista. Francia e Inglaterra habían iniciado un período de conflicto que duraría más de cien años.

Puede resultar fácil suponer que la guerra de los Cien Años no fue más que el resultado de la ambición desmedida de Eduardo III, pero eso simplifica mucho el asunto. La monarquía francesa también mostraba signos de gran ambición, y Eduardo III necesitaba proteger el comercio inglés en Flandes. Además, Eduardo III parecía haber comprendido lo que había hecho tan exitoso a su abuelo Eduardo I. La lucha de Eduardo III contra Francia dio unidad a su reinado. En lugar de discutir con su rey, las guerras francesas dieron a la élite inglesa un lugar para cooperar y alcanzar sus propias ambiciones. Después de todo, la guerra es un negocio muy rentable. Al igual que su abuelo, Eduardo III sofocó las luchas internas con un conflicto externo.

Los combates reales de la guerra de los Cien Años no fueron cien años de lucha constante, sino más bien cien años de diversas campañas en Francia (además, duró más de cien años, ya que la mayoría de los historiadores dicen que comenzó en 1337 y terminó en 1453). No hay espacio suficiente para empezar siquiera a discutir el desarrollo de la guerra aquí, pero algunas batallas notables incluyen Crécy (1346), Poitiers (1356), Azincourt (1415), el sitio de Orleans (1429) y Castillon (1453).

La guerra fue iniciada por Eduardo III, y no terminaría hasta el reinado de Enrique VI. Cinco reyes ingleses continuarían este conflicto con Francia, siendo algunos más exitosos que otros. Enrique V se convirtió en un héroe nacional gracias a sus victorias, como la de Azincourt, y los fracasos militares durante el reinado de Ricardo II provocaron el primer levantamiento popular de la historia inglesa.

La Revuelta de los campesinos

Para entender lo que condujo a la Revuelta de los campesinos en 1381, primero debemos comprender lo estrechamente ligados que estaban la guerra y los impuestos en el periodo medieval. En la Edad Media, los impuestos eran el resultado directo de la guerra. Un rey solo podía gravar directamente a sus súbditos cuando existía una necesidad expresa, es decir, la defensa del reino. Este principio también se había utilizado para justificar los impuestos en guerras agresivas, como las campañas francesas.

A estas alturas de la historia inglesa, los impuestos ya no estaban únicamente bajo el control del rey. El Parlamento tenía que aprobar los impuestos. Por lo tanto, si los reyes querían continuar sus guerras, a menudo tenían que acceder a ciertas exigencias para conseguir que el Parlamento aprobara sus planes fiscales. Este control del poder del rey fue el resultado de más de un siglo de descontento de los barones y de presiones sobre varios reyes.

Lo que todo esto significa es que, a los ojos de la mayoría de la población inglesa, la derrota en la guerra era el resultado directo de una mala gestión de los fondos procedentes de los impuestos y que los impuestos eran el resultado tanto del Parlamento como del rey. Pagar impuestos por el éxito de las campañas militares era una cosa, pero verse obligado a pagar por las derrotas resultaba irritante.

Por desgracia, la lógica de la guerra solo agrava este problema. Tanto si se gana como si se pierde, las guerras son caras. Sin embargo, cuando se va ganando, se puede compensar al menos parcialmente ese gasto con el botín que se obtiene. Así, una guerra que va mal acaba inevitablemente costando más que una guerra que va bien.

A finales de la década de 1370, la guerra no iba bien para los ingleses, y estos estaban siendo gravados con fuertes impuestos. De 1357 a 1371, no había habido ningún impuesto directo sobre el pueblo inglés, pero con la subida al trono de Ricardo II en 1377, hubo impuestos directos todos los años durante cuatro años. A pesar de ello, no hubo grandes triunfos militares. En 1381, cuando se emitió un tercer impuesto de capitación, estalló una revuelta popular.

Esta época de fuertes impuestos podría no haber dado lugar a un levantamiento si no fuera porque el pueblo ya estaba resentido. La peste negra (de la que hablaremos en detalle en un capítulo posterior) había llegado a Inglaterra alrededor de 1348, matando a una parte suficiente de la población como para provocar una escasez de mano de obra. La escasez de mano de obra significaba que los trabajadores tenían de repente la influencia necesaria para exigir mejores salarios y condiciones de trabajo. Sin embargo, el gobierno, que estaba formado por personas que tenían que pagar a estos trabajadores, aprobó una ley de salario máximo, limitando la cantidad que los trabajadores podían exigir. Este trato engendró naturalmente el resentimiento, que hirvió bajo la fuerte fiscalidad de 1377 a 1381.

La revuelta se concentró en el sureste de Inglaterra, y al principio tuvo bastante éxito. Liderados por Wat Tyler, los rebeldes marcharon hacia Londres. Tyler consiguió incluso entrevistarse con el rey y el alcalde de Londres.

Sin embargo, en la reunión, las cosas se torcieron rápidamente para los rebeldes. El alcalde de Londres mató a Tyler, y el rey consiguió de alguna manera convencer a los rebeldes para que se marcharan a casa haciendo promesas de reforma, promesas que no se llevaron a cabo. Tras dispersarse, los rebeldes se encontraron en el lado equivocado de la ley, y muchos fueron castigados. La revuelta había quedado en nada.

La muerte de Wat Tyler (la imagen muestra al rey Ricardo dos veces, tanto hablando con los campesinos como presenciando el asesinato de Tyler)[17]

A pesar de su fracaso, la Revuelta de los campesinos de 1381 es un acontecimiento crucial en la historia de Inglaterra. Aunque los barones habían promulgado la Carta Magna más de un siglo antes, esta era la primera vez que las masas desafiaban al gobierno del rey. Fue un momento histórico solo por esto, pero también mostró signos de algo que se convertiría en un sentimiento nacional a finales de la Edad Media: el hastío de la guerra.

En la época medieval, la guerra era lo que hacía y deshacía reinos. Como hemos visto hasta ahora en este capítulo, la guerra era a menudo el factor sustentador que mantenía a los reyes en el poder y a los gobiernos estabilizados, pero también podía girar y convertirse en lo que derribaba a esos mismos gobiernos. La guerra era un factor unificador, pero volátil. Haría falta otro brutal conflicto interno para que Inglaterra empezara a buscar un camino diferente.

Las guerras de las Dos Rosas

La guerra de las Dos Rosas es uno de los conflictos más famosos de la historia inglesa. Incluso la increíblemente popular serie *Juego de Tronos* está basada en este acontecimiento concreto. Su impacto perdurable en la imaginación popular se debe en gran medida a Shakespeare, que escribió una serie de obras sobre el acontecimiento. Muchas de las cosas que vienen a la mente cuando se oye hablar de las guerras de las Dos Rosas se deben probablemente a Shakespeare. ¿La idea de que los partidarios de las distintas facciones escogían una rosa blanca o una roja para mostrar su apoyo? Gracias a Shakespeare. ¿Que Ricardo III era un jorobado malvado y feo que asesinó a sus sobrinos? Idea de Shakespeare. Aunque el bardo no se equivocó en todo sobre las guerras de las Dos Rosas, debemos recordar que Shakespeare escribió sus obras más de un siglo después de los acontecimientos y que escribía para entretener, no para ser preciso.

Entonces, ¿qué ocurrió realmente durante este conflicto que solo más tarde llegaría a llamarse las guerras de las Dos Rosas? Fue una época caótica que vio a dos casas nobles completamente aniquiladas en su pugna por el trono. No podemos pretender abarcar aquí todos los desordenados detalles, pero exploraremos una visión general básica de esta guerra que puso fin a la Edad Media en Inglaterra.

Aunque el derramamiento de sangre comenzó oficialmente en 1455 en la primera batalla de St. Albans, los problemas que desembocaron en la guerra empezaron mucho antes. Enrique VI, que ascendió al trono siendo un infante tras la prematura muerte de Enrique V en 1422, era un rey débil. Incluso cuando había alcanzado la edad para gobernar por derecho propio, Enrique VI no era un gobernante capaz. A medida que este hecho se hacía cada vez más evidente, otros hombres se mostraban ansiosos por asumir el papel de gobernante práctico de Inglaterra mientras Enrique VI seguía llevando la corona.

Un hombre que buscó este papel fue Ricardo, duque de York. Hacia 1450, Ricardo se veía a sí mismo como el mejor hombre para convertirse en la mano derecha del rey (lo que, en el caso de Enrique VI, significaba gobernar Inglaterra). Sin embargo, Ricardo no previó que Enrique VI vería la oferta de ayuda de Ricardo como una amenaza. Las cosas solo empeoraron por el hecho de que a Ricardo le desagradaba profundamente el hombre que Enrique VI había elegido en su lugar: Edmundo Beaufort, duque de Somerset.

Ricardo de York se disputó el poder durante cinco años sin derramamiento de sangre antes de que las cosas llegaran a un punto de ebullición en 1455 en St. Albans. Allí, la facción yorkista derrotó a la fuerza lancasteriana (Enrique VI era de la Casa de Lancaster) y capturó a Enrique VI, haciéndolo marchar de vuelta a Londres. Enrique VI siguió siendo el rey, con York como su principal consejero y el gobernante de facto de Inglaterra.

Desgraciadamente, esto resultaría ser solo el comienzo de una serie de batallas y conflictos entre las Casas de Lancaster y York que durarían algo más de treinta años, con el último pretendiente al trono derrotado en 1487. La ventaja oscilaba entre uno y otro bando como un péndulo. A continuación encontrará una breve lista de cómo se desarrollaron las batallas:

- 1455: Primera batalla de St. Albans - Victoria de los yorkistas.
- 1459: Batalla de Ludford Bridge - victoria lancasteriana; Ricardo de York huye del país.
- 1460: Batalla de Wakefield: victoria lancasteriana; muere Ricardo de York.
- Febrero de 1461: Batalla de Mortimer's Cross - victoria yorkista liderada por Eduardo, hijo de Ricardo.
- Febrero de 1461: Segunda batalla de St. Albans - victoria lancasteriana.
- Marzo de 1461: Eduardo de York declaró rey a Eduardo IV.

- 1470: Enrique VI es restaurado en el trono.
- 1471: Batalla de Tewkesbury - victoria yorkista; Enrique VI es asesinado en la Torre de Londres; Eduardo IV es el rey indiscutible.

Estas fechas dan una idea del caos absoluto de la época, pero solo son un rasguño de la superficie. La ley y el orden se resintieron, ya que los hombres se hicieron con el poder y luego fueron derrocados por fuerzas rivales. La lucha fue brutal y dejó a mucha gente en ambos lados del conflicto buscando venganza por los seres queridos perdidos. Parecía que Eduardo IV se había sentado victorioso en el trono en 1471, pero ese no fue el final de este drama.

Cuando Eduardo IV murió en 1483, su hijo se convirtió en Eduardo V. Sin embargo, solo unos meses después, los dos hijos de Eduardo IV fueron declarados ilegítimos. El hermano de Eduardo IV, Ricardo, fue declarado rey. Se convirtió en Ricardo III. Existe la creencia extendida de que Ricardo III mandó entonces matar a sus sobrinos para asegurar su reclamo.

La historia no recuerda con cariño a Ricardo III, pero podría haber visto sus acciones de forma diferente de no ser por lo que ocurriría dos años más tarde. El último derramamiento de sangre de los principales pretendientes al trono en las guerras de las Dos Rosas fue la batalla de Bosworth en 1485. Ricardo III fue asesinado y Enrique Tudor subió al trono. Perder la batalla de Bosworth fue visto como un juicio divino por los males de Ricardo, y desde entonces se lo ha visto en la infamia. Podríamos pensar en Ricardo III de forma muy diferente si hubiera ganado esa batalla.

Pero, ¿quién era Enrique Tudor? La viuda de Enrique V, Catalina de Valois, se casó con un galés, Owen Tudor. Los hijos de Catalina con Owen Tudor fueron, por tanto, hermanastros de Enrique VI. Uno de sus hijos, Edmundo Tudor, se casó entonces con una mujer llamada Margaret Beaufort, que podía remontar su linaje en línea directa hasta Juan de Gante, duque de Lancaster, que era el tercer hijo de Eduardo III. Enrique Tudor era hijo de Edmundo y de Margarita Beaufort, y reclamaba el derecho al trono por ambas líneas.

Si la reivindicación de Enrique Tudor suena dudosa, es porque lo era. Ningún contemporáneo habría elegido a Enrique Tudor como firme pretendiente al trono, pero, gracias a las guerras de las Dos Rosas, en 1485, Enrique Tudor y Ricardo III eran los únicos pretendientes reales que quedaban en pie. (Tras la muerte de Ricardo se presentaría un pretendiente, cuya derrota pondría fin oficialmente a las guerras). Con la derrota de Ricardo III en la batalla de Bosworth, Enrique Tudor era efectivamente la única opción. Se convirtió en Enrique VII. Para solidificar aún más su reivindicación y poner fin definitivamente al derramamiento de sangre, Enrique VII se casó con Isabel de York, hija de Eduardo IV. Las Casas de Lancaster y York estaban unidas y la guerra había terminado por fin. Inglaterra había entrado en una nueva era. La Edad Media había terminado.

El fin de la Edad Media

¿Por qué exactamente este momento marca el final de la Edad Media? Después de todo, hemos visto varias dinastías ir y venir a lo largo del periodo medieval, y la guerra de las Dos Rosas no fue la única guerra civil que asoló Inglaterra durante esta época.

La Inglaterra de la Edad Media se había formado y definido por la guerra. La guerra con los invasores vikingos había unido originalmente al país bajo la dinastía de Wessex, y a lo largo de los cinco siglos siguientes, la guerra sirvió tanto de perdición como de bendición para muchos reyes ingleses. El éxito en la guerra solidificaba el propio gobierno, pero la falta de destreza militar a menudo conducía a la rebelión. La guerra era la única fuerza detrás de las tasas impositivas, y la ley y el orden se derrumbaron varias veces bajo la presión de la guerra interna. Aunque a menudo lo idealicemos y exageremos, no cabe duda de que el periodo medieval fue una época violenta.

El final de las guerras de las Dos Rosas marcó el comienzo de una transición en la que la guerra dejó de ser el principal objetivo del gobierno. Aunque Enrique VII se enfrentó a rebeliones y podía ser bastante despiadado con sus oponentes políticos, se esforzó por mantener la paz durante su reinado, pasando el trono a su hijo, Enrique VIII. Este fue el trono inglés más estable que había tenido en mucho tiempo. Era un trono basado en el derecho hereditario y soberano del rey a gobernar más que en el derecho a gobernar mediante la conquista. La autoridad personal de los reyes era algo mucho más estable en lo que confiar en que su autoridad militar (aunque la autoridad personal de los reyes acabaría siendo cuestionada en Inglaterra durante la guerra civil inglesa del siglo XVII).

Esto no significa que la guerra no tuviera lugar en Inglaterra después de la Edad Media. Enrique VIII reanudaría el conflicto con Francia, y la derrota de la Armada española por los ingleses en 1588 tendría enormes efectos en el futuro de Inglaterra. Más de un siglo después de las guerras de las Dos Rosas, otra guerra civil volvería a azotar Inglaterra. Así pues, las guerras seguirían siendo un factor determinante en la historia inglesa, pero ya no eran el eje en torno al cual giraba toda la nación, en particular el gobierno. La industria y el comercio habían progresado constantemente y, a medida que Inglaterra se adentraba en el periodo renacentista, aspectos como la religión y el arte se convertirían en definidores cada vez más importantes de la nación inglesa. Inglaterra había comenzado como una nación unida por la conquista y la necesidad de defensa. Creció hasta convertirse en una nación con una cultura, unos sistemas y un pueblo únicos. Examinaremos estos aspectos más de cerca cuando sigamos analizando la Inglaterra medieval con más detalle.

Capítulo 4: Los anglo… ¿qué?

Como ya comentamos en el capítulo 1, los anglosajones no eran los habitantes originales de Gran Bretaña, pero fueron los que dieron nombre a Inglaterra (Angleland). El primer rey de Inglaterra era anglosajón y la lengua de Inglaterra (el inglés) deriva de la lengua anglosajona. Está claro que los anglosajones son importantes para la historia de Inglaterra. Son el inicio de la historia inglesa, pero ¿quiénes eran exactamente los anglosajones y, cómo eran?

¿La Edad Oscura?

Durante mucho tiempo, el periodo comprendido entre la salida romana de Gran Bretaña y la conquista normanda, que fue cuando los anglosajones dominaron Inglaterra, fue conocido como la Edad Oscura. Este nombre proviene de la idea de que en este periodo se produjeron muy pocos avances en algo parecido al conocimiento o la cultura. Desde esta perspectiva, la historia consideraba a los anglosajones como unos pobres bárbaros que apenas lograban reunir lo suficiente para salir adelante.

Por supuesto, se ha demostrado que este concepto del periodo anglosajón es tremendamente inexacto. La creencia de que el periodo comprendido entre 400 y 1100 aproximadamente fue una edad oscura, desprovista de cultura y progreso, procede de un apego demasiado sentimental a Roma y su cultura. Roma se refería a estos pueblos como bárbaros, y los historiadores siguieron durante mucho tiempo la perspectiva romana.

Aun así, no sería justo actuar como si esa fuera la única razón por la que el periodo anglosajón ha sido apodado la Edad Oscura durante tanto tiempo. En cierto modo, fue la Edad Oscura, al menos en retrospectiva, porque sabemos relativamente poco sobre este periodo. Hay un puñado de fuentes escritas como *La ruina de Gran Bretaña* de san Gildas (probablemente escrita en algún momento del siglo VI), la *Historia eclesiástica del pueblo de los anglos* de Bede el Venerable (escrita en el siglo VIII) y la *Crónica anglosajona* (recopilada por primera vez durante el reinado de Alfredo el Grande en el siglo IX). Estas pocas fuentes, que abarcan más de quinientos años de historia, no son gran cosa, sobre todo si se comparan con la riqueza de fuentes que tenemos sobre la antigua Roma.

También está el hecho de que debemos cuestionar la fiabilidad de las fuentes. Por ejemplo, tanto san Gildas como Bede presentan claros sesgos y probables inexactitudes en sus relatos. Muestran una devoción por la narración que, si bien hace que sus relatos sean más interesantes, también hace que su exactitud sea cuestionable. Por ejemplo, Bede dice que los colonos anglosajones (o invasores, según se mire) tenían dos líderes, Hengist y Horsa, que descendían del dios Woden. No solo es muy cuestionable la parte del antepasado divino, sino que Hengist y Horsa también significan semental y caballo. Es probable que estos dos no fueran más que figuras míticas similares a Rómulo y Remo de la mitología romana.

Lo que todo esto significa es que los historiadores probablemente hacían algunas suposiciones sobre los anglosajones porque no tenían muchas pruebas en las que basarse. Entonces, ¿cómo sabemos que muchas de esas suposiciones eran inexactas? Aunque las fuentes escritas sean escasas, tenemos otra forma de obtener información sobre la Inglaterra anglosajona. Existe una gran cantidad de pruebas arqueológicas, que solo se han descubierto en el último siglo, que nos han hecho replantearnos nuestra forma de ver a los anglosajones.

Tomemos, por ejemplo, el famoso yacimiento de Sutton Hoo. Se trata de un yacimiento funerario que se excavó por primera vez a finales de la década de 1930. En él se encontró una gran variedad de tesoros: máscaras funerarias, hebillas, armas, joyas y mucho más. Estos ajuares funerarios —artículos enterrados con los muertos— nos mostraron varias cosas sobre los anglosajones. Tenían riqueza —suficiente incluso para enterrar una buena cantidad con sus muertos— y su sociedad tenía estructura y cultura. Los ajuares funerarios eran una indicación de estatus, mostraban la existencia de una jerarquía, y la práctica de enterrar a los muertos con bienes tan elaborados muestra un sistema de creencias y rituales. Los anglosajones eran algo más que pobres bárbaros que solo practicaban una agricultura de subsistencia.

Una réplica del casco anglosajón encontrado en Sutton Hoo[18]

Desde el descubrimiento de Sutton Hoo, se han producido aún más hallazgos arqueológicos del periodo anglosajón. Así, nuestro conocimiento de esta «Edad Oscura» sigue creciendo. Sin embargo, el simple hecho es que nunca tendremos tantos datos exactos sobre este periodo como nos gustaría, pero lo mismo podría decirse de muchas épocas de la historia. Veamos ahora algunos datos concretos sobre los anglosajones.

¿De dónde vienen?

Los anglosajones fueron colonos germánicos que llegaron a Gran Bretaña tras la marcha de los romanos. Concretamente, según el Bede el Venerable, había tres grupos principales: los anglos, los sajones y los jutos. Su desplazamiento a Gran Bretaña ha llegado a conocerse como la colonización inglesa.

Las historias escritas continúan contándonos que los anglosajones conquistaron el sur y el sureste de Gran Bretaña en un reinado de terror, aniquilando a los nativos britanos y empujándolos hacia el oeste, que más tarde se convirtió en Gales. Esta versión sugiere que el pueblo inglés desciende casi en su totalidad de pueblos escandinavos y germánicos.

Como ya hemos comentado, hemos aprendido a ser prudentes a la hora de dar por sentado todo lo que dicen estas historias escritas. Las pruebas arqueológicas y científicas (como las del campo de la paleobotánica) sugieren que la realidad del asentamiento inglés es más complicada que la simple sustitución de un grupo por otro. Parece más probable que los nativos britanos se asimilaran a la cultura anglosajona, del mismo modo que se habían romanizado mientras fueron una provincia romana. Puede que los anglosajones no se asentaran en Gran Bretaña con la enorme cantidad que se creía, pero consiguieron formar una sociedad en la que ocupaban un nivel superior en la jerarquía social que los britanos. Es posible que entonces los britanos adoptaran gradualmente la lengua y la cultura anglosajonas para ganar más estatus social en esta nueva sociedad. Los britanos desaparecieron porque se convirtieron en anglosajones, no porque fueran masacrados, por lo que los anglosajones que vivieron en Inglaterra pueden haber incluido a muchos más britanos de lo que pensamos en un principio. Eran una combinación de pueblos que se desarrolló con el tiempo hasta convertirse en un pueblo inglés distinto.

Conversión al cristianismo

Cuando los anglosajones llegaron por primera vez a Inglaterra, eran indudablemente paganos. Recuerde que Bede afirma que sus líderes descendían de Woden. Sin embargo, en la época de Alfredo el Grande, muchos de los reyes anglosajones eran cristianos. Alfredo incluso exigió al rey vikingo Guthrum que se convirtiera al cristianismo en 878. ¿Cómo se produjo este cambio religioso y qué significó para los anglosajones?

La historia de cómo llegó el cristianismo a Inglaterra es bastante dramática. Al parecer, el papa Gregorio I, antes de ser papa, vio a unos hermosos esclavos en el mercado de Roma. Cuando preguntó quiénes eran, le dijeron que eran los *anglii*. Pensó que el nombre era apropiado, ya que parecían ángeles, y Gregorio creía que debían de ser herederos de los ángeles en el cielo. Decidió entonces convertir a los ingleses al cristianismo, pero luego se convirtió en papa y ya no tenía libertad para viajar como misionero. Así pues, envió a Agustín en su lugar en 597, y así fue como el cristianismo llegó a Inglaterra. Agustín llegaría a ser conocido como el «apóstol de los ingleses».

Tanto si esta historia es cierta como si no, plantea algunos problemas. En primer lugar, el cristianismo ya había llegado a Gran Bretaña mucho antes de esto, cuando aún era una provincia romana, e incluso los reyes anglosajones de la época conocían el cristianismo. El rey Ethelberto de Kent tenía una esposa cristiana antes de que llegara Agustín. También debemos desconfiar de la forma en que esta narración sugiere que la llegada de Agustín simplemente llevó el cristianismo a los anglosajones. Para empezar, Agustín y los misioneros que llegaron con él no fueron los únicos responsables de la conversión de los anglosajones. Es posible que los misioneros procedentes de Irlanda tuvieran un mayor éxito en general. Además, el proceso fue mucho más gradual de lo que sugiere la historia. Llevó muchas décadas, y se facilitó por el hecho de que se permitió al pueblo conservar muchas de sus prácticas e incluso templos. A los templos paganos se les quitaron los ídolos y se convirtieron en iglesias. Las fiestas paganas se convirtieron en fiestas cristianas para los santos. Los anglosajones en su conjunto no se pasaron tanto al cristianismo como se deslizaron lentamente hacia él.

¿Por qué la conversión al cristianismo es un dato importante sobre los anglosajones? Aunque es posible que los historiadores tradicionales, en concreto Bede, hayan hecho demasiado hincapié en lo mucho que afectó esta conversión a la sociedad anglosajona, lo cierto es que tuvo un enorme impacto en los anglosajones, especialmente en sus reyes.

En pocas palabras, convertirse al cristianismo resultó ser un movimiento de poder inteligente para los gobernantes anglosajones por varias razones. La Iglesia católica romana era ya un poder establecido al que estaban vinculados muchos reinos europeos. Convertirse al cristianismo proporcionó así a los reyes anglosajones conexiones y un estatus que no habían tenido anteriormente. También estaban los miembros del clero. Su presencia daba distinción a las cortes de los reyes anglosajones, y eran útiles por su conocimiento de la escritura. Con la escritura, los reyes podían emitir demandas que afectaban a un radio mucho mayor, lo que significaba que podían ampliar las zonas que controlaban. Los rituales del cristianismo también fueron beneficiosos para los reyes anglosajones. Los reyes podían situarse en posiciones de superioridad, actuando como padrinos en los bautizos. También estaba la uniformidad del culto cristiano. En todo el reino, las Iglesias podían reunirse y rezar por su rey. Por último, la estructura de la Iglesia resultó útil. Con el establecimiento de iglesias y monasterios, los reyes tuvieron la oportunidad de ver a personas leales a ellos en instituciones que se convertirían en el centro de la vida local.

Así, en muchos sentidos, el cristianismo transformó verdaderamente la Inglaterra anglosajona. En el transcurso del siglo VII, a medida que el cristianismo se extendía, los reyes pudieron utilizarlo para ampliar su control y aumentar su poder. Fue en ese momento cuando las numerosas tribus anglosajonas de toda Inglaterra se consolidaron en los siete reinos de la heptarquía.

¿Cómo eran?

Hasta ahora hemos hablado de lo que no eran los anglosajones, de dónde procedían y de cómo los cambió el cristianismo, pero ¿cómo eran en realidad? Aunque todavía estamos limitados por la información que tenemos sobre este periodo, presentamos algunos datos que conocemos sobre la cultura anglosajona.

Empecemos por la lengua, que es un componente clave de cualquier cultura. Los anglosajones hablaban inglés antiguo, que no se parece tanto al inglés moderno como su nombre indica. El inglés antiguo y el inglés moderno son dos lenguas diferentes, aunque el inglés moderno deriva ciertamente del inglés antiguo. Por ejemplo, en contra de lo que pueda haber oído, Shakespeare no escribió en inglés antiguo. Utilizó el inglés moderno temprano. El inglés antiguo es una lengua completamente diferente. Por ejemplo, el inglés antiguo tiene sustantivos de género y utiliza casos, y si usted no sabe lo que es ninguna de esas dos cosas, eso solo le demuestra lo diferente que es realmente el inglés antiguo.

La primera página de Beowulf en inglés antiguo[19]

Como mencionamos en el primer capítulo, Gran Bretaña es una de las únicas antiguas provincias romanas cuya lengua moderna no es una lengua romance (derivada del latín). Una de las razones puede haber sido la importancia que los anglosajones daban a su lengua. Ser capaz de hablar bien el inglés antiguo, es decir, sin sonar como un britano, era importante para el estatus social. Los anglosajones estaban convencidos de que eran mejores que los britanos nativos, y hablar inglés antiguo era, por tanto, una marca de etnia «superior». Esta jerarquía animó entonces a los britanos nativos a aprender a hablar inglés antiguo igual que los anglosajones como forma de aumentar su estatus social, lo que contribuyó a asegurar la difusión y el dominio de la lengua.

El inglés antiguo es también algo que diferenciaba a los anglosajones de las tribus germánicas del continente. Aunque el inglés antiguo pertenece al grupo de lenguas germánicas occidentales, surgió en algún momento alrededor del siglo V en la isla de Gran Bretaña, lo que indica que, en lugar de ser simples inmigrantes, los anglosajones constituían su propio grupo de población bastante temprano en la Edad Media.

Había algo más que su lengua que hacía única a la cultura anglosajona. Los anglosajones valoraban mucho a los parientes y a la familia, y eso tuvo un gran impacto en sus costumbres. Por ejemplo, su familia era la responsable de vengar su muerte y no la ley. Esta práctica se les fue tanto de las manos que hubo que establecer un sistema llamado *wergild*. El *wergild* fijaba un precio a la vida de una persona, que luego sería la multa que el culpable debía pagar si mataba o hería a esa persona.

Este sistema de utilizar dinero manchado de sangre para detener un ciclo constante de asesinatos por venganza nos muestra mucho sobre los anglosajones. Aunque eran un pueblo que valoraba la guerra y el honor, las realidades de cómo esto se llevaba a cabo eran a menudo complejas. Los valores anglosajones podían hacer que fuera importante vengar a los parientes, pero tales prácticas eran demasiado caóticas para perdurar mucho tiempo, por lo que se estableció el *wergild*. Otro ejemplo de la tensión en los valores y la vida anglosajones puede encontrarse en su conversión al cristianismo. Los anglosajones creían claramente en la idea de la venganza, pero el cristianismo tiene una clara doctrina de «poner la otra mejilla». Para eludir esto, algunos anglosajones retrasaban su conversión al cristianismo hasta después de haber resuelto un agravio pasado. Después de que la mayor parte de su sociedad se hubiera convertido, los anglosajones mantuvieron una extraña unión entre una sociedad que valoraba el parentesco y el honor junto con una religión que valoraba la humildad. Eran una sociedad que producía poemas tanto sobre la piedad religiosa como sobre las batallas.

Aunque nos cueste entenderlo, la sociedad anglosajona floreció a pesar de estas aparentes contradicciones. Simplemente demuestra que, independientemente de lo que sepamos sobre los anglosajones sobre el papel, las realidades de su cultura eran mucho más matizadas y complejas de lo que a menudo les atribuimos.

¿Qué fue de los anglosajones?

A los anglosajones les iba bastante bien en Inglaterra, pero, como ya sabemos, eso no duró. En 1066, los normandos conquistaron Inglaterra. Entonces, ¿por qué hoy sigue siendo Inglaterra (la tierra de los anglos)? ¿Qué ocurrió exactamente con los anglosajones tras la conquista normanda?

La conquista normanda provocó grandes cambios en la sociedad anglosajona. Fue en ese momento cuando la lengua mutó a lo que llamamos inglés medio, e incluso entonces, no tenía el mismo estatus que antaño, siendo el francés y el latín las lenguas que señalaban el estatus de la élite. Hablando de la élite, los nobles anglosajones fueron sustituidos casi en su totalidad por los normandos, y los sistemas y estructuras de gobierno también se vieron alterados bajo la influencia normanda. Inglaterra nunca volvería a ser la misma después de la conquista.

Sin embargo, eso no quiere decir que la influencia anglosajona desapareciera por completo. Aunque las élites se decantaran por otras lenguas, la mayoría de la gente seguía hablando inglés, y esa lengua ha persistido en Inglaterra y, de hecho, ha ganado terreno en muchas partes del mundo gracias al colonialismo británico. Además, muchas de las ciudades y puertos modernos de Inglaterra tienen su origen en el periodo anglosajón. No cabe duda de que los anglosajones son el pueblo que primero formó Inglaterra y, en ese sentido, su influencia sigue dejándose sentir hasta nuestros días.

Capítulo 5: Estructura de la sociedad

Cuando piensa en la sociedad de la Inglaterra medieval, probablemente se imagina algo parecido al feudalismo. Un señor poseía la tierra y tenía campesinos que la trabajaban y le rendían homenaje a cambio de pequeñas parcelas propias donde cultivar alimentos para subsistir. Este señor que gobernaba a los campesinos estaba, a su vez, a las órdenes del rey y tenía que suministrar caballeros y otras cosas al rey cuando este lo requería. Era una pirámide social básica, con el rey en la cima y la mayoría de la población sentada en la base.

Aunque esa es una imagen bastante exacta de cómo funcionaba el feudalismo en la Inglaterra medieval, la estructura social en este periodo era un poco más complicada que eso. Durante aproximadamente los primeros quinientos años de este periodo (del 600 al 1066), Inglaterra técnicamente no era una sociedad feudal, e incluso cuando llegaron a serlo, Inglaterra tenía algunos campesinos libres, lo que significa que no todo el mundo encajaba tan limpiamente en esa pirámide social como podríamos pensar. Además, como hemos visto por las diferentes revueltas y luchas internas a lo largo de este periodo, el feudalismo causaba problemas y necesitaba ser reformado.

Así pues, en la sociedad inglesa medieval ocurren muchas más cosas que la mera estructura rey señor campesino. El período de ochocientos años no tuvo una única sociedad estancada, sino una sociedad en desarrollo y cambiante.

Antes del feudalismo

A menudo pensamos en el feudalismo como una forma primitiva de sociedad, y aunque eso puede ser cierto en algunos aspectos, también nos da una idea equivocada sobre el origen del feudalismo. El feudalismo no es la configuración por defecto de la sociedad. Antes de él existieron otras estructuras sociales. En Inglaterra, concretamente, no fue hasta la conquista normanda cuando Inglaterra adoptó un sistema plenamente feudal, así que ¿cómo era la sociedad bajo los anglosajones en la Alta Edad Media?

Los anglosajones comenzaron como una sociedad tribal. En lugar de grandes reinos, estaban divididos en muchas tribus más pequeñas que luchaban constantemente, ya que la guerra era bastante rentable. Conquistar a los vecinos no solo daba acceso a todas sus cosas, sino también a esclavos, que luego podían ser vendidos o utilizados como mano de obra gratuita. A través de este sistema, empezaron a surgir tribus más grandes y poderosas. Y cuanto más grande se hacía una tribu, más definida estaba la jerarquía social.

¿Cómo funciona eso? Imagine a un rey a cargo de un grupo de cien personas. Solo recibe tributo de esas cien personas, y no tiene una fuerza lo suficientemente grande como para ganar muchas batallas. Su riqueza, por tanto, probablemente no difiere demasiado de la de las personas sobre las que gobierna. Claro que sigue mandando, pero su casa, su ropa y otras cosas son más o menos iguales que las de los demás. En otras palabras, la brecha entre la parte superior e inferior de la sociedad es muy estrecha. Ahora, imagínese a un rey gobernando sobre cinco mil personas. No solo recibe más tributos, sino que también dispone de una fuerza mucho mayor con la que ganar batallas y adquirir aún más riqueza. La ropa de este rey, su vivienda, etc., probablemente empezarán a reflejar la riqueza que ha reunido. La brecha entre el peldaño superior y el peldaño inferior de la escala social es cada vez mayor.

Este cambio no solo afecta al rey. La riqueza llega también a otras personas y empezamos a ver el surgimiento de las élites. Sin embargo, aún estamos muy lejos del sistema feudal. A medida que las jerarquías sociales se fueron definiendo en la sociedad anglosajona, la práctica del pago de tributos se hizo mucho más organizada. Los feudos, que eran las propiedades de estas élites, recaudaban tributos de los campesinos de los alrededores. A medida que tanto los reyes como los *thegns* (nobles) se dieron cuenta de que quedarse y recaudar tributos podía ser más estable y rentable que la guerra constante, surgieron los reinos de la heptarquía anglosajona. El desarrollo de estos reinos con señoríos y nobles ya había comenzado en el continente, por lo que no tardaron en establecerse en Inglaterra.

Llegados a este punto, puede que esté pensando que esto suena muy parecido al feudalismo. ¿Por qué no se considera feudalismo? El reino de Mercia proporciona una buena ilustración de por qué este sistema de los anglosajones, aunque parecido al feudalismo, no lo era del todo. Hasta el ascenso de Wessex, que llegó con las incursiones vikingas, Mercia fue el más dominante de los reinos anglosajones. En el siglo VIII, los reyes mercios controlaban grandes franjas de territorio, pero su control no era del tipo del que la dinastía de Wessex estableció sobre Inglaterra en el siglo X. Los reyes mercios conquistaron zonas y las convirtieron en reinos clientes. Estos reinos tenían que rendir homenaje a Mercia en forma de tributo, pero ahí acababa más o menos el control. Los reinos conservaron sus reyes, leyes y costumbres. Los reyes mercios cobraban tributos, pero no «gobernaban» estos territorios. La estructura feudal de los normandos aportaría un control mucho más directo.

El feudalismo en la Inglaterra medieval

Fue la conquista normanda en 1066 la que introdujo plenamente el feudalismo en Inglaterra, pero el feudalismo inglés no era exactamente como el del continente. Como rey conquistador, Guillermo I estaba en una posición con mucho poder, y utilizó ese poder para fortalecer la posición del rey.

Guillermo creó una cadena a través de la cual el rey poseía toda la tierra. El rey entregaba la tierra a los señores, que luego la dividían y subdividían hasta llegar al último peldaño de la escala con los *villeins*, que eran personas que poseían pequeñas extensiones de tierra a cambio de su trabajo. El objetivo de este sistema era garantizar que todos fueran leales al rey en última instancia.

Esta cadena feudal era única en Inglaterra. En otros sistemas feudales de la época, los vasallos solo debían lealtad a su señor directo y no al rey. La posición increíblemente fuerte de Guillermo I tras conquistar Inglaterra le permitió inventar parcialmente este nuevo sistema, que tenía el potencial de dar a la monarquía un poder sustancialmente mayor. La palabra clave aquí es «potencial» porque este sistema esencialmente aseguraba la lealtad al rey sobre el papel. Se necesitaría un rey fuerte para hacer realidad esa lealtad.

Estos cambios llegaron hasta el campesinado a medida que los nuevos barones normandos reorganizaban sus feudos. Curiosamente, en este periodo se produjo un descenso de la esclavitud en Inglaterra, que, aunque pudo deberse en parte a los esfuerzos de la Iglesia, tuvo una razón mucho menos altruista. Los barones normandos eran a menudo terratenientes ausentes. Muchos de ellos poseían tierras a ambos lados del canal de la Mancha, y preferían recibir sus beneficios de las explotaciones inglesas en forma de dinero en efectivo. Por lo tanto, les resultaba más beneficioso repartir sus tierras entre campesinos que las trabajaran y luego les pagaran un tributo que poseer esclavos.

Aunque la esclavitud disminuyó, eso no significó que las clases bajas fueran cada vez más libres. El número de campesinos libres también disminuyó durante esta época, ya que la reorganización de la tierra y el nuevo sistema feudal aumentaron el número de *villeins*. Los *villeins* no eran esclavos, pero estaban clasificados como no libres. Alquilaban tierras a un señor y, a cambio, trabajaban parte de las tierras del señor, además de las suyas propias. A menudo también tenían que pagar a su señor honorarios por diversas cosas, como por ejemplo por casar a una de sus hijas.

Hombres cosechando trigo[30]

Los *villeins* tenían muy pocos derechos legales. No podían abandonar la tierra ni emprender acciones legales contra su señor en relación con la tierra. Sin embargo, en esta época, ser un *villein* también conllevaba un cierto nivel de estabilidad. Los señores rara vez echaban a los *villeins* de sus tierras, ya que los necesitaban para trabajar, lo que les ofrecía cierta protección frente a la inestabilidad de la agricultura. Además, en esta sociedad agrícola, tener acceso a la tierra significaba tener acceso a los alimentos que se podían cultivar. Si uno no quería morir de hambre, era mejor ser un *villein* que un campesino libre sin tierras.

La gente de la Inglaterra medieval

El feudalismo era la estructura social básica de la Inglaterra medieval, pero en la sociedad en general había algo más que los señores que poseían la tierra y los campesinos que la trabajaban. Había, en su forma más básica, cuatro tipos de personas: los campesinos (los trabajadores), los caballeros (los luchadores), los nobles (los administradores) y el clero (los orantes).

Los campesinos constituían con mucho la mayoría de la población. Aunque muchos de ellos trabajaban como *villeins* o arrendatarios en la finca de un señor, también había, aunque muy pocos, campesinos lo suficientemente ricos como para poseer sus propias tierras. Muchos de ellos tenían explotaciones demasiado pequeñas para alimentar a sus familias y también ofrecían su mano de obra a los señores cercanos o a vecinos más acomodados para obtener los ingresos necesarios. Incluso si poseía su propia tierra, si era campesino, había muchas probabilidades de que pasara parte de su tiempo trabajando la tierra de otro. Aun así, la agricultura no era la única ocupación. Aunque se trataba de una sociedad principalmente agrícola, no todo el mundo era agricultor. Había ciudades, lo que significaba que había artesanos y comerciantes. Estos trabajadores calificados estaban un poco más arriba en la cadena social que los campesinos que trabajaban la tierra, pero seguían formando parte de la mayoría trabajadora. Sucedía que su trabajo no era la agricultura.

Como probablemente pueda adivinar, estas eran las personas que mantenían Inglaterra en funcionamiento. Los campesinos eran los que cultivaban los alimentos y producían diversos bienes, y sus vidas giraban en torno al trabajo que desempeñaban. Los *villeins* y los campesinos rurales cultivaban durante toda su vida, y los artesanos se dedicaban plenamente a su oficio desde una edad temprana. Como esta era la inmensa mayoría de la población, su suerte en la vida podía variar mucho como campesino. Usted podía poseer tierras suficientes para alimentar cómodamente a su familia. Podía estar apenas sobreviviendo y morir de hambre durante un mal año. Podría ser un herrero con una pequeña tienda en un pueblo. Podría encontrarse a las órdenes de un señor que lo tratara horriblemente. Podría trabajar las tierras de un señor al que nunca vería. Había muchas posibilidades, pero dondequiera que estuviera, se pasaría toda la vida trabajando, y lo más probable es que lo hiciera para otra persona.

Además de necesitar mucha mano de obra, Inglaterra en la Edad Media también necesitaba luchadores. Ahí entra el símbolo de la época medieval: el caballero. Pero, ¿eran los caballeros realmente lo que nos imaginamos que son ahora? ¿Héroes que cabalgan con armaduras de placas, defienden damiselas, luchan en cruzadas y hablan de caballerosidad? En su mayor parte, no. En términos de posición social, los caballeros eran nobles menores que poseían tierras bajo los magnates más poderosos, como los barones. A cambio de las tierras, prestaban servicios militares a su señor y al rey.

Así pues, la mayoría de los caballeros eran los pequeños terratenientes de la época medieval. Sin embargo, ¡no se desilusione demasiado! Sí que lucharon mucho. Hubo la guerra de los Cien Años con Francia y varias cruzadas, que dieron a los caballeros muchas oportunidades de hacerse un nombre. ¿Pero en cuanto a simplemente cabalgar por el país haciendo hazañas caballerescas? Los caballeros no hacían eso, y durante los diversos conflictos internos que sufrió Inglaterra durante este periodo, los caballeros a menudo acabaron siendo los que aterrorizaban a la población local en lugar de protegerla.

Ahora hemos llegado a la cima de la jerarquía social: los nobles. Técnicamente, los caballeros también eran nobles porque poseían un título, pero nos estamos centrando en los grandes nobles: los barones, los condes e incluso el rey, los hombres que controlaban Inglaterra. Estos magnates controlaban enormes extensiones de tierra. Dividían estas tierras entre los nobles menores, como los caballeros, a los que podían dar órdenes. Dirigían el sistema judicial y supervisaban la protección del reino. Otorgaban cargos y daban tierras a las personas a sus órdenes. En otras palabras, eran los administradores que dirigían Inglaterra.

Basándose en la simple estructura piramidal, se podría pensar que el rey sería el más poderoso de estos hombres. Aunque Guillermo el Conquistador diseñó el sistema para que el rey ejerciera el mayor poder, no siempre fue así. La primera y la segunda guerras de los Barones fueron una prueba clara de que los magnates consideraban que debían y podían mantener al rey a raya. A finales de la Edad Media, el Parlamento podía negarse a conceder al rey fondos para la guerra, lo que suponía un importante freno al poder real. Aunque nominalmente el rey estaba en lo más alto de la jerarquía en la sociedad medieval, su capacidad para actuar como la cúspide era a menudo desafiada por los que estaban inmediatamente por debajo de él. El sistema feudal que Guillermo el Conquistador había creado a menudo no funcionaba en la práctica como lo hacía sobre el papel.

La última clase social en Inglaterra era el clero. El clero se situaba definitivamente en lo más alto de la jerarquía social, pero lo alto que estuviera dependía del cargo que ocupara. Los arzobispos de Canterbury y York, así como el obispo de Londres, se contaban a menudo entre los hombres más poderosos de la nación. Además de estos individuos, la Iglesia en su conjunto desempeñaba un papel importante en la sociedad inglesa. Los monasterios y los obispos controlaban frecuentemente la tierra y empleaban a campesinos para trabajarla, al igual que hacían los nobles. Los obispos de cualquier pueblo eran una parte importante de los procesos normales de la vida, desempeñando un papel en los nacimientos, las muertes, los bautizos y los matrimonios. Discutiremos el papel del clero más extensamente en los capítulos sobre la fe y la Iglesia, pero en este punto, baste decir que el clero era un grupo vital y poderoso en la composición social de Inglaterra.

Estructura cambiante

El sistema feudal era un sello distintivo del periodo medieval, pero en 1485, las cosas estaban evolucionando. La peste negra había matado a tanta gente que provocó una escasez masiva de mano de obra y, por primera vez, los campesinos podían exigir más por su trabajo. La Revuelta de los campesinos de 1381 es una prueba clara de un mundo que empezaba a cambiar, con la parte inferior de la jerarquía social presionando a la superior por primera vez. La época del Renacimiento vería crecer cada vez más la población urbana, y la estructura social que dependía tanto de los campesinos que cultivaban las tierras del señor desaparecería lentamente con el auge de las industrias y de la clase media.

Estos cambios llevaron mucho tiempo, y parte de la estructura social primitiva de Inglaterra sobrevivió. La monarquía seguiría siendo la cabeza efectiva del gobierno hasta finales del siglo XVIII. La nobleza sigue existiendo en Inglaterra hoy en día, aunque no ostenta el poder que tuvo en el pasado. Inglaterra ha pasado por muchas épocas de reformas, pero su jerarquía social sigue existiendo. Algunos aspectos de la época medieval han demostrado ser más duraderos que otros.

Capítulo 6: Situación de la mujer

Es probable que ya pueda adivinar que las mujeres de la Edad Media tenían menos derechos que sus homólogos masculinos. Después de todo, las mujeres ni siquiera obtuvieron la igualdad de derechos de voto en Inglaterra hasta 1928, por lo que no debería sorprendernos que, unos mil años antes de eso, hubiera cierto sexismo presente en el sistema inglés.

La mejor pregunta entonces es ¿qué forma adoptó esto? ¿No tenían las mujeres absolutamente ningún derecho en la Edad Media? ¿Cuál era su estatus ante la ley? ¿Qué opciones tenían las mujeres en el curso de su vida, si es que tenían alguna? Aunque es acertado decir que las mujeres tenían menos derechos en la Edad Media, a la mitad femenina de la población le ocurría algo más que eso durante estos ochocientos años de historia inglesa. A continuación le mostramos cómo era ser mujer en la Inglaterra medieval.

Eva contra María

Quizá la mejor manera de captar la visión un tanto paradójica de la mujer en este periodo sea fijarse en dos figuras religiosas: Eva y María. Estas dos mujeres de la Biblia ocupaban un lugar importante en la comprensión religiosa de la época, y eso se tradujo en la forma en que esta sociedad veía a las mujeres en general.

En el relato cristiano del pecado original, la serpiente tienta a Eva para que coma el fruto del árbol prohibido. Eva lo come y convence a Adán para que haga lo mismo, lo que provoca la expulsión de la pareja del paraíso y la caída general del hombre. La Iglesia medieval veía a Eva como la principal culpable de esta narración. Ella era la que había caído primero y arrastró a Adán con ella. Así, las mujeres no solo eran más propensas a pecar, sino que también eran tentadoras que arrastrarían a los hombres a pecar con ellas.

Sean cuales sean sus opiniones religiosas personales, debe recordar que en la época medieval, la Iglesia era una poderosa institución social. Esta visión de Eva tuvo un gran impacto en la forma en que la sociedad veía a las mujeres. Como las mujeres eran más propensas a pecar, se las relegaba a una posición inferior en la sociedad. Los hombres necesitaban tener autoridad sobre las mujeres porque no se podía confiar en ellas.

Esta concepción de Eva contribuye en gran medida a explicar cómo se justificaba el estatus inferior de la mujer en la Edad Media. Sin embargo, había algo más de complejidad en las actitudes medievales hacia las mujeres. Además de Eva, había otra figura femenina que era importante para la Iglesia medieval, y esta tenía una reputación mucho más positiva.

A medida que avanzaba la Edad Media, María, la madre de Cristo, fue adquiriendo cada vez más importancia para la Iglesia. Fue venerada como una de las santas más importantes. Eva había sido la fuente del pecado original, pero María era la fuente de la salvación desde que dio a luz a Jesucristo. Paradójicamente, las mujeres fueron a la vez responsables de la caída y de la redención de la humanidad.

Los dos personajes contrastados de Eva y María empujaron a las mujeres a dos extremos. Las mujeres eran o bien tentadoras, o bien santas. Por desgracia, el resultado de estos dos papeles opuestos fue que las mujeres no podían ganar en ninguno de los dos casos. Eran condenadas, ya fuera por ser moralmente débiles como Eva, o cuando no lograban estar a la altura de la perfección virginal que representaba María. Tanto los estándares extremadamente altos como los extremadamente bajos colocaron a las mujeres en una posición difícil, y significó que a lo largo de la Edad Media, las mujeres fueron constantemente vistas como inferiores.

El papel de la mujer en la sociedad

Aunque se consideraba a las mujeres como inferiores, esta suposición subyacente no se desarrolló en la sociedad medieval, como cabría esperar. Debido a las prácticas más recientes de los siglos XIX y XX, tendemos a pensar que el sexismo restringía a las mujeres al papel de amas de casa. El progreso se produjo cuando por fin se permitió a las mujeres incorporarse a la población activa y abandonar el hogar.

La idea de que las mujeres no debían trabajar no estaba tan extendida en la Edad Media. Como comentamos en el último capítulo, la mayoría de la población inglesa de la época era obrera, y las mujeres trabajaban tan duro como los hombres. Esposas e hijas trabajaban junto a sus maridos y padres en los campos. Incluso cuando las ciudades crecieron y más gente se dedicó a los oficios en lugar de a la agricultura, las mujeres siguieron ocupando una posición bastante igualitaria en el tipo de trabajo que realizaban. Las mujeres hacían los mismos trabajos que los hombres. La mano de obra no tenía la segregación por sexos que ahora vemos como una marca de desigualdad sexual.

Eso no quiere decir que no hubiera tareas que se encomendaran más a menudo a las mujeres. Las mujeres de todos los niveles de la sociedad eran responsables de atender sus hogares, y las imágenes de esta época suelen mostrar a una campesina con una rueca, que era una herramienta utilizada para hilar la lana. Sin embargo, aunque había tareas que solían recaer en las mujeres, no existía una restricción estricta sobre qué trabajo podían realizar las mujeres. Ganarse la vida y alimentar a su familia era duro, y se esperaba que las mujeres contribuyeran siempre que pudieran.

Las mujeres nobles también desempeñaban un papel más importante en la sociedad medieval de lo que se podría pensar en un principio. Eran responsables de sus hogares, al igual que las campesinas, y el mayor tamaño y el aspecto político de un hogar noble significaban a menudo que estos deberes eran bastante amplios. Las mujeres nobles podían ser testigos de documentos legales, supervisaban las propiedades en ausencia de sus maridos, actuaban como mecenas e incluso podían verse implicadas en guerras, sobre todo durante los conflictos internos de Inglaterra. Aunque legalmente tenían pocos derechos y se las calificaba oficialmente de inferiores, las mujeres seguían haciendo bastantes cosas en la sociedad medieval.

Matrimonio vs. convento

Aunque podían trabajar junto a los hombres, las mujeres seguían estando extremadamente limitadas en lo que podían hacer, y una forma de verlo es en el número de opciones que tenía una muchacha en la sociedad medieval. Básicamente había dos. Si nacía niña en la Edad Media, podía casarse y trabajar para su marido y su familia o convertirse en monja.

Empecemos por la segunda. ¿Qué significaba ser monja para una mujer en la Edad Media? En primer lugar, técnicamente había dos caminos religiosos que una mujer podía seguir: monja o anacoreta. Las monjas vivían en monasterios, mientras que las anacoretas vivían solas (algo así como ermitañas femeninas) o en pequeños grupos. Ambas implicaban una vida dedicada a fines religiosos y un voto de castidad.

Contrariamente a la creencia popular, ser monja no significaba necesariamente estar rodeada solo de mujeres durante toda la vida. Existían monasterios dobles que albergaban tanto a hombres como a mujeres. Estos monasterios dobles estaban dirigidos por una abadesa y eran, por tanto, uno de los solos lugares de la sociedad medieval en los que una mujer podía ocupar un cargo por encima de un hombre. Estos monasterios dobles a menudo desempeñaban un papel importante en la cultura y la política, por lo que las abadesas podían ejercer una gran influencia tanto dentro como fuera de sus monasterios, especialmente en la Alta Edad Media. A medida que avanzaba el periodo medieval, los monasterios dobles se hicieron menos comunes y la Iglesia trató cada vez más de aislar a las religiosas en aras de la pureza. Aun así, separar completamente a las monjas de los hombres nunca fue realmente posible. Los sacerdotes tenían que atender las necesidades espirituales de las monjas, estas tenían que realizar negocios con sus comunidades locales y los obreros y sirvientes tenían que entrar ocasionalmente en los conventos.

La vida de monja tampoco estaba realmente abierta a todo el mundo. Por lo general, las monjas procedían de familias con al menos cierta riqueza, ya que las niñas tenían que pagar dotes y, a menudo, traer algunos artículos necesarios, como ropa de cama, cuando entraban en un convento. Aunque esto era naturalmente exclusivo, estos pagos y otros regalos eran lo que permitía funcionar a los conventos. Así que, si su familia tenía suficiente dinero, una vida de devoción religiosa era la única alternativa al matrimonio que tenían las mujeres en esta época, y muchas elegían esta vida por el deseo de evitar el matrimonio.

La gran mayoría de las mujeres, sin embargo, se decantaron por la primera opción: el matrimonio. Como ya habrá adivinado, el matrimonio en esta época no se basaba en las coincidencias amorosas. Las mujeres rara vez podían elegir a sus parejas (para ser justos, los hombres tampoco tenían mucho que decir). Los matrimonios eran concertados por los padres, otros parientes o incluso los señores, y eran una transacción comercial tanto como un acuerdo personal. Las mujeres de este periodo podían poseer tierras, lo que significaba que el matrimonio estaba a menudo profundamente impregnado de preocupaciones sobre la propiedad. Cuando una mujer se casaba, su identidad legal pasaba a formar parte de la de su marido, por lo que cualquier tierra que tuviera pertenecería a su marido. Incluso los de las clases más bajas, donde había poca preocupación por la propiedad, no podían casarse libremente. Los arrendatarios necesitaban la aprobación de su señor para casarse. Casi cualquier matrimonio en la época medieval tenía que ser aprobado por personas ajenas a la pareja implicada. No fue hasta el siglo XII y las reformas encabezadas por la Iglesia que se empezó a hacer hincapié en el consentimiento de la pareja.

¿Qué significaba el matrimonio para una mujer? Las mujeres debían obedecer a sus maridos. El trabajo que realizaban y el papel que desempeñaban estaban determinados por sus maridos. Este papel servil y el hecho de que los matrimonios fueran concertados nos hacen suponer a menudo que muchos matrimonios eran infelices en el mejor de los casos y abusivos en el peor, pero a menudo no era así. Aunque solo fuera por razones prácticas, un marido y una mujer se beneficiaban enormemente de formar una pareja de trabajo. Intentar sobrevivir por su cuenta era muy difícil en esta época, por lo que era preferible una relación de confianza y dependencia mutuas. Eso no quiere decir que no se produjeran abusos de este sistema porque el propio sistema hacía poco por proteger a las mujeres, pero también sería un error pensar que todas las mujeres casadas eran desgraciadas. El matrimonio era un hecho de la vida para prácticamente todo el mundo, y la mayoría de la gente probablemente eligió aprovecharlo al máximo.

Hasta que la muerte nos separe

Siendo el matrimonio o la devoción religiosa la única opción para las mujeres, había un grupo que naturalmente no encajaba bien en este sistema: las viudas. Las viudas ocupaban una posición peculiar en la sociedad medieval. Antes de casarse, una mujer estaba bajo el control de su padre. Después de casarse, estaba bajo su marido, pero como viuda, estaba en su propio poder. Las viudas tenían el estatus legal de *femme sole*. *En* lugar de estar integrada en la identidad legal de un hombre, una *femme sole* era una mujer con su propia identidad legal. Podía poseer tierras, dirigir un negocio y tomar sus propias decisiones.

Eso no significaba que ser viuda fuera el deseo secreto de toda mujer, pues la posición tenía muchas complicaciones. A la muerte de su marido, una nueva viuda tendría que asegurarse su dote —su parte de la herencia de su marido, normalmente acordada en el momento del matrimonio— y también hacer arreglos para la tutela de sus hijos. Si había alguna complicación, los procesos para resolver estos aspectos podían llegar a ser largos y complicados. Sin embargo, durante gran parte del periodo medieval, una viuda solía mantener el control de una parte significativa de las tierras o negocios de su marido.

Incluso después de resolver estos asuntos, las viudas se enfrentaban a la inminente perspectiva de volver a casarse. Como *femme sole*, una viuda tenía derecho a elegir a su próximo marido, pero sin duda existía la presión de la familia y, en algunos casos, del propio rey en función de las propiedades y títulos que poseyera una viuda. A veces, las viudas se veían obligadas a casarse de nuevo. Los reyes utilizaban los matrimonios con viudas como una forma de otorgar tierras y títulos a sus favoritos. Irónicamente, si una mujer era rica y no necesitaba volver a casarse para asegurarse económicamente, probablemente se vería presionada a volver a casarse. Si una mujer era pobre y tenía muchos hijos, así que necesitaba volver a casarse por seguridad, a menudo le resultaría más difícil encontrar pareja. Si una mujer optaba por no volver a casarse, podía gestionar sus propios bienes y finanzas. Quizá por esta razón muchas mujeres permanecieron viudas durante la mayor parte de su vida.

Los derechos de las viudas fueron disminuyendo con el tiempo, a medida que las nuevas leyes y costumbres hacían que la herencia recayera cada vez más a menudo únicamente en los herederos varones. En la época victoriana, las viudas ocupaban una posición social inferior a la que tenían en la Edad Media.

Mujeres poderosas de la Edad Media

Debido a que las mujeres eran consideradas inferiores, rara vez ostentaban un poder político real, pero, aun así, la historia también tiende a pasar por alto el papel que algunas mujeres desempeñaron en la configuración de la Edad Media. Veamos a algunas de las mujeres que dejaron huella en la Inglaterra medieval:

- **Santa Hilda de Whitby:** Santa Hilda, también llamada Hilda, fue la fundadora y abadesa de Whitby, un monasterio doble con hombres y mujeres. Hilda era famosa por la forma ordenada en que dirigía el monasterio. Bajo su liderazgo, Whitby produjo varios obispos e incluso un famoso poeta. Era muy respetada y tenía una influencia considerable, como demuestra el hecho de que Whitby acogiera el sínodo de Whitby, una importante conferencia de la Iglesia primitiva, en 664.

- **Ethelfleda:** Ethelfleda era la hija de Alfredo el Grande, rey de Wessex y más tarde rey de los anglosajones. Se casó con el rey de Mercia cuando tenía dieciséis años, y mientras su marido luchaba contra su mala salud, ella lideró a los mercios en sus esfuerzos por hacer retroceder a los vikingos. Cuando su marido murió en 911, Ethelfleda se convirtió en la señora de los mercios. Gobernó Mercia en solitario durante siete años, durante los cuales se alió con su hermano, el rey de los anglosajones, para seguir expulsando a los vikingos de Inglaterra hasta que murió en 918.

- **Emperatriz Matilde:** Hija de Enrique I, Matilde luchó contra su primo Esteban de Blois por el trono inglés durante dieciocho años, provocando la guerra civil inglesa conocida como la Anarquía. Aunque nunca logró desbancar a su primo, Matilde controló grandes zonas de Inglaterra durante la Anarquía, y finalmente se marchó, más por un estancamiento que por una derrota.

- **Leonor de Aquitania:** Leonor no solo fue una mujer poderosa en Inglaterra; fue quizá la mujer más poderosa de la Europa del siglo XII. Estuvo casada con el rey de Francia durante quince años y, tras la anulación de ese matrimonio, se casó con Enrique Plantagenet, quien se convirtió en Enrique II de Inglaterra. Como reina de Inglaterra, Leonor desempeñó un importante papel en la política. Ayudó a sus hijos en sus rebeliones contra su padre, y cuando su hijo Ricardo se convirtió en rey, ella fue una de las principales encargadas de dirigir Inglaterra mientras el rey estaba fuera en su cruzada. Tras la muerte de Ricardo, continuó ayudando a su siguiente hijo, Juan, como rey, desempeñando un papel en varias victorias militares inglesas en el continente. Leonor de Aquitania fue esposa de dos reyes, madre de otros dos, y ejerció una influencia y un poder significativos con todos ellos.

- **Isabel de Francia:** La reina Isabel estaba casada con el rey Eduardo II y se ganó el apodo de la Loba de Francia por el trato que daba a su marido. En 1326, unió fuerzas con su amante, Roger Mortimer, contra su marido y ayudó a derrocar a Eduardo II en 1327. Isabel y Roger Mortimer gobernaron efectivamente Inglaterra durante los tres años siguientes, hasta que su hijo Eduardo III mandó matar a Mortimer. Finalmente, Isabel se retiró a un convento.

- **Margarita de Anjou:** Margarita de Anjou estaba casada con Enrique VI y fue una de las líderes de las fuerzas lancasterianas en las guerras de las Dos Rosas. Siendo Enrique VI un rey bastante débil en el mejor de los casos, Margarita fue la principal impulsora de los intereses reales durante el conflicto. Intentó implacablemente asegurar la realeza para su hijo, pero finalmente fue derrotada por Eduardo IV en la batalla de Tewkesbury.

Estas mujeres son claros ejemplos de que los hombres no eran los únicos implicados en las sangrientas luchas de poder de la Edad Media. Las reinas no siempre seguían a sus reyes. Aun así, aunque estas mujeres ejercían una gran influencia, estaban vinculadas a ella a través de los hombres de sus vidas. Las mujeres de la Edad Media trabajaban junto a los hombres, pero seguían siendo inferiores tanto a los ojos de la sociedad como de la ley.

Capítulo 7: Comida, ropa, trabajo y ocio

Aprender sobre el periodo medieval a través de grandes acontecimientos como las guerras es fascinante, pero nos deja bastante poco claro cómo era en realidad la vida cotidiana en la Edad Media. ¿Qué comían? ¿Cómo vestían? ¿Qué fiestas celebraban? ¿Qué había que hacer en la Inglaterra medieval?

Con unos ochocientos años de historia por cubrir, no podemos pretender abordar todo sobre la vida cotidiana en la Edad Media. ¡Eso nos llevaría todo un libro por sí solo! Sin embargo, examinaremos algunos de los datos más interesantes sobre la alimentación, la vestimenta, el trabajo y el ocio en la Inglaterra medieval.

Alimentación

La comida es tanto algo que todos necesitamos como algo que puede marcar nuestras diferencias. La comida no solo es un indicador de nuestra cultura, sino que también puede serlo de nuestra clase social, y en la Inglaterra medieval esto era especialmente cierto. La mesa de un lord y la de un campesino tenían un aspecto muy diferente.

Quizá la diferencia más notable era la carne. Mientras que los señores comían carne en casi todas las comidas, la carne era un lujo para los campesinos. Aunque había bosques con ciervos, conejos y otros animales para cazar, así como ríos y otras masas de agua con peces, a los campesinos no se les permitía acceder a esta fuente de alimentos. La caza era para los nobles. Si un campesino era sorprendido cazando en el bosque del señor o pescando en el estanque del señor, probablemente perdería una mano. Ese era un precio demasiado alto por una guarnición de carne para acompañar la cena.

El ganado tampoco era la fuente abundante de carne que podría pensarse. Mantener a los animales era caro, y una vaca valía mucho más como productora de leche que de carne. Además, el queso y otros productos lácteos constituían una gran parte de la dieta campesina, por lo que las vacas eran más valoradas como animales lecheros que como fuentes de carne. El único animal que los campesinos criaban regularmente para carne eran los cerdos. Los cerdos tenían pocos problemas para cuidar de sí mismos. Podían encontrar suficiente comida para mantenerse con vida con su forrajeo, por lo que eran una fuente de alimento que no drenaba más recursos de los que valían. Así pues, el cerdo era la carne preferida de muchos campesinos, pero no podían disfrutar de ella a menudo. Los que vivían lo suficientemente cerca del mar también podían añadir más pescado a su dieta.

La frescura de la carne era otro marcador de la clase social. Como los señores tenían acceso regular a ella, disfrutaban con frecuencia de caza y pescado frescos. En cambio, casi todo lo que comían los campesinos era en conserva. La carne que comían era típicamente salada o en escabeche.

Había otras diferencias en lo que comían los pobres y los ricos. Aunque el pan era un alimento básico para todos, el tipo de pan que se comía dependía de la riqueza de cada uno. El pan blanco se elaboraba con trigo, que era mucho más difícil de cultivar y, por tanto, solo lo solían disfrutar las clases altas. La mayoría de la gente comía pan más oscuro, hecho de centeno y cebada. Cuando las cosechas eran malas, los campesinos también tenían que añadir otros ingredientes para hacer su pan, como bellotas.

Además del pan, otro alimento que casi todo el mundo comía en la Inglaterra medieval era el *pottage*. El *pottage* es un guiso espeso que puede contener una gran variedad de ingredientes diferentes, desde carne hasta verduras y cereales. Al igual que el pan, la calidad de los ingredientes de un *pottage* variaba según las clases.

Podría estar pensando que con todo este pan y *pottage*, lo normal era que la gente bebiera agua, pero no era así. Aunque las fuentes de agua dulce eran bastante abundantes, esa agua también estaba muy sucia. Beber agua del río local podía enfermarle fácilmente. Si bien había leche para beber si se tenía una vaca, la bebida elegida por la mayoría de la gente era la cerveza. Los señores también habrían tenido acceso al vino.

Así pues, si usted hubiera sido campesino en la Edad Media, probablemente habría comido pan, queso y cualquier verdura que hubiera podido cultivar. Si llegaba a comer carne, probablemente era de cerdo o tal vez de cordero, y probablemente bebía cerveza que usted mismo fabricaba. Los señores tenían acceso a carne y pescado frescos y a pan, cerveza e incluso vino de mayor calidad. Los ricos también disfrutaban de acceso a diversas especias y frutos secos importados. Sin embargo, era en un banquete donde las clases altas mostraban realmente lo que significaba su riqueza en términos de comida. Un banquete medieval incluía platos normales como estofados y empanadas, junto a platos exóticos como el pavo real y la marsopa. También había enormes esculturas hechas de azúcar. Estos banquetes eran extravagantes y mostraban a lo que tenían acceso las clases altas en la Edad Media, pero incluso cuando no celebraban un banquete, las comidas de los ricos podían tener diez platos. Si uno era pobre o incluso simplemente mediocre, tenía que depender sobre todo de los alimentos que cultivaba y conservaba uno mismo, pero si era rico, su comida sería fresca, cubierta de especias importadas y a veces incluso esculpida.

Ropa

Las diferencias en lo que la gente comía eran un claro marcador de clase social, pero ¿qué hay de lo que vestían? Incluso hoy en día, la elección de la ropa puede decirnos mucho sobre la personalidad de alguien y su lugar en la sociedad.

Sorprendentemente, el estilo de vestir de nobles y campesinos en la Inglaterra medieval no difería drásticamente. Todos vestían los mismos estilos y diseños básicos. Lo que diferenciaba la indumentaria de los nobles no era el tipo de ropa, sino los materiales utilizados y el corte. Mientras que la ropa de los campesinos solía estar hecha de lana, de la que Inglaterra tenía abundancia, los nobles también podían tener trajes de seda. La ropa de los nobles también podía tener pieles y costosos elementos decorativos como perlas y gemas. En cuanto al corte, la ropa de los nobles tendía a estar mejor confeccionada en general, con un corte más fino y ajustado. En la época medieval, era probable que la gente pudiera distinguir fácilmente entre la ropa de un noble y la de un campesino, del mismo modo que hoy podemos diferenciar entre las zapatillas de correr de un hombre y las de una mujer, aunque sus diseños básicos sean los mismos. La ropa seguía siendo un signo de clase social, pero la moda no difería tanto entre las distintas sociedades como podría pensarse.

Aún más sorprendente que las similitudes en la vestimenta entre campesinos y nobles eran las similitudes entre hombres y mujeres. Aunque había diferencias de estilo entre los sexos, hombres y mujeres vestían las mismas prendas básicas. Todavía se notaba la diferencia, pero estamos muy lejos de la dinámica de los hombres con pantalones y las mujeres con vestidos que llegó a dominar la moda durante tanto tiempo.

Entonces, ¿qué vestía todo el mundo? La principal prenda medieval era la túnica. Las túnicas eran básicamente camisas largas, a menudo recogidas en la cintura con un cinturón. Solían ser de un solo color y tenían mangas largas. Las túnicas de los hombres solían llegar hasta la rodilla, por lo que llevaban medias o polainas debajo. Las túnicas de las mujeres llegaban hasta el tobillo. El estilo exacto de las túnicas evolucionó a lo largo del periodo medieval. Las túnicas comenzaron siendo prendas holgadas, pero con el tiempo se volvieron mucho más ceñidas. El estilo de las mangas también varió durante el periodo, desde mangas ceñidas a mangas con puños largos, mangas que quedaban sueltas alrededor de la parte superior del brazo y luego se ceñían, y más. Las túnicas masculinas también se hicieron progresivamente más cortas a lo largo de la Edad Media.

Sin embargo, la ropa medieval se basaba en capas. La gente solía llevar una camisa de lino bajo la túnica, o podían llevar dos túnicas a la vez, actuando una de ellas como prenda interior. Cuando estaban al aire libre, que era una buena parte del tiempo para la mayoría de la gente, se añadía al atuendo una capa o abrigo. Las capas eran simples trozos de tela con forma que se sujetaban al hombro con un broche o una cadena. Podían incluso anudarse. Al igual que las capas, los abrigos eran largos y llegaban bastante más allá de las rodillas de la persona.

Además de las túnicas, otra prenda del atuendo medieval que todo el mundo llevaba eran los sombreros. En la Inglaterra medieval no se paseaba con la cabeza descubierta. Incluso en interiores, tanto hombres como mujeres llevaban sombrero. El tocado básico para las mujeres se llamaba griñón. Era un gran trozo de tela, normalmente blanca, que se envolvía sobre la cabeza y bajo la barbilla, cubriendo el pelo y el cuello. También se podía añadir al griñón un velo o un sombrero, sobre todo cuando se salía. Los hombres llevaban gorros de lino ceñidos llamados cofias como cubrecabezas de interior. Al igual que las mujeres, llevaban sombreros adicionales sobre esta pieza cuando salían o se vestían de gala.

Retrato de mujer de Robert Campin (muestra a una mujer medieval con griñón)[21]

Hablando de vestimenta, ¿hasta qué punto era elegante la indumentaria medieval? ¿Agregaban decoraciones y adornos a sus atuendos? Al igual que nosotros en la actualidad, los medievales encontraban formas de hacer más emocionantes sus ropas básicas, pero en general, mantenían las cosas bastante sencillas. Se podían utilizar bordados para decorar una túnica, pero normalmente se limitaban a la zona alrededor de los puños, el escote y quizá el dobladillo. Habría sido muy raro ver una túnica cubierta de bordados desde el cuello hasta el dobladillo. La piel también podía utilizarse como adorno tanto para abrigar como para decorar. Sin embargo, ¡eso no significaba que sus túnicas fueran aburridas! Los colores vivos, como el azul, el rojo, el verde y el amarillo, eran habituales, y se añadían elementos como flecos, borlas e incluso plumas para dar decoración. Cinturones, broches, cadenas y sombreros eran también lugares donde una persona podía añadir piedras o metales preciosos a su atuendo, añadiendo estilo y, lo que es más importante, exhibiendo su riqueza.

Aunque la vestimenta no difería mucho entre las clases sociales, seguía considerándose una forma muy importante de demostrar el rango. Existían leyes que restringían quién podía vestir qué tipo de materiales, e incluso había limitaciones en las importaciones de materiales nobles, como la seda, para limitar el número de personas que tenían acceso a ellos. Las clases altas tomaron medidas para asegurarse de que un campesino no pudiera elevarse por encima de su posición con su vestimenta. Las clases sociales estaban estrictamente divididas y no había forma de que alguien pretendiera estar más arriba en la escala de lo que realmente estaba.

Trabajo

Ahora que tenemos una idea más clara de lo que comía y vestía la gente, ¿qué hacían? En la Inglaterra medieval, la mayoría de la gente pasaba la mayor parte del tiempo trabajando.

Había dos tipos generales de trabajos que podía tener un campesino: agricultor o artesano. La mayoría de la gente era campesina, y la mayoría de estos campesinos vivían como arrendatarios en tierras propiedad de un señor. Eran responsables no solo de cultivar sus propios alimentos, sino también los del señor. Algunos de los granjeros más acomodados poseían sus propias tierras, y uno podía alquilarse como jornalero para ganar un extra cuando los tiempos eran difíciles.

Ser artesano era la otra opción para un campesino, aunque estaban un poco más arriba en la escala social que los agricultores. Los artesanos vivían en pueblos o ciudades y producían determinados bienes. Ejemplos de artesanos serían un cantero, un herrero, un panadero, un carpintero, un molinero y un orfebre. Los artesanos dependían de las clases altas de la sociedad, ya que eran ellas las que podían comprar lo que fabricaban los artesanos. Los artesanos también solían agruparse en gremios. Los gremios controlaban la entrada en el oficio, lo que les permitía controlar la oferta de mano de obra y los precios. Se necesitaba un largo periodo de estudio bajo la tutela de un maestro antes de que alguien pudiera aspirar a ganarse la aprobación del gremio y entrar en el oficio por derecho propio.

Cuando se trataba de saber exactamente a qué tipo de trabajo se iba a parar en la Inglaterra medieval, no había mucho donde elegir. Si usted era un hombre, lo más probable era que acabara con el trabajo con el que había nacido (si su padre era granjero, probablemente usted iba a ser granjero), y si era una mujer, ayudaba a su marido. En las clases campesinas no existía una intensa división del trabajo por sexos, por lo que las mujeres trabajaban en el campo junto a sus maridos e incluso ayudaban a dirigir los negocios de estos en la ciudad.

¿Y si no fuera un campesino? ¿Acaso los nobles no se pasaban el día sentados? Aunque ciertamente los nobles no trabajaban tanto como los campesinos, sí tenían un papel que desempeñar en la sociedad. Los señores constituían el sector organizativo. Sus haciendas producían excedentes, sus tribunales se ocupaban de los asuntos legales y sus hombres defendían el reino cuando era necesario. Es probable que el propio señor no hiciera todo esto, pero su mayordomo y demás personal supervisaban las tareas burocráticas y administrativas necesarias para mantener Inglaterra en funcionamiento en su conjunto.

Así pues, en lo que respecta al trabajo en la Inglaterra medieval, la conclusión es que todo el mundo tenía un trabajo que hacer. De hecho, ¡era ilegal estar sin trabajo! En una sociedad en la que la mayoría de las cosas, desde cultivar alimentos hasta hacer mesas y llevar las cuentas, entre otras, se hacían a mano, todo el mundo tenía que trabajar para garantizar que la sociedad pudiera mantener las necesidades de la vida. Este era un mundo en el que no tener un trabajo y un papel significaba morir de hambre.

Entretenimiento

Toda esa charla sobre la necesidad del trabajo está haciendo que la vida medieval parezca bastante sombría y dura. ¿Se divertían alguna vez? Obviamente, las clases nobles tenían mucho tiempo libre para entretenerse, pero empecemos por los campesinos. Si usted fuera un campesino en la Inglaterra medieval, ¿tendría alguna vez un día libre o tiempo para entretenerse?

En la Edad Media no había vacaciones y la mayoría de la gente no viajaba nunca. Sin embargo, sí celebraban con frecuencia días festivos, a los que habrían llamado días de fiesta. Los días de fiesta en la Inglaterra medieval tenían con frecuencia orígenes paganos, pero estaban ligados a la Iglesia católica. Además de las que la mayoría de nosotros todavía celebramos, como Pascua, Navidad y San Valentín, había bastantes más, como el día de San Crispín, San Miguel, Todos los Santos, la Candelaria, San Juan y unas cuarenta o sesenta más. Sí, ha leído bien. Había hasta sesenta días santos (de ahí viene la palabra inglesa «holiday», que significa «día santo», es decir festivo) en un año.

Aunque muchos de estos días festivos eran más significativos que otros, la Iglesia insistía en que la gente se abstuviera de trabajar en estos días sagrados. Cada día tenía sus propias tradiciones, como el intercambio de regalos, y también podía haber obras de teatro y juegos para celebrarlo. Además de los numerosos días festivos, la gente también tenía libres los domingos por la misma razón. Así pues, aunque el trabajo era crucial, los campesinos de la Inglaterra medieval no trabajaban los 365 días del año.

Los campesinos también encontraron formas de entretenerse que no estaban ligadas a los días de fiesta. Los artistas ambulantes, llamados trovadores, eran populares, sobre todo por la música que ofrecían. Contar historias, cantar y bailar eran formas de pasar el tiempo. A menudo podemos imaginarnos la Edad Media como sombría, pero la gente, como todo el mundo, sabía cómo divertirse.

Por supuesto, si usted resultaba ser rico, tenía más oportunidades de pasarlo bien. ¿Qué hacían los nobles para entretenerse? Había una gran variedad de opciones. Al igual que los campesinos, los nobles celebraban las fiestas y también disfrutaban de la actuación de un buen animador, aunque los que entretenían a los nobles solían ocupar puestos permanentes en un castillo. Los juglares proporcionaban música y los bufones eran los primeros comediantes. Estos solían actuar durante o después de las comidas, que para los nobles podían ser en sí mismas una forma de entretenimiento con su extenso número de platos y extravagantes manjares. Los bailes también podían seguir a las comidas.

Cuando no estaban comiendo, a los nobles les gustaba hacer un poco de ejercicio. Había muchas actividades populares al aire libre, como la caza, la cetrería y los torneos. La caza en esta época era todo un acontecimiento. Los bosques estaban ferozmente protegidos, y si un noble carecía de uno propio, podía pagar para cazar en las tierras de otro. Como ya hemos mencionado, el precio era alto para los campesinos que cazaban en el bosque de un noble. La cetrería era inmensamente popular en este periodo, e incluso las mujeres participaban en este deporte. Los torneos eran oportunidades para que los caballeros demostraran su valor e incluían justas y el cuerpo a cuerpo (un simulacro de batalla de caballería).

¿Qué hacían los nobles si llovía entonces? La lluvia no es poco frecuente en Inglaterra, pero había varias formas de pasar el tiempo. Los juegos de Oriente habían llegado a Inglaterra en esta época. El ajedrez era quizá el más popular, pero el *backgammon* y los dados también eran muy apreciados. El juego era frecuente, pero no tenía la reputación negativa que tiene hoy.

Caballeros templarios jugando al ajedrez[28]

En general, había más cosas que hacer en la Edad Media de lo que podría pensar. Puede que no tuvieran nuestras modernas opciones de entretenimiento como la televisión, pero encontraban muchas formas de entretenerse con deportes, juegos, música y mucho más.

En la vida medieval, la división entre los nobles y los campesinos se manifestaba en casi todos los aspectos de la vida cotidiana, desde la comida hasta la ropa y desde el trabajo hasta el entretenimiento. Aunque esta división era tajante, aún podemos ver una cultura unificada en los muchos aspectos compartidos de la vida cotidiana, como los estilos de vestimenta similares, los días de fiesta, el pan y mucho más.

Capítulo 8: Arte y arquitectura

Cuando hablamos del periodo medieval, la mayor parte de nuestra atención se centra en los caballeros a caballo, los castillos y los reyes, pero la sociedad medieval, al igual que la moderna, tenía muchos aspectos. Puede que fuera una época más violenta en general, pero la Edad Media encontró tiempo para hacer una contribución bastante importante al mundo del arte inglés.

Hoy en día es bastante difícil ganarse la vida como artista, así que ¿cómo habría sido posible en la Edad Media? No solo no se pueden vender discos de su última balada o ejemplares de su libro más reciente para llegar a fin de mes, sino que también era increíblemente difícil hacer del arte un trabajo secundario serio. Los campesinos estaban demasiado ocupados con la cantidad de trabajo necesaria para simplemente sobrevivir como para estar componiendo grandes epopeyas en su tiempo libre, y, sin embargo, de algún modo, el arte seguía existiendo en la Edad Media. ¿Cómo?

Hay algunas cosas que debe saber sobre el arte en la época medieval para entender cómo fue posible. Quizá la más importante sea que el arte tendía a tener una finalidad práctica. Los anglosajones hacían muchas cosas bellas, pero esas cosas también solían ser funcionales. En lugar de utilizar sus habilidades escultóricas para tallar una estatua, un anglosajón probablemente las emplearía para decorar una hebilla, un escudo o un broche. Incluso su función como símbolos de estatus era práctica, ya que ayudaba a las familias a posicionarse dentro de la jerarquía social. A medida que avanzamos en la Edad Media, los objetos artísticos se vuelven menos obviamente funcionales, pero a menudo siguen teniendo una finalidad práctica. Por ejemplo, gran parte de la habilidad artística se dedicó a la fabricación de objetos religiosos. La arquitectura más grandiosa de la época se muestra en las iglesias, que eran edificios que servían como centros de la vida local y cuya finalidad hacía apropiados diseños más elaborados. Incluso un artículo como el tapiz de Bayeux tenía una función política, ya que permitía a los normandos inmortalizar su versión de los acontecimientos que rodearon la conquista normanda. En definitiva, el arte en este periodo rara vez existía por amor al arte. Ya fuera religioso, político o puramente práctico, el arte se mezclaba con muchos otros aspectos de la vida medieval. Fue gracias a estas otras funciones que el arte pudo florecer tanto como lo hizo durante la Edad Media.

Otras dos cosas en la vida medieval hicieron posible el arte: los monasterios y los mecenas. Los monasterios eran uno de los únicos lugares donde una persona podía dedicarse a algo que no fuera el trabajo manual. Esto no significaba que todos los monjes o monjas fueran poetas, sino que los poetas e historiadores que existían, especialmente en la Inglaterra altomedieval, a menudo debían sus carreras al apoyo de un monasterio. A medida que avanzaba la Edad Media y los monasterios se hacían menos comunes y desempeñaban un papel menos vital en la vida medieval, el mecenazgo se convirtió en otra vía a través de la cual un artista podía encontrar apoyo. Los mecenas eran benefactores ricos, a menudo aristócratas o clérigos, que daban apoyo monetario y de otro tipo a un artista. Dicho apoyo era la única manera de que un artista pudiera proseguir con su trabajo y además no morir de hambre. El sistema de mecenazgo para apoyar las artes adquirió cada vez más importancia durante el Renacimiento y la época victoriana, pero tuvo sus inicios en la época medieval.

Así pues, los artistas de la Edad Media no eran creadores solitarios que trataban de convencer al mundo de su genialidad. Tenían que contar con apoyo externo, y su trabajo a menudo servía a varios papeles diferentes en la sociedad. Veamos más de cerca varios tipos de arte en la Edad Media.

Literatura

En una época con un elevado analfabetismo y poco tiempo libre, la palabra escrita no tenía la misma centralidad que ahora, y lo que existía difería mucho de lo que ahora pensamos cuando oímos la palabra literatura.

Quizá la mayor diferencia entre la literatura de la época medieval y la actual sea la inexistencia de la novela. Las primeras novelas inglesas no aparecieron hasta el siglo XVIII. En la Edad Media, la poesía era mucho más popular que la prosa. Aunque la prosa empezaba a abrirse paso a finales de la Edad Media, pasarían otros cientos de años antes de que apareciera por primera vez la novela.

¿Por qué la poesía era mucho más popular? Recuerde que la mayoría de la población era analfabeta. Los libros y las historias no se escribían para ser leídos en privado, sino para ser representados y leídos en público. La primera forma de literatura inglesa fueron los relatos orales, como *Beowulf*, que solo se escribieron posteriormente. La cadencia de la poesía tiene dos grandes ventajas en un escenario así. Suena mejor y el ritmo facilita su memorización.

Pero, ¿de qué trataba toda esta poesía? Puede que toda ella fuera en verso, pero había varios géneros diferentes. Epopeyas como *Beowulf* contaban historias de héroes que se enfrentaban a monstruos. Piezas como la *Batalla de Maldon* se inspiraban en hechos reales, en este caso, convirtiendo una derrota militar en algo heroico. Los romances medievales contenían relatos de caballeros, caballería, magia, damiselas en apuros y amor. El género de la visión onírica, como el *Libro de la duquesa* de Chaucer, tenía al narrador relatando un sueño que le ayudaba a afrontar un acontecimiento difícil, como la muerte de un ser querido. También había cuentos sencillos, como *Los cuentos de Canterbury* de Chaucer, la mayoría escritos en verso y unos pocos en prosa. Las fábulas contaban historias morales de animales antropomórficos. Puede que la Inglaterra medieval no tuviera novelas, pero la gente disponía de bastante variedad en sus relatos.

El teatro también existía en esta época, aunque no se parecía en nada a lo que Shakespeare escribiría en la época isabelina. Había tres tipos, y todos eran religiosos. Las obras de misterio representaban acontecimientos importantes de la Biblia, como la creación. Las obras de milagros se centraban en la vida de santos, tanto reales como ficticios. Las obras de moralidad eran obras alegóricas diseñadas para enseñar una lección de vida en particular. Los personajes de las obras de moralidad eran personificaciones de conceptos abstractos como la muerte y la caridad. En conjunto, todos estos tipos de obras estaban diseñadas para instruir a la población sobre una vida piadosa adecuada.

También existía la no ficción, que constituía una gran parte de la literatura medieval. Algunas de las obras de no ficción que han sobrevivido se han convertido en recursos extremadamente importantes para lo que sabemos sobre la Edad Media. Los historiadores siguen citando y utilizando libros como el *Domesday Book*, la *Crónica anglosajona* y la *Historia eclesiástica del pueblo inglés*. Sin embargo, estas obras históricas también pueden ser bastante frustrantes porque a veces parecen valorar más contar una buena historia que ser precisas. Los mitos se utilizaban a menudo para rellenar las lagunas de un relato histórico, mezclando realidad y ficción de un modo que incomodaría bastante a la mayoría de los escritores actuales. Por ejemplo, *La historia de los reyes de Bretaña*, de Geoffrey de Monmouth, que contiene la leyenda artúrica, está escrita como si fuera historia, aunque en su mayor parte es imaginaria.

Mucho más prominentes que los escritos históricos eran las obras religiosas. La mayoría de las personas que podían escribir eran monjes o clérigos, por lo que la teología era un tema muy popular. Por ejemplo, Anselmo, que fue arzobispo de Canterbury de 1093 a 1109, escribió más de una docena de libros sobre teología. Además de los tratados, que eran obras filosóficas que examinaban y desarrollaban la teología, también se escribieron obras sobre la vida de los santos y una gran variedad de himnos.

En general, había mucha variedad en la literatura de la Inglaterra medieval. Había romances, fábulas, epopeyas, historias, alegorías, filosofía y mucho más. Sin embargo, por mucha variedad que hubiera, la inmensa mayoría de los escritos producidos eran religiosos de algún modo. Aunque esto pueda parecernos extraño, debemos recordar que pocas personas en la Edad Media eran cultas, y la mayoría de los que eran cultos habían recibido esa educación de la Iglesia. La cantidad de obras religiosas, por tanto, tiene sentido. Cuando la mayoría de los escritores son monjes o clérigos, es solo natural que la mayor parte de lo que escriben tenga una inclinación religiosa.

Arquitectura

Hablando de la Iglesia, la arquitectura medieval en los edificios eclesiásticos es uno de los lugares donde se muestra toda la capacidad artística de la Inglaterra medieval. La arquitectura medieval puede evocar imágenes de tejados de paja y castillos de bloques de piedra, pero los edificios de este periodo podían ser realmente magníficos. Inglaterra vio la influencia de varios estilos arquitectónicos diferentes durante la Edad Media y también consiguió desarrollar algunos estilos exclusivamente ingleses. La evolución de la arquitectura puede rastrearse más fácilmente en las iglesias del periodo medieval, que fue donde más se utilizaron técnicas y diseños elaborados.

El estilo arquitectónico dominante de la Edad Media fue el estilo normando. El estilo normando era un tipo de arquitectura románica que se desarrolló en las zonas controladas por los normandos. La característica clave de la arquitectura normanda y románica es el arco de medio punto. Dichos arcos se utilizaban en ventanas y puertas y también para unir columnas. Las columnas, o pilares cilíndricos, eran otra característica común de la arquitectura normanda. El estilo normando creaba enormes espacios amplios llenos de pilares y gradas de arcos de medio punto.

El estilo normando, centrado en pilares y arcos, dejaba mucho espacio para la decoración. Estos grandes espacios solían disponer de mucho espacio en las paredes, que a menudo se decoraban con murales. Incluso los propios pilares y arcos se pintaban a veces, lo que añadía un toque colorido y ornamentado al estilo. Por desgracia, la pintura no suele durar tanto como la piedra, por lo que tenemos muy pocos ejemplos supervivientes de arquitectura normanda que estuviera decorada de esta forma. Tenemos mucho más de otro tipo de embellecimiento que despegó alrededor del siglo XII. Los propios arcos de medio punto se tallaban con formas o figuras geométricas, y los pilares, también, se tallaban a menudo en su cabecera con motivos.

Muchos edificios construidos con el estilo normando han sido destruidos o alterados desde entonces, lo que significa que queda poco del estilo arquitectónico original. Existen, sin embargo, algunos ejemplos supervivientes. La catedral de Durham es uno de estos edificios supervivientes. La catedral fue construida en algún momento a finales del siglo XI o XII. La catedral no solo utiliza los característicos arcos de medio punto y pilares de la arquitectura normanda, sino que también tiene un techo de bóveda de piedra. El techo de bóveda de piedra de la catedral de Durham es un hito arquitectónico. Muchos edificios de Inglaterra en esta época seguían utilizando techos de madera debido a la dificultad de crear techos de piedra que se sostuvieran por sí mismos. El gran techo abovedado de piedra de la catedral de Durham fue un signo de mayor conocimiento arquitectónico y presagió la aparición del otro famoso estilo arquitectónico del periodo medieval: el gótico.

La arquitectura gótica comenzó a surgir hacia finales del siglo XII. También utiliza el estilo grandioso de la arquitectura normanda, pero la forma más fácil de detectar la diferencia entre los estilos arquitectónicos normando y gótico es la forma de los arcos. La arquitectura normanda utiliza arcos de medio punto, mientras que la gótica utiliza arcos apuntados. La arquitectura gótica también fue producto de una mayor capacidad de ingeniería. El estilo se centra en crear enormes espacios abiertos. Este objetivo creó muchas de las otras características definitorias del estilo gótico, como las bóvedas de crucería, los arbotantes y los arcos apuntados, todos los cuales ayudaron a sostener esas altas estructuras y esos grandes techos altos.

Un edificio de estilo gótico[38]

Mientras que el estilo normando comenzó pintando y añadiendo después tallas para embellecer sus edificios, el estilo gótico es conocido por la tracería que embellece sus formas básicas. La tracería utiliza barras y nervaduras de piedra a lo largo de las aberturas, especialmente las ventanas, o incluso superpuestas en los muros (lo que se conoce como tracería ciega) para crear un efecto decorativo. La tracería se parece un poco a un encaje hecho de piedra, y es gran parte de la razón por la que el estilo gótico parece tan ornamentado.

Con el auge del estilo gótico, a muchas abadías e iglesias construidas originalmente en estilo normando se les añadieron elementos góticos o utilizaron el nuevo estilo al hacer añadidos o reconstruirlas. Aunque el estilo gótico no alcanzó su apogeo en Inglaterra, como lo hizo en Francia, quedan muchos ejemplos impresionantes de arquitectura gótica en Inglaterra, como las ruinas de la abadía de Whitby y la famosa linterna octogonal de la catedral de Ely.

A medida que avanzaba, el estilo gótico se hizo en muchos lugares más ornamentados y extravagante. Inglaterra, sin embargo, dio su propio giro a las cosas y desarrolló el estilo perpendicular en los dos últimos siglos de la Edad Media. El estilo perpendicular era exclusivamente inglés y, como su nombre indica, se caracterizaba por el énfasis en las líneas verticales. Las iglesias perpendiculares eran altas y estaban llenas de luz. Incluían enormes ventanas que solo utilizaban estrechas tracerías para permitir la entrada de la mayor cantidad de luz posible. Muchas de ellas también contenían tejados de ángel. Los tejados de ángeles eran un tipo de tejado de vigas de martillo, en el que las vigas que sostienen el tejado están apiladas de forma que se apoyan unas en otras sin necesidad de soporte adicional. En los tejados de ángeles, estas vigas se tallan después en forma de figuras de ángeles. Los tejados de ángeles están intrincadamente tallados, pero lamentablemente hoy en día se aprecian poco porque son muy difíciles de ver. Se encuentran en estas altas iglesias perpendiculares, lo que hace que la riqueza de detalles y la maestría que hay detrás de ellos sean imposibles de ver a simple vista.

Los tejados de ángeles y las iglesias perpendiculares que los albergaban fueron el apogeo de la arquitectura inglesa en la Edad Media. Su construcción era increíblemente costosa y a menudo excesivamente fastuosa. Los pueblos construían iglesias perpendiculares más grandes de lo que necesitaba la población local como demostración de piedad. La construcción de iglesias no se limitaba a cubrir una necesidad práctica, sino también, quizá incluso más, a mostrar celo y devoción religiosos.

Esto ayuda a explicar por qué gran parte de la mejor arquitectura del periodo medieval se encuentra en establecimientos religiosos.

Arte visual

Hemos visto lo que produjo el periodo medieval tanto en libros como en edificios, pero ¿qué hay de lo que solemos pensar cuando oímos la palabra arte? ¿Qué hay de pinturas y esculturas y del tipo de cosas que se cuelgan en los museos? El periodo medieval tenía estas cosas, pero no de la forma que nos imaginamos cuando oímos las palabras bellas artes.

Como hemos mencionado en la introducción de este capítulo, el arte y la función estaban estrechamente ligados. Los tejados de ángeles de las iglesias inglesas son un buen ejemplo de ello. Estos ángeles son increíbles esculturas talladas por una mano maestra, pero no están sentados en un pedestal para que todo el mundo los admire. Están tallados en las necesarias vigas de soporte que sostienen el tejado de la iglesia. Lo mismo puede verse en los murales que decoraban muchas iglesias de estilo normando. Estos murales eran sin duda bellas piezas de arte, pero también se realizaban con un propósito concreto, decorar los espacios vacíos de la iglesia. Los artistas medievales crearon piezas de gran belleza y habilidad, pero a menudo con un propósito o encargo específico en mente.

Tomemos, por ejemplo, el tapiz de Bayeux, que es una de las piezas más famosas del arte medieval inglés que se ha conservado hasta nuestros días. El tapiz de Bayeux es una pieza de bordado de setenta metros de largo que narra la historia de la Conquista normanda. Hay más de setenta escenas que representan los acontecimientos de la Conquista, así como cenefas decorativas que muestran fábulas. Fue creado en algún momento del siglo XI, y se cree que fue encargado por el obispo Odo, hermanastro de Guillermo el Conquistador. El tapiz de Bayeux es suficientemente maravilloso como obra de arte, pero también es más que eso. Es un registro histórico. Dado que tiene un claro sesgo hacia la versión normanda de los hechos, también podría ser una pieza de propaganda política. Incluso algo tan decorativo como un tapiz tiene un propósito que va más allá de simplemente parecer bonito.

Una sección del tapiz de Bayeux[24]

El tapiz de Bayeux también nos muestra cómo ha cambiado el medio del arte visual con el paso del tiempo. Las tapicerías y los tapices eran una importante forma de arte en la época medieval, pero hoy en día son prácticamente desconocidos. Otra forma de arte que también estaba muy extendida en la Edad Media, pero que ha decaído desde entonces, es el manuscrito iluminado. Los manuscritos iluminados fueron creados originalmente por los monasterios. El nombre proviene del uso de oro y plata para embellecer las letras, lo que literalmente da a las páginas un aspecto iluminado. A medida que la práctica evolucionó, pasó a referirse a cualquier manuscrito decorado con colores y diseños brillantes.

Aunque los manuscritos iluminados incluían a menudo ilustraciones, sus características decorativas iban más allá. Iluminar un manuscrito no consistía en añadir imágenes, sino en decorar el propio texto. Esto incluía bordes decorativos, imágenes en miniatura dentro del propio texto y letras muy ornamentadas, especialmente mayúsculas al principio de una sección. Con la invención de la imprenta en el siglo XV, los manuscritos iluminados pasaron de moda, pero estos libros escritos y decorados a mano fueron una de las principales fuentes de arte visual en el periodo medieval.

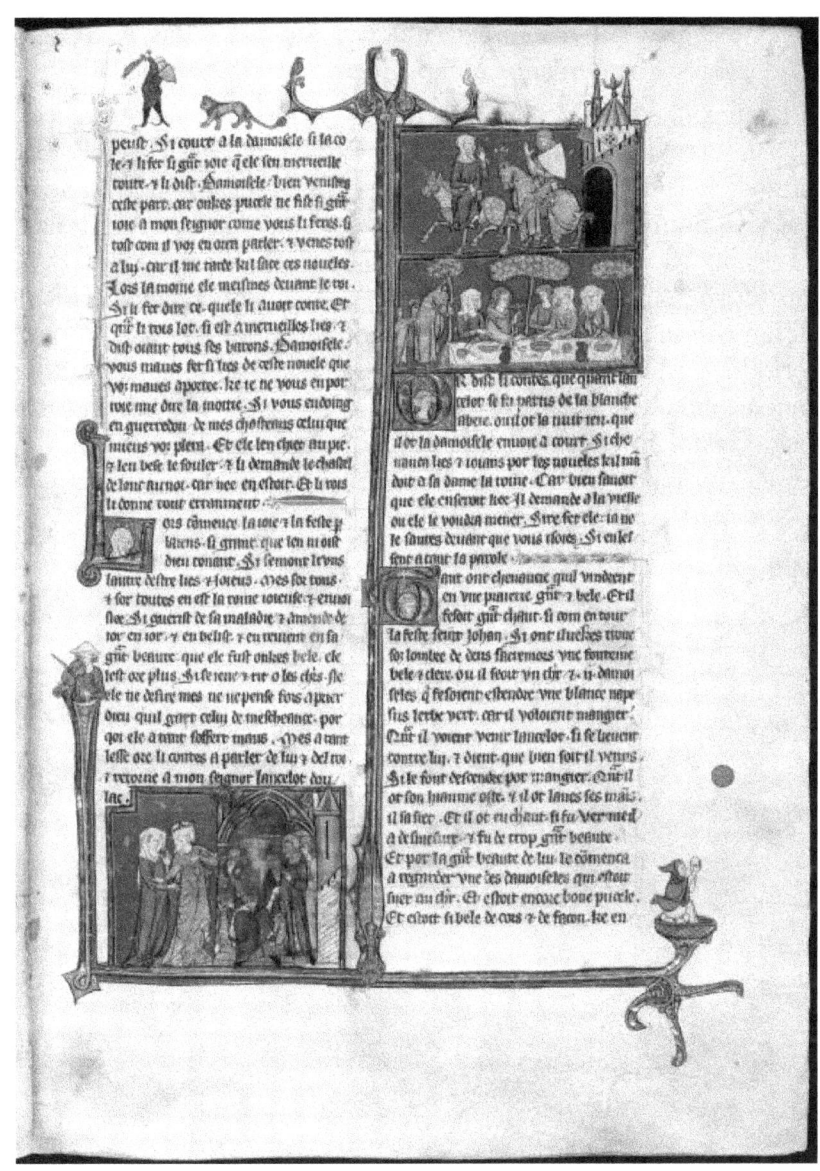

Página de un manuscrito iluminado

A pesar de todos sus adornos, los manuscritos iluminados, al igual que el resto del arte medieval, siguen manteniendo esa conexión con la función. No se trataba de pinturas aisladas, sino de libros. Y basándonos en lo que ya hemos aprendido sobre literatura y arquitectura, probablemente pueda adivinar que la mayoría de los manuscritos iluminados eran libros religiosos. Las Biblias y los salterios (el Libro de los Salmos) eran algunos de los manuscritos iluminados más comunes y populares. Al igual que la construcción de costosas iglesias, la creación de libros religiosos ornamentados era una forma de mostrar piedad.

En la época anglosajona, el arte existía en los adornos utilizados para embellecer objetos cotidianos como broches y hebillas. A medida que avanzamos en la Edad Media hasta llegar a los tejados de ángeles y los manuscritos iluminados, empezamos a ver que el arte está cada vez menos ligado a lo práctico, pero sigue girando en torno a algún tipo de función, normalmente la exhibición de la devoción religiosa. En cierto modo, la religión fue responsable de gran parte del crecimiento artístico del periodo medieval porque proporcionó un espacio en el que verter enormes cantidades de tiempo y recursos en hacer algo bello resultaba apropiado. Para un hombre habría sido una pérdida de tiempo tallar ángeles en su casa de campo, pero hacerlo en su iglesia era un acto de fe.

Capítulo 9: La realeza a lo largo de la Edad Media

A lo largo de este libro, hemos hablado mucho de los diversos reyes que dominaron Inglaterra durante la Edad Media. Aunque es un error pensar que estos poderosos hombres eran los únicos que dirigían el curso de Inglaterra durante esta época, es igualmente incorrecto subestimar la importancia de la monarquía en el periodo medieval. Estos hombres ejercían un poder absoluto sobre el gobierno de Inglaterra, y sus decisiones, tanto las buenas como las malas, tuvieron un gran impacto en la nación.

Aunque hoy resulte atractivo pensar que la monarquía absoluta es una forma de gobierno relativamente simple y estancada, el lugar y el poder de la realeza experimentaron algunos cambios a lo largo de la Edad Media.

En teoría, la realeza funciona con un sistema hereditario muy simple. El sucesor del rey es el hijo mayor del rey actual. Sin embargo, en la Edad Media, las cosas no solían marchar tan fluidamente. Varios de los reyes de Inglaterra llegaron al trono por conquista y no por sangre, y en una época con una esperanza de vida más corta y tasas de mortalidad más elevadas, Inglaterra se encontró a menudo sin un heredero directo que reclamara el trono. Incluso cuando había un heredero directo, en ocasiones existían problemas para pasar el cetro de un rey al siguiente. En otras palabras, quien llegaba a ser rey estaba determinado a menudo por factores distintos del linaje.

El desarrollo de la realeza

Aunque a menudo nos imaginamos una monarquía como el tipo de gobierno por defecto, la realeza fue algo que tuvo que desarrollarse en Inglaterra. Cuando las tribus anglosajonas llegaron por primera vez, puede que llamaran reyes a sus jefes, pero pasaría un tiempo antes de que se parecieran a lo que pensamos cuando oímos la palabra rey.

Los primeros reyes anglosajones eran esencialmente los jefes de sus tribus. Cuanto más grande era su tribu, más poder tenía un rey, y para ganar poder, un rey necesitaba sobresalir en la guerra. La guerra era la forma en que una tribu podía obtener bienes excedentes que permitirían a la realeza amasar su riqueza y aumentar su estatus. Un rey también podía obtener riqueza de su pueblo directamente mediante el uso del tributo. Para pagar la protección que ofrecía un monarca poderoso, sus súbditos pagaban tributo en un lugar designado en un día determinado. La realeza en esta etapa estaba estrechamente ligada a un pueblo en particular, más que a toda una zona.

A medida que se desarrollaban las ciudades, la realeza empezó a ver otra forma más eficaz de acumular riqueza. Tomando el control de las ciudades y sus centros de comercio e imponiendo tasas, los reyes podían amasar muchas más riquezas y poder sin recurrir a la guerra. Fue entonces cuando muchos reyes empezaron a establecerse alrededor de los centros de población.

A lo largo de la Alta Edad Media, los diversos reyes anglosajones rivalizaron por el poder entre sí. Los reyes más poderosos obligaban a sus vecinos menos poderosos a pagarles tributo, pero a menudo se detenían ahí en lugar de plegar completamente los territorios conquistados a sus propios reinos. No fue hasta la llegada de los vikingos cuando los anglosajones se vieron obligados a unificarse en aras de la defensa, lo que permitió a un rey controlar toda la zona inglesa.

La dinastía Wessex

Los reyes de Wessex fueron los primeros reyes de toda Inglaterra. Ascendieron al poder cuando el abuelo de Athelstan, el rey Alfredo el Grande, venció a los vikingos, haciendo que Wessex se convirtiera en el reino anglosajón dominante. Athelstan fue el primero en tener oficialmente el control de toda la zona inglesa. La Casa de Wessex gobernó Inglaterra ininterrumpidamente desde 927 hasta 1016 y luego fue restaurada desde 1042 hasta 1066. A pesar de que solo gobernó

Inglaterra durante un total de 113 años, la dinastía de Wessex incluyó a nueve reyes. De estos nueve reyes de Wessex, cinco gobernaron durante menos de una década y solo dos lo hicieron durante más de veinte años.

- Athelstan (r. 927-939)
- Edmundo I (r. 939-946)
- Edred (r. 946-955)
- Edwy (r. 955-959)
- Edgar (r. 959-975)
- Eduardo (r. 975-978)
- Etelredo II el Indeciso (r. 978-1013; 1014-1016)
- Edmundo II (r. 1016-1016)
- Eduardo el Confesor (r. 1042-1066)

Los reinados relativamente cortos de muchos de estos reyes son un buen ejemplo de por qué la realeza podía complicarse en la Edad Media. La vida podía ser brutal y muchos reyes, al igual que muchos de su pueblo, morían bastante jóvenes. Solo hay dos casos en la dinastía de Wessex en los que el trono pasó directamente de padre a hijo (de Edgar a Eduardo y de Etelredo a Edmundo II). En la mayoría de los casos, el trono pasó de hermano a hermano y no de padre a hijo. Si añadimos que Etelredo fue depuesto brevemente en 1013, y el gobierno de la Casa de Dinamarca, que interrumpió el dominio de Wessex de 1016 a 1042, podemos hacernos una idea de lo compleja que era la realeza de este periodo. Si una familia quería conservar el trono, necesitaba dos cosas: herederos y destreza militar. Por desgracia, era mucho más difícil mantenerse con vida en la época medieval, por lo que tener y conservar herederos era a menudo difícil. Incluso si se tenían herederos, también existía el riesgo de que alguien se apoderara del trono por la fuerza.

La Casa de Dinamarca

La Casa de Dinamarca se hizo con el control de Inglaterra brevemente desde 1016 hasta 1042. Sus veintiséis años de dominio vieron a tres reyes diferentes gobernar Inglaterra:

- Canuto (r. 1016-1035)
- Harold Harefoot (r. 1035-1040)
- Harthacnut (r. 1040-1042)

Aunque no mantuvieron el control durante mucho tiempo, la Casa de Dinamarca demuestra lo importante que era el poderío militar para los gobernantes de Inglaterra. Aunque Canuto fue un rey conquistador, su reinado de diecinueve años fue una época de paz y prosperidad para Inglaterra. Irónicamente, los reyes por conquista suelen ser recordados por la historia inglesa como buenos reyes. Tomar un reino mediante un conflicto militar colocaba a los reyes en una posición poderosa, lo que les permitía manejar con facilidad cualquier oposición a su gobierno. Esto a menudo ocasionaba un gobierno más estable en general. Tanto si al populacho le gustaba el rey conquistador como si no, las purgas y el aplastamiento de la oposición que conllevaba la toma de un trono por la fuerza solían provocar una pausa en las luchas internas durante varios años.

La dinastía normanda

Aunque la dinastía de Wessex fue restaurada con Eduardo el Confesor en 1042, no iba a durar. Guillermo el Conquistador, duque de Normandía, se convirtió en rey en 1066 tras derrotar a Harold Godwinson en la batalla de Hastings.

Como hemos comentado en capítulos anteriores, Guillermo I pudo introducir muchos cambios en el sistema inglés, entre ellos la concesión de títulos y tierras a sus partidarios normandos y la instauración del sistema feudal. Aunque es cierto que a muchos de los anglosajones no les gustaba Guillermo I, especialmente a los que perdieron sus tierras y posiciones, su gobierno, como el de Canuto, fue relativamente estable. Así pues, la realeza estaba muy ligada a los conflictos militares. Los gobernantes que demostraban su poderío en el campo de batalla ocupaban posiciones más seguras que los que heredaban sus títulos.

Los normandos gobernaron Inglaterra durante sesenta y nueve años, pero solo tuvieron tres reyes.

- Guillermo I (Guillermo el Conquistador) (r. 1066-1087)
- Guillermo II (r. 1087-1100)
- Enrique I (r. 1100-1135)

Por muy estable que fuera la dinastía normanda en su fuerza militar, cayó después de solo tres reyes debido al otro aspecto crucial para mantener el poder: los herederos. Gracias al trágico naufragio del *Barco Blanco*, Enrique I murió sin herederos varones.

La Casa de Blois

A lo largo de este capítulo, quizá se haya preguntado por qué seguimos refiriéndonos específicamente a los reyes de Inglaterra. Después de todo, sabemos que Inglaterra tuvo reinas. Algunas de las monarcas más famosas y que han reinado durante más tiempo en Inglaterra han sido reinas (la reina Isabel I, la reina Victoria y la reina Isabel II). Aunque Inglaterra pudo haber sido gobernada exitosamente por reinas en el periodo Tudor y posteriores, no fue así en la Edad Media. Como vimos en el capítulo 6, las mujeres no eran muy respetadas en el periodo medieval, y durante toda la Edad Media, Inglaterra nunca fue gobernada por una reina. Esto no significaba que las reinas no existieran. La esposa del rey era la reina, pero ninguna mujer fue en la práctica la gobernante de Inglaterra por derecho propio, aunque varias (Leonor de Aquitania, Isabel de Francia y Margarita de Anjou) ejercieron una buena dosis de poder.

Técnicamente hablando, no había ninguna ley que dijera que una mujer no podía gobernar Inglaterra, a diferencia de otros países europeos de la época, pero el sexismo general de la época hizo que no se lo considerara, aunque fuera legalmente posible. Lo más cerca que estuvo una mujer de ser monarca de Inglaterra fue tras la muerte de Enrique I. Al morir su heredero varón, Enrique I nombró heredera a su hija, la emperatriz Matilde. Sin embargo, tras la muerte de Enrique I, su sobrino y primo de Matilde, Esteban de Blois, ocupó el trono.

Aunque Matilde luchó contra Esteban durante casi veinte años en la guerra civil conocida como la Anarquía, nunca consiguió hacerse con el trono de Inglaterra. Llegó a controlar zonas de Inglaterra en diferentes momentos, pero la lucha entre ella y Esteban solo desembocó en un punto muerto, por lo que, aunque Matilde estuvo a punto de conseguirlo, nunca fue técnicamente la reina de Inglaterra.

Los Plantagenet

A pesar de que Matilde nunca llegó a ser reina, su hijo consiguió llegar a un acuerdo con Esteban de Blois y, en 1154, Enrique II se convirtió en el primero de los reyes Plantagenet. Gobernando desde 1154 hasta 1485, los Plantagenet son de lejos la dinastía real más longeva de la Edad Media inglesa. Como tal, en sus filas se encuentran algunos de los mejores y peores reyes ingleses. Los catorce reyes de la dinastía Plantagenet son:

- Enrique II (r. 1154-1189)
- Ricardo I (Ricardo Corazón de León) (r. 1189-1199)
- Juan (r. 1199-1216)
- Enrique III (r. 1216-1272)
- Eduardo I (Eduardo el Zanquilargo) (r. 1272-1307)
- Eduardo II (Eduardo el Leopardo) (r. 1307-1327)
- Eduardo III (r. 1327-1377)
- Ricardo II (r. 1377-1399)
- Enrique IV (r. 1399-1413)
- Enrique V (r. 1413-1422)
- Enrique VI (r. 1422-1461; 1470-1471)
- Eduardo IV (r. 1461-1470; 1471-1483)
- Eduardo V (r. 1483)
- Ricardo III (r. 1483-1485)

En comparación con otras dinastías reales inglesas de la Edad Media, los Plantagenet fueron bastante prolíficos en lo que a herederos se refiere. Enrique II y Leonor de Aquitania tuvieron ocho hijos, cinco de los cuales eran varones. De Juan a Eduardo III, el trono consiguió pasar en línea directa de padre a hijo, lo que, como demuestra la dinastía de Wessex, no era tan común como cabría pensar en la Edad Media. Eduardo III también tuvo cinco hijos que sobrevivieron hasta la edad adulta. Su capacidad para producir herederos varones supervivientes puede haber sido en gran parte la razón por la que la dinastía Plantagenet pudo ostentar el trono inglés durante tanto más tiempo que sus predecesores.

Sin embargo, si no tener hijos había resultado ser un problema para los reyes ingleses en el pasado, los Plantagenet demostraron que tener demasiados hijos también podía serlo. Enrique II tuvo que hacer frente a revueltas encabezadas por algunos de sus hijos y su esposa, pero fueron Eduardo III y sus cinco hijos quienes resultaron ser la perdición de los Plantagenet.

Puede que no reconozca los nombres de los hijos supervivientes de Eduardo III (Eduardo el Príncipe Negro, Lionel de Amberes, Juan de Gante, Edmundo de Langley y Tomás de Woodstock), pero sí reconocerá las dos casas que descienden de ellos: York y Lancaster. La

Casa de Lancaster remonta su linaje a Juan de Gante, y la Casa de York procede tanto de Lionel de Amberes como de Edmundo de Langley. Gracias a los cinco hijos de Eduardo III, al llegar al reinado de Enrique VI, había varias personas que podían reclamar la ascendencia real. El resultado fue una época muy sangrienta y caótica conocida como las guerras de las Dos Rosas. Eso no quiere decir que los múltiples hijos de Eduardo III fueran la única causa de las guerras de las Dos Rosas. Hubo muchas otras cosas que salieron mal, pero los varios reclamantes contribuyeron sin duda a lo larga y sangrienta que llegó a ser la guerra.

Así pues, los Plantagenet tenían herederos más que suficientes para asegurar su dinastía real, pero acabaron matándose unos a otros en una sangrienta guerra civil que dio paso a los Tudor. Sin embargo, consiguieron conservar el trono inglés durante 330 años, y durante ese tiempo, muchas cosas cambiaron en la forma en que los ingleses entendían la realeza. Fue la época de las dos guerras de los Barones, la Carta Magna y la Revuelta de los campesinos. Si las dinastías Wessex, danesa y normanda habían tratado de establecer el poder del rey, la dinastía Plantagenet fue testigo de múltiples desafíos y de una redefinición de ese poder.

A menudo pensamos que los reyes medievales ejercían un poder absoluto, pero fue durante el periodo medieval cuando se estableció el Parlamento, que se reunió por primera vez en 1215, en un esfuerzo por controlar el poder del rey. En aquella época, el Parlamento estaba formado por nobles, por lo que no estamos ni mucho menos ante un gobierno controlado por el pueblo. Aun así, es importante reconocer que el Parlamento tenía cierto poder real. A partir de 1362, el Parlamento tuvo que aprobar cualquier impuesto que el rey deseara aplicar. Esto resultaría ser un importante control de la autoridad real, ya que los reyes no podían hacer la guerra sin obtener fondos a través de los impuestos. Al obtener el control sobre los hilos del erario, el Parlamento tenía un control efectivo sobre el poder del rey. El rey seguía siendo en gran medida quien dirigía el país, pero ahora necesitaba la aprobación de los hombres más poderosos de Inglaterra para hacer ciertas cosas.

El problema de la realeza en la Edad Media

Las revueltas contra el rey y la creación de la Carta Magna y el Parlamento muestran lo confusa que puede ser hoy nuestra comprensión de la realeza. En la Edad Media, los reyes no tenían un poder absoluto ni eran necesariamente respetados como soberanos por designación divina.

La idea de que los reyes poseían un derecho divino y soberano para gobernar de forma absoluta, una teoría conocida como el derecho divino de los reyes, estaba más extendida en la Inglaterra del siglo XVII que en la Edad Media.

Probablemente suene retrógrado. ¿Cómo es que los reyes llegaron a tener un estatus superior más tarde? Tiene que ver con el gran problema subyacente al que se enfrentaban muchos reyes ingleses medievales. Eran solo hombres.

Tanto si luchaban contra rebeldes en su propio país como contra fuerzas extranjeras, los reyes ingleses tenían que pasar mucho tiempo demostrando que podían mantener el trono, y parece que por cada rey que lo conseguía, había otro que no. Los reyes poderosos conquistaban y gobernaban con firmeza solo para que su hijo o su nieto perdieran todo lo que habían ganado, y no había ninguna forma garantizada de que una familia mantuviera un asidero seguro en el trono. En 1135, Inglaterra se enfrentó a la Anarquía como consecuencia de la muerte del rey Enrique I sin heredero. En 1455, Inglaterra volvió a desangrarse bajo un conflicto interno masivo con las guerras de las Dos Rosas, pero este conflicto tuvo su origen en el exceso de pretendientes con sangre real. Así pues, no tener un heredero y tener demasiados herederos condujo al caos en este periodo. También estaba el hecho de que simplemente tomar el trono por la fuerza era una opción. Tanto Canuto como Guillermo el Conquistador eran extranjeros que se apoderaron del trono inglés. Ricardo I obligó a su padre a nombrarlo heredero, Eduardo II fue depuesto por su esposa, Enrique IV derrocó a su primo Ricardo II y Ricardo III acabó con sus sobrinos para hacerse con el trono.

La realeza inglesa de la época medieval tenía mucho poder, pero ese poder podía ser arrebatado o al menos conflictivo si el rey carecía del carácter para ostentarlo. En muchos sentidos, los reyes medievales tenían que valerse por sí mismos si querían mantener la paz más de lo que lo harían algunas realezas posteriores.

En general, el trono inglés en la Edad Media nunca fue tan estable como podríamos pensar, y a medida que la monarquía se adentraba en la era posterior a la Edad Media, se hacía más hincapié en la soberanía suprema del monarca. A lo largo del Renacimiento y más allá, la realeza inglesa comenzó a enfundarse en más fastuosidad. Para crear un trono y una dinastía más seguros, los reyes ya no podían ser solo hombres. Tenían que ser vistos como algo más para que mantuvieran un derecho natural a su posición. Una cosa era derrocar a un hombre o a una familia poderosa. Otra era derrocar a un soberano designado divinamente. Por supuesto, esta forma de entender la realeza también dio lugar a muchos problemas, pero eso fue un problema para el siglo XVII.

Capítulo 10: Ley y orden

La Inglaterra medieval podía ser caótica en ocasiones, pero aún existía un sistema relativamente estable de ley y orden que mantenía la paz en todo el país. El sistema legal inglés medieval es, en algunos aspectos, increíblemente extraño y, en otros, se asemeja a lo que aún existe en la actualidad.

Los tribunales

A lo largo del periodo medieval, el sistema jurídico inglés experimentó muchos cambios, y una de las mejores formas de verlo es en el número de tipos diferentes de tribunales que se establecieron.

En la época anglosajona había dos grandes tipos de tribunales: el *hundred* y el *shire*. El *hundred* era una división del mayor *shire* y atendía los casos menores, mientras que los tribunales del *shire* atendían los casos mayores. La conquista normanda y el sistema feudal añadieron otro tipo de tribunal: el tribunal señorial. Los tribunales señoriales los celebraban los terratenientes para sus arrendatarios. Se ocupaban de asuntos como la compraventa de tierras y delitos penales menores. Los tribunales señoriales estaban restringidos a la jurisdicción de su señor particular. Las multas que recaudaban estos tribunales formaban parte de los ingresos del señor.

Por si esto no fuera suficientemente complicado, también había tribunales eclesiásticos. La jurisdicción entre los tribunales seculares (reales) y los eclesiásticos era a menudo un punto de conflicto. Durante mucho tiempo, los clérigos tenían derecho a ser juzgados exclusivamente por los tribunales eclesiásticos, y cuando Enrique II intentó cambiar esta regla, dio lugar a la famosa controversia Becket.

Enrique II fue responsable de otros cambios importantes en el sistema jurídico inglés. En 1166, en respuesta a la extrema anarquía que predominaba tras el periodo de la Anarquía, Enrique II promulgó la *Assize of Clarendon*. Se trataba de una serie de leyes que reformaron el sistema judicial, y uno de los principales cambios que instituyó fue el establecimiento de jueces itinerantes. Los jueces nombrados por el rey debían recorrer circuitos por toda Inglaterra oyendo casos. Era deber de un gran jurado, compuesto por doce hombres, informar de los delitos graves a estos jueces. Bajo este sistema, los acusados de delitos graves debían ser juzgados ante los hombres del rey, consolidando la autoridad de la ley bajo el gobierno central (el rey).

Así pues, la Inglaterra medieval contaba tanto con tribunales locales que juzgaban la mayoría de los casos como con tribunales superiores que juzgaban delitos más graves y apelaciones. La jurisdicción exacta de los distintos tribunales se solapaba y podía ser terriblemente confusa, pero la estructura básica de un sistema judicial de varios niveles estaba ahí. En otras palabras, el sistema judicial era complicado desde hacía mucho tiempo.

Castigos

Antes de hablar de cómo determinaban los medievales si alguien era culpable (lo hacían de formas bastante extrañas), hablemos de lo que ocurría si se lo declaraba culpable. Si lo pillaban infringiendo la ley en la época medieval, ¿qué tipo de castigo podía esperar?

Al igual que el crimen y el castigo actuales, los castigos medievales variaban mucho en función del delito. El sistema legal medieval era duro e incluso horripilante, pero no cortaban la mano a nadie que infringiera una ley. Los castigos medievales iban desde el pago de una multa hasta la ejecución en la horca y el descuartizamiento. Estos son algunos de los castigos propios de la época:

- **El cepo y la picota** Tanto el cepo como la picota eran una forma de castigo vergonzoso. En el cepo, la persona culpable tenía los tobillos atrapados en una tabla, mientras que en la picota, la persona tenía la cabeza y los brazos atrapados. La picota era un poco peor que el cepo, pero ambos castigos eran para delitos menores como la vagancia y la embriaguez. La persona atrapada podía ser objeto de burlas por parte de la multitud y se le arrojaban cosas como verduras podridas. Sin embargo, a veces se les arrojaban flores si eran muy queridos en la comunidad. Incluso había normas que prohibían arrojar objetos duros (como las piedras) a las personas en el cepo o la picota.

- **Azotes:** Para los delitos más graves, muchos pueblos y ciudades tenían algo más que cepos y picota. También tenían un poste de azotes. La flagelación es exactamente como suena y, como muchos otros castigos medievales, se hacía en público. Este elemento de vergüenza se añadía a muchos castigos medievales.

- **Mutilación:** Cortar una mano era un castigo por robar en la época medieval. El castigo variaba en función de lo robado. Es probable que no se perdería una mano por robar una manzana, pero se podía perder una mano dependiendo de lo que se robara y a quién se robara. Perder un pie era otro castigo potencial.

- **La horca:** Aunque tenían algunos métodos de ejecución mucho más sangrientos, el principal método de ejecución en la Inglaterra medieval era el ahorcamiento. Sin embargo, el método de la caída larga en la horca, que aseguraba que el cuello de la persona se rompiera, no se puso en práctica hasta el siglo XIX. El ahorcamiento en la Edad Media era una muerte por estrangulamiento mucho más lenta. Dependiendo de su crimen, los cuerpos de algunos criminales se dejaban colgando de la horca como exhibición pública. El cuerpo también podía ser mutilado tras la muerte. Estas prácticas servían de advertencia a los demás y formaban parte del intento del periodo medieval de prevenir la delincuencia.

- **Quemado en la hoguera:** Ser quemado en la hoguera es tan horrible como suena, probablemente incluso más. Es imposible imaginar la agonía de ser quemado vivo. ¿Qué delito provocaría recibir un castigo tan horrendo? La herejía religiosa, incluida la brujería, era el delito que merecía la hoguera. La práctica de quemar a los acusados de herejía continuó pasada la Edad Media. María la Sangrienta, que fue reina de Inglaterra de 1553 a 1558, se ganó ese apodo por su persecución a los protestantes, que incluyó la quema de más de trescientas personas. La quema en la hoguera también se utilizó como castigo para las mujeres culpables de traición y para algunos otros delitos.

- **Arrastrado, ahorcamiento y descuartizamiento:** El castigo medieval reservado a lo peor de lo peor era el arrastrado, el ahorcamiento y el descuartizamiento. Este castigo era para los culpables de alta traición. El arrastrado implicaba arrastrar al criminal hasta la horca. A continuación se lo colgaba, tras lo cual se lo descolgaba y descuartizaba. Descuartizado se refería específicamente a la extirpación de los miembros, pero a menudo también eran mutilados de otras formas, como decapitados y destripados. Las distintas partes del cuerpo se exhibían después públicamente. Si eso no le parece suficientemente horripilante, la parte realmente horrible es que se bajaba a la persona de la horca antes de que estuviera del todo muerta, por lo que seguía viva al comienzo del siguiente paso. A menudo, se les extraían las entrañas ante sus propios ojos y luego se los quemaba antes de descuartizarlos y, a veces, decapitarlos. Este tipo de castigo siguió siendo la pena por traición hasta el siglo XIX. La última vez que se utilizó fue en 1867 y se abolió en 1870.

Lo que puede resultar aún más chocante que los castigos es el hecho de que muchos de estos castigos más duros, como la quema en la hoguera y el arrastramiento, ahorcamiento y descuartizamiento, se desarrollaron en la Baja Edad Media (alrededor de los siglos XI y XII) y persistieron en los siglos XVIII e incluso XIX. Puede que nos guste pensar que estos castigos eran el producto de una especie de edad oscura, pero el periodo medieval no fue el único en repartir castigos horripilantes.

Pero, ¿por qué exactamente eran tan duros los castigos? ¿Eran los medievales demasiado crueles? Había una lógica detrás de estos métodos. El orden público medieval era un sistema basado en la prevención a través del miedo. No había policía. No había cárcel. Las cárceles de la época no servían para retener a los prisioneros como castigo, sino para retener a la gente hasta su juicio. No existía un sistema para detener los delitos en el momento en que se producían ni para mantener a los delincuentes separados del resto de la sociedad. En cambio, el sistema medieval se basaba en estos duros castigos para disuadir a la gente de cometer delitos.

Compurgación

Ahora que sabemos lo que ocurría si se lo declaraba culpable de un delito en la Inglaterra medieval, hablemos de cómo se determinaba su culpabilidad. Sin ciencia forense ni siquiera policía para investigar los delitos, tenían un sistema muy diferente para llevar a cabo los juicios. Una de las principales formas de llevar a cabo un juicio era a través de la compurgación, que también se llamaba la apuesta de derecho.

La compurgación era más un método diseñado para probar la propia inocencia que para establecer la culpabilidad. Tenga en cuenta que esto fue mucho antes de que surgiera la doctrina de «inocente hasta que se demuestre lo contrario». Los sospechosos de delitos en la Edad Media tenían que demostrar su inocencia, y la compurgación era quizá el método más utilizado para hacerlo.

La compurgación era un sistema que se centraba en el juramento. El acusado prestaba juramento declarando su inocencia. Se creería su juramento si lograban encontrar suficientes personas que también juraran su inocencia. Este proceso normalmente requería que el acusado consiguiera que doce personas juraran su inocencia. Estas personas no juraban que sabían que el acusado no había cometido el delito. Más bien, juraban que creían en las palabras del acusado. Funcionaban un poco como testigos de carácter.

A los juramentos se les asignaban valores monetarios precisos, y el valor del juramento de una persona también dependía de su estatus social. La palabra de un noble valía más que la de un campesino. En algunos casos, para demostrar su inocencia, el acusado tenía que adquirir juramentos que sumaban un valor total.

Con este sistema, parece que todo el mundo debería de poder demostrar su inocencia ante cualquier delito, pero no era así. Prestar juramento era un asunto muy serio en la Edad Media. Tenía implicaciones religiosas y legales. Hacer un juramento por alguien con mala reputación podía meterlo a uno en problemas, así que la gente que parecía culpable o que tenía pocos amigos lo tenía difícil para cumplir los requisitos de la compurgación.

Juicio por ordalía

Uno de los aspectos más desconcertantes del derecho medieval para nuestra comprensión moderna de la ley y el orden era el juicio por ordalía. Había tres grandes tipos de juicios por ordalía: el juicio por adivinación, el juicio por ordalía física y el juicio por combate. De los tres, el juicio por ordalía física, que suele llamarse simplemente juicio por ordalía, era el más común.

Entonces, ¿cómo era el juicio por ordalía? No suena agradable, y definitivamente no lo era. El juicio por ordalía era una forma de determinar la culpabilidad de una persona que dependía del juicio de Dios. Una persona sospechosa era sometida a una prueba física particular con la creencia de que Dios determinaría el resultado. Si la superaban, eran inocentes. Si fracasaban, eran culpables.

Sin embargo, ¿cuáles eran las pruebas físicas reales? En la Inglaterra medieval, existían dos versiones del juicio por ordalía: el juicio de agua fría y el juicio de hierro caliente. El juicio del agua fría consistía en atar a los acusados con cuerdas y arrojarlos a una masa de agua. Si se hundían, eran inocentes. Si flotaban, eran culpables. Esto se basaba en la conexión del agua con el bautismo. Se creía que el agua no aceptaría a una persona culpable y, por tanto, no se hundiría. El juicio por hierro candente era quizá aún más desagradable. Se calentaba un trozo de hierro en el fuego y luego el acusado tenía que caminar una cierta distancia sosteniéndolo. Su culpabilidad no se determinaba por si se habían quemado, sino por lo bien que cicatrizaba la herida. Se les envolvía la mano durante unos días, y si aparecía sin quemaduras o si la herida no parecía enferma al desenvolverla, eran inocentes. Ambos juicios eran supervisados por un sacerdote, que realizaba los rituales necesarios para preparar y llevar a cabo el juicio.

Cuando uno se entera por primera vez del juicio por ordalías, hay dos respuestas comprensibles. Pueden venir a la mente tanto «¡Eso es una barbaridad!», como «¡Eso es una estupidez!». Casi ahogar a la gente y obligarla a sostener metal caliente parece tanto cruel como una forma terrible de determinar la culpabilidad, y es cierto. Era a la vez cruel y salvajemente inexacto, pero a pesar de todo, el juicio por ordalía tiene más matices de los que parece.

En primer lugar, ¿cuándo se utilizó el juicio por ordalía? No todo el que era acusado de un delito tenía que someterse a uno de estos juicios. El juicio por ordalía estaba reservado al tribunal del rey, que solo conocía de delitos graves, por lo que uno no se enfrentaría a un juicio por ordalía solo por robar una manzana. Incluso en los casos que sí llegaban al tribunal del rey, si uno podía demostrar satisfactoriamente su inocencia, no tenía que enfrentarse a un juicio por ordalía. El juicio estaba destinado a apelar al juicio de Dios cuando fallaba el juicio humano. Cabría esperar entonces que se utilizara en casos en los que había una gran incertidumbre, pero también se utilizaba en casos en los que el acusado era muy sospechoso. El juicio por ordalía se utilizaba con frecuencia en personas que se consideraban poco dignas de confianza o que no podían encontrar personas que demostraran su inocencia mediante la compurgación. El juicio por ordalía podía utilizarse tanto cuando había incertidumbre como cuando una persona parecía ser culpable.

El hecho de que a menudo se sometiera a los culpables a un juicio por ordalía queda patente en los casos en los que la persona superaba el juicio. Incluso después de superar el juicio, a algunas personas se les ordenaba abandonar Inglaterra. Dios dijo que eran inocentes, pero, aun así, fueron desterrados. Esto parece sugerir que, en algunos casos, se seguía creyendo que las personas sometidas a estos juicios eran culpables. Entonces, ¿cuál era el propósito del juicio?

Para entender esto, tenemos que darnos cuenta de algo importante sobre los juicios por ordalía. El hecho era que la mayoría de la gente superaba las pruebas. La mayoría de las personas que se sometieron a la prueba del agua fría se hundieron, demostrando su inocencia, y lo que es aún más extraño, la mayoría de las personas que soportaron la prueba del hierro candente también fueron declaradas inocentes. Esto significaba que si usted era sometido a un juicio por ordalía, había muchas probabilidades de que se demostrara su inocencia.

Piense en lo que esto significa para los culpables. El castigo medieval era duro. Si el delito era lo suficientemente grave como para justificar un juicio por ordalía, lo más probable era que el castigo si se lo declaraba culpable fuera mucho peor que el juicio. Probablemente se enfrentaría a la muerte o a la mutilación. Los juicios eran extremadamente desagradables, pero eran mejores que eso. Entonces, el juicio por ordalía podía ser una forma de que el culpable escapara a un castigo mucho más duro.

Por supuesto, seguía existiendo la posibilidad de fracasar en el juicio y encima tener que enfrentarse al castigo por el delito, y no cabe duda de que a veces también se obligaba a personas inocentes a soportar el juicio. Esta práctica no constituía un sistema judicial justo, pero, extrañamente, pudo haber otorgado clemencia a más personas de las que creemos. Aun así, la sociedad medieval parecía ser consciente de los fallos de esta práctica. Los juicios por ordalía fueron prohibidos por la Iglesia en 1215, y como los sacerdotes eran fundamentales en los juicios, el juicio por ordalía desapareció rápidamente después de 1215.

Los juicios por combate eran mucho menos comunes, pero también existieron en la época medieval. Estos juicios solían ser practicados solo por nobles. Los juicios por combate también requerían que hubiera algún tipo de acusador al que se enfrentara el sospechoso, por lo que no eran prácticos en muchos casos. Al igual que el juicio por ordalía física, se suponía que Dios estaría con el hombre que tuviera razón. Si el acusado perdía el combate y sobrevivía, entonces tendría que enfrentarse al castigo que dictara su delito.

Juicio por jurado

Aunque muchas de las prácticas de la ley y el orden medievales nos parecen crueles y extrañas, este periodo también vio el comienzo de algo que se ha convertido en fundamental en muchos sistemas legales modernos: el juicio por jurado.

Los juicios con jurado tienen una larga historia en Inglaterra. No fueron establecidos por una única ley, sino que se desarrollaron a lo largo del tiempo. Los orígenes exactos de los primeros juicios con jurado no están claros. Es posible que las tribus anglosajonas ya tuvieran el inicio de los juicios con jurado, pero la práctica podría haber sido introducida por los normandos tras la Conquista. El *Assize of Clarendon* de 1166 estableció el uso de un gran jurado para determinar qué casos llegaban ante los jueces del rey en su circuito. Después de que la Iglesia aboliera los juicios por ordalía en 1215, los juicios con jurado adquirieron más importancia, puesto que los juicios por ordalía ya no eran una opción.

Además, en 1215, la Carta Magna declaraba: «Ningún hombre libre será apresado, o encarcelado, o destituido, o proscrito, o exiliado, o destruido de ninguna manera; ni iremos sobre él, ni enviaremos sobre él, a menos que sea por el juicio legítimo de sus pares, o por la ley del país». El «juicio legítimo de sus iguales» muestra claramente que el juicio por jurado era un concepto conocido en la época de la Carta Magna, y el hecho de que se incluyera en ella demuestra que también se concedía cierta importancia a esta práctica.

Entonces, ¿eran los juicios medievales con jurado lo mismo que un juicio con jurado en la actualidad? En la práctica medieval, el jurado estaba más cerca de lo que nosotros llamaríamos testigos. El jurado estaba formado por hombres de la comunidad que decidían el caso basándose en lo que sabían. No había abogados que presentaran pruebas. El jurado decidía basándose en lo que casualmente sabían sobre el caso y el sospechoso.

El sistema de jurados era exclusivo de la Inglaterra medieval. Se extendió a otras zonas con el colonialismo británico y apareció en Francia tras la Revolución francesa, pero en la Edad Media solo había jurados en Inglaterra.

El derecho medieval suele evocar imágenes de ejecuciones brutales y corrupción, y aunque esas cosas existían, el sistema en general era mucho más que eso. La introducción en ese periodo de los juicios con jurado ha sido uno de los impactos más duraderos de la Edad Media inglesa.

Capítulo 11: Fe e identidad religiosa

En la gran cronología de la historia humana, el ateísmo e incluso el agnosticismo son invenciones recientes. Durante la mayor parte del pasado, todo el mundo al menos profesaba ser religioso o creer en alguna deidad. En la Inglaterra medieval, el cristianismo era la religión abrumadoramente dominante. No sería del todo exacto decir que, en algún momento, todo el mundo en la Inglaterra medieval era cristiano, al menos en algún sentido. ¿Cómo es posible?

La religión en la Edad Media difería mucho de la que experimentamos hoy en día. Recuerde que la Carta de Derechos estadounidense con su enmienda sobre la libertad religiosa no se aprobó hasta 1791. Antes de eso, la religión era determinada por el gobierno. Usted era cristiano porque su rey lo había determinado. Eso no significaba que todo el mundo creyera en las mismas cosas, pero sí que oficialmente todo el mundo era de la misma religión. Y en la Edad Media, esa religión era el cristianismo.

Efectos del cristianismo

Ya hemos hablado de la conversión de los anglosajones en el capítulo 4, así que ahora veamos más de cerca qué efecto tuvo el cristianismo en Inglaterra y su pueblo.

Como mencionamos brevemente al hablar de la conversión de los anglosajones, una de las cosas más importantes que el cristianismo aportó a Inglaterra fue la alfabetización. No estamos hablando de llevar la alfabetización a la población en general, sino simplemente del hecho de que los monjes y sacerdotes supieran leer y escribir. Muchas de las fuentes históricas de enorme importancia que tenemos ahora, como la *Historia eclesiástica del pueblo inglés* de Bede el Venerable, fueron escritas por monjes y otros miembros del clero. Contar con un grupo que pudiera escribir las cosas también significaba que era mucho más fácil crear un sistema jurídico más unificado y llevar la cuenta de cosas como nacimientos, defunciones y matrimonios. El cristianismo contribuyó así a crear reinos anglosajones más grandes y organizados, que finalmente desembocaron en una nación inglesa.

Como probablemente se haya dado cuenta en el capítulo sobre arte y arquitectura, el cristianismo también tuvo un gran impacto en la cultura de la época. La mayoría de las obras de arte, literatura y arquitectura tenían motivaciones religiosas. Además del arte cristiano, las leyes y costumbres de la época también estaban profundamente ligadas a la religión dominante. Había tribunales eclesiásticos y leyes que prohibían cosas como la usura porque estaban prohibidas en la Biblia. Uno podía ser arrestado por hereje del mismo modo que por robo o asesinato.

Lo cierto es que la influencia del cristianismo estaba tan extendida en la Edad Media que resulta difícil describirla. El cristianismo estaba en la cultura y en las leyes. Impregnaba el ritmo mismo de la vida medieval. Se filtró tanto en el trasfondo y el contexto que hoy nos resulta muy difícil discernir hasta qué punto la gente se tomaba en serio su fe y su identidad religiosa en este periodo. Todos eran cristianos, pero ¿hasta qué punto lo eran? Quizá la mejor manera de responder a esta pregunta sea observar las demás creencias religiosas de la Inglaterra medieval.

Restos de paganismo

Lo primero que queremos recordar aquí es que las creencias verdaderamente nativas de los britones ya habían sufrido un duro golpe antes de la llegada de los anglosajones. A los romanos no les gustaban los druidas, por lo que gran parte de la religión organizada original de los nativos britones ya se había perdido cuando Gran Bretaña se convirtió en colonia romana. Cuando los anglosajones se convirtieron entonces al cristianismo, la religión organizada de Inglaterra cambió gradual y totalmente al cristianismo. Lo que persistió durante mucho más tiempo no fueron las religiones paganas organizadas, sino más bien las creencias y prácticas populares que acompañaban a esas religiones.

Los campesinos de la Inglaterra medieval se llamaban y creían cristianos. Sin embargo, al mismo tiempo, seguían creyendo en cosas como las hadas y los espíritus. Las mismas personas que asistían a misa todos los domingos también realizaban hechizos y usaban amuletos para protegerse de estos seres sobrenaturales. Estas creencias populares no solo coexistieron con la Iglesia cristiana, sino que a veces se mezclaron con ella. Por ejemplo, una explicación de la existencia de las hadas era que eran ángeles caídos que habían quedado atrapados en la Tierra después de que Dios cerrara las puertas del cielo y del infierno. Otro ejemplo son los días de fiesta. Aunque los días de fiesta estaban organizados por la Iglesia y relacionados con los santos, muchos de ellos tenían orígenes paganos. La Pascua, por ejemplo, parece haber tomado su nombre de la diosa de la primavera, Eostre. Bailar alrededor del mayo en primavera es una tradición pagana, e incluso cosas como decorar los árboles en Navidad tienen raíces paganas. Aunque estas fiestas se celebraban ahora por motivos ligados al cristianismo, las celebraciones en sí solían continuar prácticas ligadas a creencias paganas. El cristianismo era la religión dominante, pero las creencias tradicionales persistían en una extraña mezcla con el cristianismo.

¿Cómo es que la gente estaba de acuerdo con creer tanto en las hadas como en Dios? No hace falta saber mucho sobre la Biblia para saber que la doctrina cristiana oficial no apoya esta mezcla de creencias populares y cristianismo. ¿Significa esto que los campesinos no habían aceptado el cristianismo?

Recuerde que la persona media en esta época era analfabeta, por lo que no podía leer la Biblia. Además, la misa se decía en latín. Así que, aunque todo el mundo era cristiano, la mayoría de la gente no sabía exactamente lo que eso implicaba. Podían creer fácilmente en las hadas y seguir siendo cristianos porque no se daban cuenta de que esas cosas eran contradictorias.

La Iglesia como organización sí intentó erradicar estas cosas hasta cierto punto, pero la difusión de la información y la aplicación de las normas era mucho más lenta y difícil en la Edad Media. Lo que el papa pudiera pensar sobre las cosas tenía poco efecto sobre lo que hacía un campesino de la Inglaterra rural. La Iglesia era mucho más eficaz a la hora de establecer un cristianismo «ortodoxo» en las ciudades y pueblos que en las aldeas rurales.

Además de los restos del paganismo, también hubo quienes rechazaron más plenamente el cristianismo. El movimiento contrarreligioso más famoso de la Edad Media fue el de los cátaros. Los cátaros eran un grupo asentado en el sur de Francia que idolatraba a Sofía, la diosa de la sabiduría. Los cátaros juraban servir a Sofía de forma muy parecida a como los caballeros de los poemas de amor cortesano juraban proteger a sus damas. La conexión era tan profunda que algunas personas creían que el género del amor cortés de este periodo fue producto del intento de los cátaros de difundir sus creencias.

La Iglesia no veía con buenos ojos a los cátaros ni a otros herejes religiosos. Los cátaros fueron aniquilados en la cruzada albigense, y la inquisición de la Iglesia trató con severidad a cualquier otra persona que considerara herética. Así que, aunque no estuviera de acuerdo con la fe cristiana en la Edad Media, era mejor no anunciarlo.

La vida cotidiana y la Iglesia

Entonces, ¿significa eso que la gente no era cristiana, sino que simplemente estaba demasiado asustada de la Iglesia como para actuar de otro modo? No exactamente. Como ya hemos mencionado, el cristianismo tenía una enorme influencia en todos los habitantes de la Inglaterra medieval, desde el rey hasta un granjero arrendatario. Los habitantes de la Inglaterra medieval no eran cristianos solo de nombre. El cristianismo formaba una gran parte de la vida de todos.

Ya hemos hablado de los numerosos días festivos repartidos a lo largo del año, pero para reiterarlo, había *muchos* días festivos (entre cuarenta y sesenta). Además de esos días libres, los domingos también eran días dedicados al descanso o, mejor dicho, dedicados al culto. La religión, por tanto, determinaba el ciclo de descanso y trabajo para todos, y en una sociedad tan centrada en el trabajo, eso equivalía a determinar el ritmo mismo de la vida.

La religión era también una parte esencial del gran ciclo de la vida. Los bebés eran bautizados poco después de nacer. La Iglesia era la autoridad que te casaba. También era la institución que te enterraba. La Iglesia estaba presente en todos los acontecimientos más importantes de la vida, lo que significaba que su presencia se sentía constantemente.

Además de fijar el calendario y desempeñar un papel clave en los acontecimientos importantes de la vida de una persona, el cristianismo también influyó en la vida de la gente a través de una práctica que se generalizó increíblemente a lo largo de la Edad Media: las peregrinaciones.

Peregrinaciones

La idea de una peregrinación religiosa no es ni mucho menos exclusiva del cristianismo medieval. Antes del cristianismo, los judíos viajaban a Jerusalén y al templo para acontecimientos religiosos importantes. Hoy en día, los musulmanes siguen realizando el *hach*, una peregrinación a La Meca. Sin embargo, en la Inglaterra medieval, la práctica de las peregrinaciones estaba específicamente vinculada al cristianismo.

Esto en sí es un poco extraño porque el cristianismo, a diferencia del judaísmo y el islam, no destaca específicamente lugares concretos como santos. No hay nada en la doctrina cristiana que exija o incluso anime a hacer un viaje físico como acto de piedad religiosa. En todo caso, el énfasis en las peregrinaciones cristianas en la Edad Media muestra lo enredado, o quizá más bien influenciado, que estaba el cristianismo medieval por otras creencias y prácticas.

Entonces, si los peregrinos cristianos no seguían ninguna ordenanza religiosa, ¿por qué peregrinaban? Había varias razones. Algunas personas viajaban a lugares concretos con la esperanza de encontrar una curación milagrosa. Otras personas peregrinaban como forma de penitencia por sus pecados. También había quienes peregrinaban como una mezcla de fe y turismo. Los primeros cristianos viajaban a Tierra Santa para ver los lugares por los que habían caminado Cristo y los apóstoles. Los lugares de descanso de los santos se convirtieron también en populares destinos de peregrinación. Muchos peregrinos hacían recorridos de peregrinación, visitando varios lugares en un solo viaje. Este deseo de ver cosas asociadas a su fe dio lugar a la popularidad de las reliquias.

Las reliquias son una de las cosas más infames de la religión en la Edad Media. Los lugares que afirmaban tener cosas como los huesos de varios santos, trozos de la cruz e incluso el Santo Grial (que era la copa que Cristo utilizó en la última cena) atraían a muchos visitantes. La gente no solo viajaba para ver reliquias, sino que estos objetos religiosos también crearon todo un mercado. Los peregrinos que viajaban a lugares sagrados podían comprar reliquias, tanto como recuerdo de su viaje como por los poderes que se decía que estos objetos poseían. Los visitantes de la catedral de Canterbury, por ejemplo, solían comprar viales de lo que se decía que era la sangre de Thomas Becket diluida en agua. Se creía que el brebaje tenía capacidades curativas milagrosas.

Cuando uno escucha hablar de las reliquias hoy en día, es difícil no poner los ojos en blanco. Parece un sistema excelente para engañar a viajeros crédulos y hacerlos comprar trozos de madera y huesos de animales cualquiera. Sin embargo, la gente de la Edad Media era consciente de este inconveniente de las reliquias. Los *Cuentos de Canterbury* de Chaucer, que es una historia sobre un grupo de personas que van en peregrinación a Canterbury, incluye a un personaje que vende reliquias falsas. Las reliquias eran un gran negocio en esta época, pero no está claro hasta qué punto la gente se lo tomaba en serio.

Podríamos pensar que los peregrinos eran unos pocos fanáticos religiosos aislados, pero la práctica estaba bastante extendida en este periodo. Era tan prominente que hubo un floreciente negocio en torno a las peregrinaciones. Surgieron posadas a lo largo de rutas de viaje bien conocidas hacia destinos populares, y los peregrinos a menudo compraban insignias distintivas, bastones y vestimentas que los marcaban como peregrinos, por no mencionar las reliquias. Para pagar estas cosas, los peregrinos tenían que llevar encima todos los fondos para el viaje, lo que los convertía en un blanco fácil para los ladrones. Los caballeros templarios se crearon originalmente para proteger a estos peregrinos. Las peregrinaciones eran tan comunes que surgieron infraestructuras en torno a esta actividad.

Hablando de los caballeros templarios, hubo otro tipo de peregrinación que se ha convertido casi en sinónimo de la Edad Media: las cruzadas. ¡Un momento! Las cruzadas no eran peregrinaciones. Eran guerras religiosas en las que los cristianos europeos intentaban recuperar Tierra Santa de manos de los musulmanes y detener la expansión del islam. Es cierto, pero las cruzadas fueron, en cierto modo, un tipo de peregrinación. Al igual que viajar a un lugar sagrado concreto, participar en una cruzada era un acto de fe y a menudo se consideraba un medio de penitencia y redención. Las cruzadas eran viajes con fines religiosos, por lo que eran peregrinaciones, aunque violentas.

Entre cruzados y otros peregrinos que solo querían ver los lugares, Tierra Santa era un popular destino de peregrinación. Roma era otro, ya que era el hogar de la Iglesia. Inglaterra, sin embargo, albergaba uno de los destinos de peregrinación más populares: Canterbury. Canterbury fue el lugar del martirio de santo Tomás Becket en 1170, tras lo cual se convirtió en uno de los lugares de peregrinación más visitados. Otros lugares de peregrinación fueron St. Albans, la abadía de Westminster, York, Walsingham y otros. La mayoría de los lugares eran visitados principalmente por personas de un área local, pero cuanto más venerado era un lugar, más lejos viajaba la gente para verlo.

Otras religiones de la Edad Media

Aunque el cristianismo dominaba ciertamente Europa, no era la única religión organizada importante de esta época. El judaísmo y el islam fueron las otras dos grandes confesiones de la época.

Como probablemente pueda deducir por la existencia de las cruzadas, musulmanes y cristianos no se llevaban bien en la Edad Media. Recuerde que era el periodo de la historia en el que la Iglesia quemaba herejes en la hoguera, por lo que la idea de tolerancia religiosa era inexistente. Como el islam seguía expandiéndose en Oriente Próximo, la Europa cristiana sintió que tenía que detener ese avance y recuperar Tierra Santa, de ahí las cruzadas.

La historia exacta de las cruzadas es confusa. Hubo muchas y en ellas participaron muchos grupos diferentes. Los cruzados cristianos no consiguieron expulsar a los musulmanes de Tierra Santa. Con su posición de isla aislada, Inglaterra no se vio muy afectada por este conflicto religioso, aunque Ricardo Corazón de León pasó más tiempo en las cruzadas que en Inglaterra. Sin embargo, Inglaterra sí tuvo una relación mucho más implicada y rocambolesca con un grupo religioso diferente: los judíos.

Desde que Roma saqueó Jerusalén y destruyó el templo en el año 70 de la era cristiana, los judíos se habían quedado sin patria. Así pues, vivían entre varias naciones, incluida Inglaterra. Recuerde que la tolerancia religiosa no era una virtud en aquellos tiempos, por lo que difícilmente puede decirse que los judíos de Inglaterra fueran bien vistos. El antisemitismo era rampante y, sin embargo, de alguna manera se toleraba la presencia de una pequeña población judía. ¿Por qué?

Todo se reducía al dinero. En la Edad Media, la Iglesia tenía leyes contra la usura. Si bien eso vendría a significar más tarde prestar dinero con tipos de interés explotadores, en la época medieval significaba prestar dinero con cualquier interés. A los cristianos no se les permitía prestar dinero para ganar dinero, lo que hacía muy difícil adquirir capital con el que financiar proyectos e inversiones de mayor envergadura. Como los judíos no eran miembros de la Iglesia, no tenían que seguir esas normas, por lo que los prestamistas judíos eran una importante fuente de capital. Por supuesto, eso también significaba que la gente a menudo debía dinero a los judíos, lo que no ayudaba a los sentimientos antisemitas.

Mientras que muchos ingleses ricos despreciaban así a los judíos porque estaban en deuda con ellos, el hombre más poderoso de

Inglaterra tenía una relación muy diferente con los judíos. El rey ganaba bastante dinero con sus súbditos judíos. La Corona estaba autorizada a confiscar todos los bienes de cualquier usurero a su muerte, aunque este privilegio no se utilizaba tanto como podría pensarse. En su lugar, la Corona permitía a los judíos conservar sus riquezas para poder gravarlas con impuestos y multas elevadas.

En el siglo XIII, esta asociación forzada entre los judíos y la Corona se deterioró. Los judíos se empobrecieron cada vez más debido a los fuertes impuestos de la Corona y pronto dejaron de ser una fuente de ingresos significativa para el rey. Sin los fondos que proporcionaban, se acabó toda pretensión de tolerancia. En 1290, Eduardo I promulgó el Edicto de Expulsión, expulsando a todos los judíos de Inglaterra. Esta decisión se mantuvo durante más de 360 años. No se permitió legalmente a los judíos volver a Inglaterra hasta 1657.

Si se ha estado preguntando por qué el cristianismo fue tan dominante en la Edad Media, probablemente ya se habrá dado cuenta de que se debe en gran parte a que no se toleraban otras religiones. Se quemaba a los herejes, se aniquilaba a los paganos y se expulsaba a los judíos. Sin embargo, como la mayoría de las cosas en la Edad Media, el cristianismo medieval es mucho más que eso. Las iglesias eran el centro de la vida comunitaria, y la fe y la piedad fueron la motivación de muchos de los mayores logros artísticos del periodo.

En el próximo capítulo, examinaremos más de cerca el papel de la Iglesia como institución.

Capítulo 12: El papel de la Iglesia: Iglesia y Estado

Puede ser difícil para nosotros en la época moderna comprender realmente lo central que era la Iglesia, no solo en la Inglaterra medieval, sino en toda Europa en la Edad Media. La Iglesia católica medieval era, con diferencia, la institución más poderosa de la Edad Media. Los reyes buscaban la aprobación de la Iglesia antes de invadir otros países.

Organización de la Iglesia

Una de las cosas que hizo que la Iglesia fuera tan eficaz a la hora de mantener y aumentar su poder fue su organización. El sistema jerárquico de la Iglesia le permitió ejercer eficazmente su poder sobre un área enorme.

La organización de la Iglesia católica medieval es muy sencilla. En el nivel más alto, estaba el papa. Bajo él estaban los cardenales, que eran los jefes administrativos de la Iglesia. Luego venían los arzobispos y obispos, que ejercían el control sobre una catedral y una región concretas. En el nivel más bajo, tenía a los sacerdotes que velaban por las parroquias y pueblos más pequeños.

Si nos fijamos específicamente en Inglaterra, la cúspide de la jerarquía eclesiástica estaba formada por los dos arzobispos, el de York y el de Canterbury. Sin embargo, el arzobispo de Canterbury estaba en realidad por encima del arzobispo de York en la escala eclesiástica y era el jefe de la Iglesia inglesa en la Edad Media.

Además de la clara estructura del clero, la Inglaterra medieval también contaba con bastantes instituciones monásticas. Estas existían junto al orden eclesiástico normal. Estaban dirigidas por abades o abadesas. Como eran organizaciones bastante autónomas e independientes, no había problemas significativos entre el poder y la estructura de la Iglesia y los monasterios.

Ahora bien, hemos dicho que una de las cosas que dio tanto poder a la Iglesia en la Edad Media fue su organización, pero ¿cómo puede ser eso? ¿Qué tenía de especial esta estructura escalonada? Más de lo que podría pensar. Guillermo el Conquistador intentó instituir una estructura muy similar en el sistema feudal para reforzar el poder del rey. Los diferentes niveles, todos ellos vinculados en última instancia a una autoridad central —en el caso de la Iglesia, era el papa, que obtenía su autoridad directamente de Dios—, servían tanto para unificar estrictamente como para ampliar el alcance del poder de la Iglesia.

Los niveles inferiores de la jerarquía (los sacerdotes) se aseguraban de que la Iglesia tuviera una amplia influencia. Los niveles superiores de la jerarquía se aseguraban de que todas las diferentes partes estuvieran en la misma página. En lugar de un mundo en el que cada Iglesia de cada pueblo hacía lo suyo, todos hacían lo mismo

En la época medieval, este nivel de burocracia era revolucionario. Recuerde que una de las razones por las que los reyes anglosajones se convirtieron al cristianismo fue porque vieron cómo un sistema así podía ampliar el alcance de su poder práctico. La propia Iglesia hizo esto mejor que nadie. En su apogeo, la Iglesia fue con diferencia la institución más poderosa del mundo occidental. Veamos más de cerca qué poderes tenía la Iglesia.

El poder de la Iglesia

Quizás el método más extremo que la Iglesia utilizó para guiar al mundo medieval fue la excomunión. La excomunión significaba ser expulsado de la Iglesia, pero era mucho más grave de lo que parece en un principio. Ser expulsado de la Iglesia significaba perder toda comunión con otros miembros de la Iglesia, que en esta época eran todos. La persona media que fuera excomulgada se enfrentaría a un grave aislamiento social, pero eso no era lo peor. La Iglesia era la autoridad de Dios en la Tierra. Ser expulsado de la Iglesia también significaba perder su lugar en el reino de Dios. Se estaría condenando su alma eterna al infierno, y eso era algo que poca gente estaba dispuesta a arriesgar.

La excomunión se utilizó incluso para mantener a los reyes a raya. En 1208, el rey Juan fue excomulgado por negarse a aceptar al designado por el papa para el cargo de arzobispo de Canterbury. Juan resistió durante cinco años, pero cedió en 1213. La excomunión no siempre empujó a los reyes a hacer lo que quería la Iglesia, pero fue una de las formas en que la Iglesia y el Estado se enfrentaron en este periodo.

El poder de la Iglesia también tenía una fuente mucho más mundana: el dinero. Entre los diezmos y las donaciones que recibía la Iglesia, era una institución muy rica, y en la Edad Media, al igual que hoy, el dinero era poder. Los sacerdotes y obispos ricos disfrutaban de estilos de vida fastuosos y de una enorme influencia, y el hecho de que pudieran excomulgar a la gente significaba que era prácticamente imposible delatar incluso a los más corruptos.

La Iglesia también tenía un nivel de jurisdicción en lo que ahora consideraríamos asuntos seculares. La legalidad de cosas como el matrimonio y el divorcio era manejada por la Iglesia y no por el estado. Recuerde que eran los sacerdotes quienes supervisaban los juicios por ordalía, y esos juicios dejaron de practicarse porque la Iglesia los proscribió. Tan respetada era la autoridad de la Iglesia en cuestiones de derecho que las personas que cometían delitos graves, como el asesinato, podían reclamar refugio en una Iglesia para escapar al castigo, al menos temporalmente. También había tribunales eclesiásticos en los que se podían plantear disputas, en lugar de acudir a un tribunal gubernamental.

Así pues, el poder de la Iglesia en esta época era muy real, y la Iglesia tampoco veía ningún problema en intervenir en asuntos que hoy consideraríamos estrictamente seculares. Tal situación produjo naturalmente conflictos.

La controversia Becket

La Iglesia y el Estado estaban bastante enredados en este periodo. Ambos actuaban como autoridades de gobierno sobre el pueblo de la Inglaterra medieval, y eso seguro que provocaba conflictos. Los reyes a menudo intentaban ocupar los cargos eclesiásticos con sus propios hombres para reducir este conflicto y reforzar su poder. Quizá nada ilustre mejor el conflicto entre el Estado y la Iglesia que la controversia Becket del siglo XII.

Thomas Becket comenzó siendo un amigo íntimo del rey Enrique II. Era un amigo tan íntimo que, en 1155, Enrique II lo nombró para el cargo más alto en Inglaterra bajo el rey: el de canciller de Inglaterra. Luego, siete años después de eso, en 1162, Enrique II vio la oportunidad de colocar a su íntimo amigo en una posición aún mayor. Thomas Becket fue nombrado arzobispo de Canterbury.

El nombramiento de Becket como arzobispo de Canterbury muestra mucho de lo que había ido mal en la Iglesia medieval. Becket no era un clérigo. Era un laico y un funcionario del gobierno. El arzobispo de Canterbury debería haber sido elegido, pero en su lugar, había sido nombrado por el rey. En el momento de su nombramiento, Becket también seguía siendo el canciller de Inglaterra, por lo que ahora ostentaba tanto el cargo eclesiástico más poderoso como un poderoso cargo gubernamental. Estaba claro que el rey quería a aquellos que le eran leales en puestos de poder, independientemente de si esos puestos eran eclesiásticos o políticos. La separación de la Iglesia y el Estado era inexistente.

Sin embargo, ese es solo el principio de la historia de Enrique II y Thomas Becket. El plan de Enrique II de colocar a su íntimo amigo en un alto cargo eclesiástico fracasó inesperadamente. Poco después de convertirse en arzobispo de Canterbury, Tomás Becket renunció a su cargo de canciller de Inglaterra. Era una clara señal de que Becket se inclinaba más hacia el lado eclesiástico que hacia el del rey, y la cosa no quedó ahí. Becket comenzó a oponerse a Enrique II, argumentando que el rey se había extralimitado en su autoridad al interferir en asuntos eclesiásticos.

La ironía de esta situación es difícil de pasar por alto. Thomas Becket, que había recibido su nombramiento como arzobispo de Canterbury porque el rey interfería en los asuntos de la Iglesia, le decía ahora a su otrora amigo íntimo que el rey debía mantener sus narices fuera de los asuntos de la Iglesia. Solo podemos imaginar la indignación de Enrique II. En cuanto a por qué exactamente Becket experimentó un cambio tan drástico, no lo sabemos. En un asunto de tal transformación personal, carecemos de pruebas históricas que lo expliquen. Lo único que sabemos es que Becket se tomó muy en serio su nueva postura.

La disputa que provocó la gran erupción entre Enrique II y Becket fue en torno a la delincuencia de los clérigos. El clero tenía derecho a ser juzgado exclusivamente por tribunales eclesiásticos y no por tribunales reales, independientemente del delito. Un sacerdote condenado por asesinato podía esencialmente escapar a la justicia del rey, transfiriendo su caso a un tribunal eclesiástico, donde recibiría un castigo menor. Incluso si un hombre era condenado por algo como violación o asesinato, los tribunales eclesiásticos probablemente solo lo despojarían de su cargo. Enrique II vio esto como un gran problema, y lo era más de lo que podemos imaginar a primera vista. Aunque no había tantos sacerdotes en Inglaterra, había un buen número de personas que entraban en la categoría del clero, aunque no estuvieran ordenados —alrededor de uno de cada seis hombres, de hecho. Como parte de su esfuerzo por establecer una ley y un orden más estrictos tras el periodo de la Anarquía (la guerra civil entre Esteban y Matilde), Enrique II quiso que los clérigos condenados por delitos graves en los tribunales eclesiásticos fueran entregados a los tribunales reales para su castigo.

A nosotros hoy, esto puede parecernos razonable, pero no a los obispos de Inglaterra ni a Thomas Becket. Entregar a los clérigos criminales a los tribunales reales para su castigo destruiría la base de la inmunidad clerical frente a los tribunales seculares. Desestabilizaría la libertad de la Iglesia frente a la autoridad del rey. Después de mucho conflicto, Enrique II presentó a los obispos de Inglaterra y a Becket las Constituciones de Clarendon, que incluían dieciséis cláusulas que tendrían que jurar que la Iglesia obedecería, entre las cuales estaba la idea de Enrique II para tratar con los clérigos criminales. Negarse rotundamente a aceptarla ya habría sido bastante malo, pero Becket fue un paso más allá. A pesar de sus reticencias, Becket convenció a todos los demás obispos para que firmaran las Constituciones de Clarendon junto con él. Becket cambió de opinión unos días después y se retractó de su juramento.

Enrique II estaba lívido, pero ahora, en lugar de perseguir a toda la Iglesia, perseguía a Tomás Becket. Enrique II creó cargos para condenar a Becket, pero este se negó incluso a escuchar el veredicto del consejo del rey porque era miembro del clero; no tenían derecho a juzgarlo. Becket huyó entonces del país, buscando seguridad en Francia.

Becket vivió en el exilio de 1165 a 1170, durante el cual hubo varios intentos de que el arzobispo de Canterbury y el rey de Inglaterra se reconciliaran. En última instancia, fue una cuestión de orgullo lo que hizo que Becket regresara a Inglaterra. En 1170, Enrique II hizo que el rival de Becket, el arzobispo de York, coronara a su hijo Enrique el Joven. Fue un insulto directo al cargo de Becket, y este aceptó finalmente regresar a Inglaterra, donde volvería a coronar a Enrique el Joven.

Tras regresar del exilio a un país en el que seguía siendo bastante impopular entre el gobierno, cabía esperar que Thomas Becket pasara desapercibido durante un tiempo, pero Becket parecía disfrutar haciendo lo inesperado. Inmediatamente después de regresar a Inglaterra, Becket excomulgó a algunos miembros del clero inglés, incluido el arzobispo de York. En un arrebato de ira ante esta noticia, Enrique II dijo algo que cuatro de sus caballeros se tomaron demasiado literalmente. Los relatos de lo que dijo Enrique exactamente varían. Algunos dicen que el rey preguntó: «¿Nadie me librará de este sacerdote problemático?» o «¿Nadie me librará de este sacerdote revoltoso?». Otros relatos dicen que Enrique II dijo: «¡Qué miserables zánganos y traidores he alimentado y promovido en mi casa que permiten que su señor sea tratado con tan vergonzoso desprecio por un empleado de baja estofa!».

Dijera lo que dijera, fue suficiente para cuatro de los caballeros presentes. Cabalgaron hasta la catedral de Canterbury e intentaron arrestar a Becket. Cuando este se negó, las cosas se les fueron de las manos. Becket fue asesinado en la catedral. Asesinar a un arzobispo en una Iglesia no es un buen movimiento publicitario. Independientemente de lo que la gente pudiera haber pensado sobre las acciones de Becket en vida, su muerte lo convirtió rápidamente en santo y mártir. La catedral de Canterbury se convirtió en uno de los destinos de peregrinación más populares no solo de Inglaterra, sino de toda Europa, y se decía que los restos de Becket, en particular su sangre, tenían propiedades curativas milagrosas. Enrique II incluso visitó el lugar del asesinato de su viejo amigo y tuvo que demostrar penitencia por su implicación en el mismo.

Representación de Enrique II y Thomas Becket[36]

La historia de Tomás Becket y Enrique II tiene bastante dramatismo e incluso algunos giros inesperados, pero lo que nos importa para nuestros propósitos es cómo muestra la tensión entre la Iglesia y el Estado en la época medieval. La Iglesia era esencialmente una entidad política, y tener dos órganos de gobierno político actuando dentro de una misma esfera está destinado a causar problemas. Las cuestiones de la autoridad eclesiástica frente a la real acabarían provocando que Inglaterra abandonara la Iglesia católica y estableciera la Iglesia de Inglaterra, en la que el jefe del Estado (el monarca) era también el jefe de la Iglesia.

Críticas a la Iglesia

Los reyes no eran los únicos que tenían problemas con la Iglesia católica medieval. Aunque la Reforma protestante no se pondría en marcha hasta el siglo XVI, ya había quienes cuestionaban la forma de actuar de la Iglesia.

El rey estaba molesto porque la Iglesia interfería con su autoridad, pero ¿por qué el ciudadano medio tenía problemas con la Iglesia? En pocas palabras, la corrupción era rampante. El poder y la riqueza que la Iglesia proporcionaba hacían que los cargos eclesiásticos fueran muy atractivos. Eran tan atractivos que la gente estaba dispuesta a comprar su entrada en ellos. Este acto, conocido como simonía, estaba oficialmente condenado, pero era bastante común. Otro problema importante era el nepotismo, que consistía en que los funcionarios eclesiásticos daban a sus parientes puestos prominentes.

La cosa no acaba ahí. La Iglesia también fue duramente criticada por vender indulgencias. Las indulgencias eran pagos que una persona podía hacer para disminuir su tiempo o el de un ser querido en el purgatorio. Era un negocio muy lucrativo. La gente pagaba bastante dinero para entrar en el cielo. Las indulgencias técnicamente no empezaron como un plan de «pague su entrada» al cielo. La primera indulgencia apareció con las cruzadas, ya que uno podía pagar por sus pecados participando en la guerra santa. Por desgracia, los funcionarios corruptos de la Iglesia no tardaron en ver el símbolo monetario, y las indulgencias se convirtieron rápidamente en un negocio para hacer dinero.

Inglaterra produjo uno de los críticos más famosos de la Iglesia medieval antes de Martín Lutero: John Wycliffe. Como mucha gente, Wycliffe se oponía a la inmensa riqueza que la iglesia controlaba y seguía obteniendo a través de prácticas como las indulgencias. Sostenía que la Iglesia debía renunciar a todas sus posesiones. Las ideas de Wycliffe despertaron el interés de algunos estadistas, en particular de Juan de Gante, que estaba descontento con la inmensa riqueza y el poder de la Iglesia.

La oposición de Wycliffe a la Iglesia se hizo aún más pronunciada y vehemente con el paso del tiempo. Argumentó en contra del derecho de santuario, que, en su opinión, impedía que se hiciera justicia. También atacó duramente la doctrina de la transubstanciación, creía firmemente en la predestinación y fue uno de los primeros en promover una traducción inglesa de la Biblia, todo lo cual se convertiría más tarde en aspectos clave de la Reforma protestante. Es seguro decir entonces que el descontento no solo con el poder de la Iglesia, sino también con parte de su doctrina, no comenzó con Lutero. Mucha gente en la época medieval era consciente de la corrupción de la Iglesia. Reyes como Enrique II no eran los únicos que pensaban que el poder de la Iglesia había ido demasiado lejos.

Si así fuera, ¿por qué hubo que esperar hasta el siglo XVI para que todo esto estallara en la Reforma? Tenemos que recordar que entonces no había alternativas a la Iglesia católica. Si uno no estaba de acuerdo con la Iglesia, no podía simplemente ir a otra Iglesia con la que sí estuviera de acuerdo. Y si uno intentaba separarse, lo excomulgaban o lo quemaban en la hoguera como hereje. La gente se tomaba muy en serio la idea del cielo y, más aún, del infierno. La gente no iba a arriesgarse a una eternidad de castigo por discrepar de la Iglesia. Incluso los reyes podían ser excomulgados. Teniendo esto en cuenta, es casi más sorprendente que la gente llegase a criticar a la Iglesia.

A finales del periodo medieval, la corrupción de la Iglesia había alcanzado su punto álgido, y no pasaría mucho tiempo antes de que Martín Lutero clavara sus *Noventa y cinco tesis* en una puerta en 1517. El gobierno inglés tampoco tardaría en hartarse de las injerencias de la Iglesia católica. Enrique VIII rompería con Roma en 1534, creando la Iglesia de Inglaterra, con el monarca inglés a la cabeza. Este nuevo sistema intentaría resolver el conflicto entre la Iglesia y el Estado, fusionando más estrechamente a ambos.

A pesar de todos sus problemas, la Iglesia católica medieval ejerció una enorme influencia durante mucho tiempo. Su organización y riqueza la convirtieron en una estructura que ni siquiera los reyes podían igualar. Se podría argumentar que, en la época medieval, era la Iglesia y no el gobierno la que realmente tenía más influencia en la vida de la gente.

Capítulo 13: Batallas clave que configuraron la historia medieval

Como ya hemos visto, la historia medieval estuvo llena de mucha violencia y batallas. Hemos mencionado de pasada muchas de estas batallas a lo largo de este libro, pero ¿qué batallas destacan como momentos clave de la historia inglesa?

Hay muchas más batallas importantes que tuvieron lugar en la Edad Media inglesa de las que tenemos tiempo de cubrir, así que echaremos un vistazo a solo cinco batallas que realmente dieron forma a la historia medieval. Estos son los enfrentamientos cuyos resultados se dejarían sentir a lo largo de los años en Inglaterra. Son significativos por su contribución tanto a la historia inglesa como a la militar.

La batalla de Edington (878)

Quizá le sorprenda saber que no empezamos con la conquista normanda y la batalla de Hastings. Aunque la batalla de Hastings ocupa el segundo puesto en nuestra lista de batallas clave, no podríamos perdonarnos el no incluir al menos una batalla del periodo anglosajón. Los anglosajones, después de todo, eran bastante buenos en todo el asunto de la guerra, y su éxito en esta batalla en particular tuvo enormes repercusiones para Inglaterra.

La batalla de Edington tuvo lugar en 878 entre las fuerzas del rey Alfredo de Wessex y los vikingos liderados por el rey Guthrum. Los vikingos habían invadido en gran número en 865 y, en los trece años transcurridos entre entonces y la batalla de Edington, habían logrado conquistar casi toda Inglaterra. Mercia y Wessex fueron los últimos reinos anglosajones en caer en manos de los vikingos. Según cuenta la historia, el rey Alfredo fue expulsado de su reino y se refugió en un pantano. Por suerte para Inglaterra, Alfredo estaba a punto de hacer un gran regreso.

Tras esconderse en los pantanos durante varios meses, Alfredo reunió una fuerza para desafiar a los vikingos en la primavera de 878. Los dos bandos se enfrentaron en algún momento de mayo cerca de la fortaleza de Chippenham, que era donde Alfredo había sido derrotado y obligado a huir varios meses antes. En la batalla propiamente dicha, los anglosajones utilizaron una formación de muro de escudos contra los daneses y, durante un largo día de lucha, desgastaron a los vikingos y los derrotaron. Los anglosajones habían obtenido una gran victoria, que resultó ser decisiva.

El acuerdo de paz que siguió poco después de la batalla, llamado el Tratado de Wedmore, hizo que Guthrum se convirtiera al cristianismo. Los daneses acordaron retirarse hacia el noreste y el este de Inglaterra, abandonando esencialmente Wessex. Este fue el establecimiento del Danelaw. Aunque Alfredo no pudo terminar el trabajo de expulsar a los vikingos por completo de Inglaterra, la batalla de Edington supuso un retroceso en la toma del poder por los vikingos que había comenzado en 865 con la llegada del *mycel hæþen here* (Gran ejército pagano).

Sin la victoria de Alfredo en la batalla de Edington, Inglaterra como nación quizá nunca hubiera llegado a existir. Esta batalla no solo detuvo y condujo al eventual retroceso de la conquista vikinga, sino que también dio inicio a la dinastía Wessex. Dado que Alfredo fue el único rey capaz de hacer retroceder a los vikingos, allanó el camino para el dominio de Wessex. Su nieto, Athelstan, se convirtió en el primer rey de los ingleses. Eso es más que suficiente para calificar la batalla de Edington como una batalla clave en la historia de Inglaterra.

La batalla de Hastings (1066)

A veces, las batallas más significativas en la historia de una nación son las derrotas. La batalla de Hastings en 1066 fue una derrota para los ingleses, y acabaría siendo un enorme punto de inflexión en la historia de la Edad Media.

Recapitulando un poco lo que hemos tratado en los primeros capítulos, en 1066, el soberano de Inglaterra, Eduardo el Confesor, murió sin descendencia, lo que creó una crisis sucesoria. Harold Godwinson se hizo con el trono, pero tendría que luchar por él, ya que muchas personas vieron en la falta de hijos de Eduardo el Confesor una oportunidad para reclamar el trono inglés.

Harold tuvo éxito al rechazar a sus primeros rivales: su propio hermano Tostig y el rey de Noruega, Harald Hardrada. Las fuerzas de Harold los derrotaron cerca de York en la batalla de Stamford Bridge. Traemos esto a colación porque la batalla de Stamford Bridge tuvo un impacto significativo en la más famosa batalla de Hastings. Guillermo de Normandía desembarcaría en Inglaterra solo tres días después de la victoria de Harold en Stamford Bridge, y la batalla de Hastings tuvo lugar unos diecinueve días después de Stamford Bridge. Además, la batalla de Stamford Bridge tuvo lugar cerca de York, en el norte, mientras que la de Hastings tuvo lugar en el extremo sur, cerca de, gran sorpresa, Hastings. Las fuerzas de Harold tuvieron que marchar primero desde Londres para ayudar a los condes del norte en York con la batalla de Stamford Bridge. Luego tuvieron que dar la vuelta y marchar de nuevo hacia el sur para enfrentarse a las fuerzas de Guillermo. Así pues, las fuerzas de Harold no estaban ni mucho menos frescas en la batalla de Hastings, y muchos historiadores consideran que la decisión de Harold de enfrentarse a las fuerzas de Guillermo tan pronto fue un error fatal.

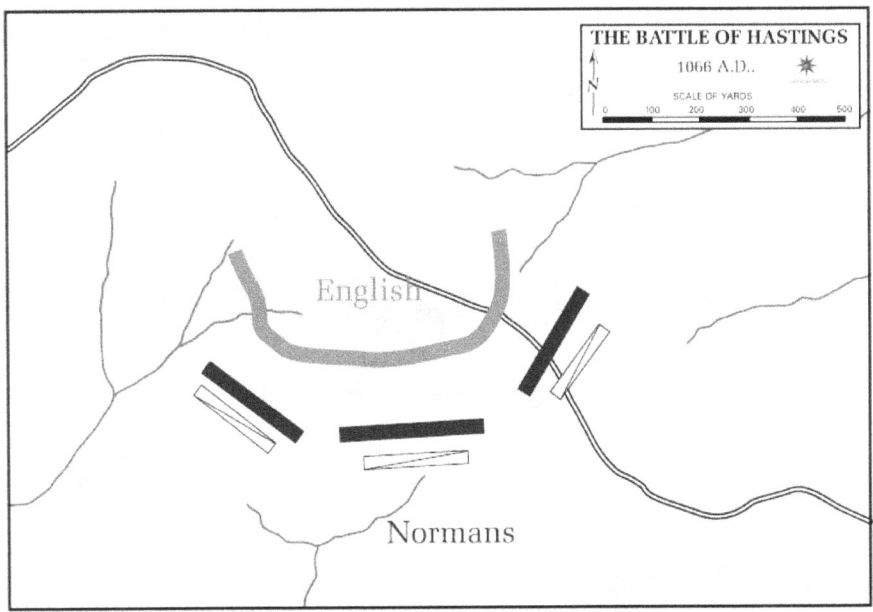

Un esquema básico de la batalla de Hastings[87]

Sin embargo, al comienzo del enfrentamiento real, no estaba nada claro que los normandos se llevaran la victoria. Las fuerzas de Harold mantenían una posición en lo alto de una cresta. Para que los normandos ganaran, necesitaban atacar y romper la línea inglesa. Para que los ingleses ganaran, necesitaban mantener la línea hasta que los normandos estuvieran exhaustos y se retiraran. Al principio, el muro de escudos de los ingleses pudo rechazar a la caballería normanda, pero su única oportunidad real era que los normandos se rindieran. No lo hicieron. Con el tiempo, la posición defensiva de los ingleses se fue desgastando por los repetidos asaltos normandos. En algún momento, Harold fue asesinado, al igual que sus dos hermanos. Sin líder, las fuerzas inglesas se dispersaron al caer la noche.

Tras la batalla de Hastings, Guillermo no se enfrentó a ninguna oposición seria a su invasión. Fue coronado Guillermo I en Londres el 25 de diciembre. La historia de la batalla de Hastings se contó una y otra vez. El famoso tapiz de Bayeux tiene incluso una representación pictórica de esta famosa batalla, mostrando cosas como los hombres con hacha ingleses enfrentándose a la caballería normanda. Desgraciadamente, todo este recuento también significa que existen varias versiones contradictorias que los historiadores se ven obligados a cribar. No conocemos todos los detalles, como por ejemplo cómo murió exactamente Harold, pero sí sabemos que la batalla de Hastings fue la clave de la conquista normanda, y no cabe duda de que el dominio normando provocó algunos cambios significativos para Inglaterra.

La batalla de Bannockburn (1314)

Los reinos de Escocia e Inglaterra se unieron bajo un solo rey en 1603, cuando Jacobo VI de Escocia se convirtió en Jacobo I de Inglaterra. Sin embargo, las naciones siguieron siendo dos estados separados con un solo monarca hasta las Actas de Unión de 1707, que las unieron oficialmente. ¿Qué tiene esto que ver con la historia medieval? Bueno, Escocia e Inglaterra podrían haberse unido mucho antes de no haber sido por la batalla de Bannockburn.

La batalla de Bannockburn fue la última batalla decisiva en un conflicto entre Escocia e Inglaterra conocido como las guerras de la Independencia escocesa. Eduardo I, conocido como el «martillo de los escoceses», había iniciado el proceso de intentar apoderarse de Escocia en 1296, y lo hizo bastante bien. Aunque, en gran parte debido a la película *Corazón valiente*, recordamos a William Wallace como la gran figura que condujo a los escoceses a la victoria en la batalla del puente de Stirling en 1297. Al cabo de un año, Eduardo I había derrotado a Wallace en la batalla de Falkirk. Durante los seis años siguientes, Inglaterra y Escocia lucharon encarnizadamente, pero en 1304, debido a maniobras diplomáticas más que a conflictos, Eduardo I había triunfado esencialmente. Los ingleses controlaban Escocia.

Los ingleses podrían haber mantenido su dominio sobre Escocia, de no ser porque Eduardo I murió en 1307. Tras su muerte, los escoceses rebeldes, liderados por Roberto I Bruce, comenzaron a hacer serios progresos, ganando batalla tras batalla y recuperando Escocia por la fuerza. Las cosas llegaron a un punto crítico en 1314 en Bannockburn.

El hijo de Eduardo I, Eduardo II, no podía quedarse de brazos cruzados mientras Roberto I Bruce recuperaba Escocia. En 1314, invadió Escocia y se enfrentó a las fuerzas de Bruce. El propósito de la invasión era llevar alivio al castillo de Stirling, que era la única fortaleza inglesa que quedaba en Escocia y que no se había rendido a Roberto I Bruce. Sin embargo, cuando las fuerzas de Eduardo II llegaron, los escoceses los estaban esperando.

Los combates duraron dos días, en los que ambos bandos se detenían por la noche. Como los ingleses contaban con una fuerza mucho mayor, la batalla fue una horrenda derrota para los ingleses y una asombrosa victoria para los escoceses. La infantería escocesa había superado a la caballería inglesa. La batalla de Bannockburn fue el final práctico de las guerras de Independencia escocesas, aunque la independencia de Escocia no fue reconocida formalmente por Inglaterra hasta 1328.

Además de su importancia tanto en la historia escocesa como en la inglesa, la batalla de Bannockburn también tiene trascendencia por su contribución a la historia militar. El éxito de la infantería aquí contribuyó a alterar la guerra medieval, de modo que la infantería, más que la caballería, empezó a tener más importancia en el campo de batalla. Este fue el principio del fin de la era de los caballeros a caballo, y nuestra siguiente batalla, que tuvo lugar unos cien años más tarde, solo aceleraría esa desaparición.

La batalla de Azincourt (1415)

Obviamente, este capítulo se centra en las batallas que dieron forma a la historia medieval inglesa, y aunque la batalla de Azincourt sin duda encaja en los criterios, Azincourt también tiene mucha importancia en la historia militar en general. La batalla de Bannockburn había demostrado el poder de la infantería, pero fueron los acontecimientos de esta batalla los que hicieron sonar la quilla de la muerte del caballero medieval de brillante armadura.

Si sabe algo sobre la batalla de Azincourt, probablemente sabrá que fue una victoria asombrosa para los ingleses, tanto que casi ha adquirido un carácter mítico en la historia inglesa. La batalla de Azincourt es el gran clímax de la obra de Shakespeare *Enrique V*. Durante la Segunda Guerra Mundial, esa obra y la batalla de Azincourt fueron representadas en una película, con el famoso actor Laurence Olivier en el papel principal, como parte de un esfuerzo por mantener la moral británica. Más de quinientos años después de que ocurriera, Azincourt seguía siendo una batalla que engrosaba el orgullo inglés. Fue su gran triunfo. Sin embargo, nadie antes de la batalla habría imaginado que ese sería el resultado.

La batalla de Azincourt tuvo lugar en Francia durante una de las campañas de Enrique V en la guerra de los Cien Años. La campaña comenzó cuando Enrique V desembarcó en Normandía en agosto de 1415. Enrique V sitió entonces la ciudad de Harfleur. Aunque consiguió capturar la ciudad, el asedio había durado más tiempo y había sido mucho más costoso de lo que Enrique V había esperado. En octubre, Enrique V y sus fuerzas se dirigieron a Calais, un puerto en poder de los ingleses, donde podría zarpar de vuelta a Inglaterra. Por desgracia para ellos, los ingleses fueron incapaces de cruzar el río Somme y llegar a Calais antes de ser interceptados por las fuerzas francesas. Las probabilidades no estaban decididamente a su favor. Aunque las cifras exactas son objeto de debate, los franceses tenían una ventaja numérica segura sobre los ingleses en Azincourt. El ejército de Enrique V contaba con unos cinco mil o seis mil hombres, y se dice que el ejército francés tenía entre veinte mil y treinta mil. Aunque esto puede ser una exageración, incluso los historiadores más escépticos sitúan al ejército francés en torno a los doce mil, el doble que el inglés. Además de su desventaja numérica, los ingleses también estaban exhaustos. Habían librado un asedio de seis semanas en Harfleur y luego habían marchado duramente para llegar a Calais. Las cosas no pintaban bien.

Para enfrentarse a los franceses, Enrique V situó a su ejército en un campo delimitado a ambos lados por bosques. Los arqueros se colocaron en cuñas a ambos lados de los demás soldados. Esta formación era crucial, ya que servía para contrarrestar la ventaja numérica francesa. El estrecho frente limitaba el número de hombres que los franceses podían lanzar eficazmente contra los ingleses a la vez e imposibilitaba que estos los rodearan. A los ingleses también les ayudó el tiempo. El clima lluvioso había convertido el campo en un lodazal, lo que ralentizó el avance de los caballeros franceses, dando a los arqueros ingleses mucho más tiempo para abatirlos.

La primera oleada de caballeros franceses fue incapaz de arrollar y dispersar a los arqueros ingleses como necesitaban, en parte porque a los arqueros ingleses se les había ocurrido la idea de clavar estacas afiladas en ángulo en el suelo para protegerse de la embestida de los caballeros franceses. Cuando llegó entonces la segunda oleada de caballeros, hicieron más mal que bien al esfuerzo francés. Los franceses se apiñaron demasiado para maniobrar y la batalla empezó a favorecer en gran medida a los ingleses. Para cuando llegó la tercera oleada de franceses, entre los cadáveres y el barro revuelto, todo estaba demasiado desordenado para que pudieran siquiera atacar o escapar de la lluvia de flechas inglesas. Los ingleses terminaron la batalla rápidamente. Los informes dicen que, en total, la batalla de Azincourt solo duró entre media hora y tres horas.

Azincourt debilitó significativamente la posición militar francesa. Enrique V pudo seguir su victoria con más éxitos, y en 1420, estaba comprometido con la princesa francesa, Catalina, y había sido nombrado heredero al trono francés.

Además de ser una importante victoria inglesa en la guerra de los Cien Años, Azincourt había sido también una victoria del arquero inglés sobre el caballero a caballo. Las tácticas de guerra ya habían empezado a evolucionar, como vimos con la batalla de Bannockburn, y Azincourt, las impulsó aún más. El caballero medieval pronto sería una figura que se encontraría más en los cuentos de hadas y los romances que en el campo de batalla.

La batalla de Bosworth (1485)

Hablando en términos de la monarquía y el gobierno de la Edad Media, la batalla de Bosworth fue el conflicto que puso punto final al periodo medieval e inició a Inglaterra en un nuevo camino.

El último enfrentamiento de las infames guerras de las Dos Rosas, la batalla de Bosworth, fue una batalla entre las fuerzas de Ricardo III y Enrique Tudor. Las fuerzas de Ricardo y Enrique se enfrentaron el 22 de agosto de 1485. Como muchas de las batallas de esta lista, fue el bando que inicialmente parecía estar en desventaja el que finalmente se llevó la victoria. Las fuerzas de Enrique Tudor estaban superadas en número y dirigidas por un joven inexperto en la batalla. Ricardo III no solo contaba con superioridad numérica, sino que también era un veterano curtido en batalla de las guerras de las Dos Rosas. Si los dos monarcas llegaban a encontrarse en el campo de batalla, había pocas dudas sobre quién saldría airoso del encuentro.

Afortunadamente para Enrique Tudor, Ricardo III nunca lo alcanzó, por lo que no se produjo ningún combate cuerpo a cuerpo entre ambos. A pesar de su superioridad numérica, el ejército de Ricardo III fue derrotado, y el propio Ricardo murió en la batalla. La victoria de Enrique se debió, al menos en parte, a las fuerzas de los hermanos Stanley. Estos dos lores ingleses habían comprometido sus fuerzas tanto con Enrique como con Ricardo. Las fuerzas de Thomas Stanley permanecieron neutrales durante toda la batalla, pero William Stanley finalmente se unió a Enrique en un momento clave, inclinando la batalla a favor del futuro rey Tudor. Aunque muchos ven las acciones de los Stanley como una prueba de la naturaleza tiránica de Ricardo III, también muestra lo sangrienta e inestable que las guerras de las Dos Rosas habían convertido a Inglaterra. Los hombres eran reacios a unirse a uno u otro bando en este choque de reyes hasta que quedara claro un vencedor, porque elegir al equivocado era a menudo un error fatal.

Y la batalla de Bosworth fue verdaderamente un enfrentamiento entre reyes. Aunque no se enfrentaron directamente, tanto Ricardo III como Enrique Tudor habían calificado la batalla como una especie de prueba por combate. El bando que saliera vencedor sería el que Dios favoreciera. Ellos tendrían el derecho divino al trono. Era una batalla que todos parecían entender que sería decisiva incluso antes de que comenzara.

Con estas apuestas, no es de extrañar que tras perder la batalla de Bosworth, Ricardo III haya pasado a la historia como uno de los reyes más infames de la historia inglesa. Aun así, la historia también registra que Ricardo III luchó valientemente en Bosworth. En contexto, aquella famosa frase de Shakespeare, «¡Mi caballo! ¡Mi caballo! Mi reino por un caballo!» no es Ricardo buscando huir, sino más bien su deseo de volver a la carga en la batalla. Ricardo III lo había apostado todo en la batalla de Bosworth, y cuando perdió, no solo perdió su vida sino, también su legado.

Ricardo III fue el último monarca inglés muerto en batalla, un hecho que demuestra mucho sobre el por qué esta batalla fue tan significativa.

La muerte de Ricardo III supuso el fin de la dinastía Plantagenet, un linaje cuya grandeza había estado ligada, en muchos aspectos, a sus habilidades marciales. Los grandes de los Plantagenet eran poderosos guerreros: Ricardo Corazón de León, Eduardo el martillo de los escoceses y Enrique V, el héroe de Azincourt. Los malos reyes Plantagenet fueron aquellos que fracasaron en ganar batallas: El rey Juan, Eduardo II y Enrique VI.

Cuando Ricardo III murió en Bosworth, ese legado terminó. Los monarcas Tudor no se definirían por la guerra del mismo modo que lo habían hecho los Plantagenet. Irónicamente, la batalla de Bosworth comenzaría a empujar a Inglaterra por un camino menos centrado en la guerra. Fue tanto una culminación como un final de la guerra de la Edad Media.

Capítulo 14: El mito medieval

Cuando oye la palabra mito, ¿en qué piensa? ¿Se imagina a los muchos dioses y diosas del mundo grecorromano? ¿Piensa en historias de héroes embarcados en audaces búsquedas? ¿Piensa en cuentos del folclore con sus múltiples versiones y sus claras moralejas?

¿Qué es un mito? Es una pregunta más difícil de responder de lo que uno podría pensar en un principio. Asociamos muchas cosas diferentes con esa pequeña palabra. ¿Es un mito una creencia religiosa, o es simplemente una historia? ¿Es una forma que tiene la gente de explicar el mundo que los rodea, o es simplemente un entretenimiento? ¿Qué antigüedad debe tener una historia para ser considerada un mito? Hay muchas preguntas que se interponen en nuestra definición de mito.

Sin embargo, ese es un debate para un libro con un enfoque más académico. Lo que nos importa para este libro es que los mitos pueden abarcar una amplia gama de cosas. Así pues, en este capítulo no solo hablaremos de dioses. Nos ocuparemos de las leyendas, epopeyas, cuentos e historias que componían el mundo del mito medieval inglés.

La leyenda artúrica

Antes de examinar algunos de los temas y realidades generales que influyeron en el mito medieval, empecemos por el mito más famoso de la Inglaterra medieval: la leyenda artúrica. Si algún mito medieval inglés ha sobrevivido a través de los tiempos, ese es la leyenda del rey Arturo. Como la mayoría de los mitos, existen muchas variaciones e historias diferentes en torno al rey Arturo. Además del propio rey Arturo, la leyenda artúrica contiene muchos otros elementos y personajes míticos famosos como el mago Merlín, la espada Excalibur, los caballeros de la Mesa Redonda, la Dama del Lago y muchos más. La leyenda artúrica es el mito británico más famoso que se conserva, y es una de las pocas leyendas que asociamos específicamente con Gran Bretaña. Sin embargo, esta historia, aunque es británica, en realidad no es inglesa.

El rey Arturo fue originalmente un héroe celta, y puede que fuera una persona real. Como aprendimos al principio de este libro, cuando los romanos abandonaron Gran Bretaña, los anglosajones la invadieron. Los habitantes celtas de la isla fueron expulsados. Sin embargo, los registros históricos hablan de una increíble victoria celta sobre los invasores anglosajones: la batalla de Badon. Los textos más antiguos que mencionan Badon no nombran a Arturo, pero en el siglo IX, la *Historia Brittonum* de Nennio nombra a Arturo como el líder celta y le atribuye la victoria. Esta parece ser la mención más antigua de Arturo, aunque otro texto de alrededor de esta época, los *Annales Cambriae*, también menciona a Arturo. La leyenda solo creció a partir de ahí, gracias en gran parte a los escritos de Geoffrey de Monmouth en el siglo XII, que llegaría a ser conocido como el padre de la tradición artúrica.

Arturo dirigiendo el ataque en el monte Badon (una ilustración para la obra «Lancelot y Ginebra» de Tennyson)[38]

Entonces, ¿significa eso que Arturo existió? Está lejos de ser cierto. Aunque tanto Nennio como Geoffrey de Monmouth afirmaban estar escribiendo historias, ambas obras valoran claramente más la narración que la exactitud histórica. Además, la batalla de Badon tuvo lugar en torno al año 450, y Nennio, que fue de nuevo el primero en nombrar a Arturo, no escribió su relato hasta unos cuatro siglos después. Ni siquiera estamos seguros de que la batalla en sí tuviera lugar. Lo que sí sabemos es que, tanto si empezó siendo una persona real como si no, el rey Arturo pronto dejó de serlo.

Las historias protagonizadas por Arturo abundaban en las tradiciones orales de la Edad Media y, con el tiempo, algunos escritores medievales llevaron la leyenda al papel. Chrétien de Troyes (un escritor francés) añadió relatos de caballería y romance a la leyenda, pero a quien debemos agradecer la mayor parte de nuestras ideas modernas sobre el rey Arturo es a sir Thomas Malory, que escribió *La muerte de Arturo* (*Le Morte d'Arthur*), un libro que recopilaba muchos de los relatos en una sola historia, en 1485.

La leyenda del rey Arturo es, por tanto, un mito verdaderamente medieval en cuanto a su época de desarrollo. Aunque la batalla de Badon tuvo lugar un poco antes del periodo medieval, las historias sobre Arturo se contaron por primera vez y luego se escribieron en la Edad Media, y el escenario de las historias se modificó para adaptarlo al periodo en el que se contaron y no al periodo en el que Arturo pudo haber vivido.

El hecho de que pensemos en Arturo como la quintaesencia de lo británico, cuando originalmente se lo celebraba por vencer a los anglosajones, nos muestra algo que hacía únicos a los mitos británicos e ingleses de la Edad Media. Había mucha mezcla. La pequeña isla de Gran Bretaña había sido conquistada y colonizada por tantos pueblos diferentes que albergaba mitos celtas, cristianos y germánicos al mismo tiempo. Arturo es un mito celta. Ahora, dirijamos nuestra atención al mito anglosajón más famoso de este periodo.

Beowulf

Justo detrás de Arturo, en cuanto a notoriedad, se encuentra el poema épico en inglés antiguo *Beowulf*, que narra la historia de su héroe titular. La historia de Beowulf parece tener lugar alrededor del siglo VI. Sin embargo, no estamos seguros de cuándo se escribió el poema por primera vez. Se conserva un manuscrito de alrededor del año 1000, pero algunos eruditos creen que pudo ponerse por escrito hasta doscientos años antes. Al igual que otras poesías y cuentos de su época, es probable que *Beowulf* existiera en la tradición oral mucho antes de que fuera compuesto oficialmente por un autor desconocido.

Beowulf es famoso por ser una de las primeras obras literarias en inglés antiguo, y también resulta ser la epopeya europea más antigua que conocemos. Sin embargo, aunque es famoso por haber sido escrito por primera vez en inglés antiguo, *Beowulf*, al igual que la leyenda artúrica, no es exactamente inglés. Se trata de un relato escandinavo. En la primera mitad del poema, Beowulf ayuda a Hrothgar, el rey de Dinamarca, matando a dos monstruos que han estado aterrorizando a los daneses. En la segunda mitad, Beowulf se convierte en el rey de Geatland, que era una zona en lo que hoy es el sur de Suecia.

Beowulf forma parte entonces de una cultura más germánica que llegó a Inglaterra con los anglosajones a principios de la Edad Media. En la historia también podemos ver la influencia del cristianismo. A diferencia de los héroes de antiguas epopeyas como la *Odisea*, la *Ilíada* y la *Eneida*, Beowulf pasa todo su tiempo luchando contra monstruos, puras encarnaciones del mal, y no contra hombres. Incluso así, el tono de *Beowulf* es mucho más sombrío. La historia termina con un Beowulf envejecido que resulta herido de muerte en su lucha contra un dragón. El clásico héroe guerrero está ahí, pero *Beowulf* también conlleva una sensación de melancolía que no está presente en otras epopeyas antiguas. Refleja las tensiones de una cultura que glorificaba la guerra al tiempo que valoraba las doctrinas del cristianismo.

Con influencias tanto celtas como germánicas, así como la siempre presente influencia del cristianismo, el mito en la Inglaterra medieval procedía de diversas fuentes. Hay pocos cuentos de este periodo que sean puramente «ingleses». Sin embargo, existe una colección de cuentos escritos en la Baja Edad Media que sí ostentan ese título.

Los cuentos de Canterbury

Los cuentos de Canterbury fue un libro escrito por Geoffrey Chaucer a finales del siglo XIV. Sigue el viaje de treinta peregrinos que se dirigen a visitar el santuario de Thomas Becket en la catedral de Canterbury. Por el camino, participan en un concurso de relatos, y el libro es sobre todo una recopilación de los diversos cuentos que relatan los peregrinos. Hay veinticuatro cuentos, pero el libro está incompleto. Chaucer tenía planes para muchos más cuentos.

Los cuentos de Canterbury pueden estar más cerca de la literatura que de un mito. A diferencia de la leyenda artúrica y de *Beowulf*, *Los cuentos de Canterbury* se escribieron primero y no como una historia popular que solo se puso por escrito más tarde. Sin embargo, muchos de los cuentos incluidos están tomados, al menos parcialmente, de otras fuentes, por lo que, aunque Chaucer los modificó y escribió en el siglo XIV, algunas de las historias eran mucho más antiguas.

Otra razón por la que *Los cuentos de Canterbury* son un importante ejemplo del mito inglés es por su enorme variedad. La colección incluye una gran variedad de relatos, desde humor crudo hasta piedad, tragedia y fábulas. Una de las razones por las que tiene tanta variedad es que Chaucer incluyó muchas clases diferentes de personajes en su relato. Hay un caballero, una monja, un monje, un molinero, un médico, un marinero y muchos otros que forman el grupo de treinta peregrinos, y todos ellos cuentan una historia que encaja con su posición. El libro es, por tanto, un excelente ejemplo de muchos tipos diferentes de relatos medievales. Puede leer *Los cuentos de Canterbury* y hacerse una idea general de los tipos de historias que contaba la gente en esta época.

Los cuentos de Canterbury también son importantes en la historia de la cultura inglesa. Tras la conquista normanda, el francés se convirtió en la lengua preferida de los poderosos, y el inglés (en esa época utilizaban el inglés medio) quedó reducido a ser visto como una lengua menor utilizada por los campesinos. Chaucer, sin embargo, escribió *Los cuentos de Canterbury* en inglés medio, no en francés, y fue una de las primeras obras de la literatura verdaderamente inglesa gracias a ello. Entre *Beowulf* y *Los cuentos de Canterbury*, el periodo medieval es enormemente importante por cómo convirtió los mitos e historias ingleses en literatura. Es el periodo en el que los relatos escritos empezaron a ganar popularidad, aunque aún pasaría mucho tiempo antes de que superaran a la tradición oral.

Folclore medieval

Hablando de tradición oral, la mayoría de la gente en la época medieval era analfabeta, por lo que contar historias en voz alta era la forma en que se transmitían la mayoría de los mitos y cuentos. El folclore medieval se refiere específicamente a las historias europeas que fueron populares entre los siglos V y XVI aproximadamente.

Existe una inmensa variedad de cuentos que entran en la categoría de folclore medieval, y hay una larga historia de eruditos que han intentado ordenarlos y categorizarlos. La principal razón de la dificultad es la naturaleza oral del folclore. Mientras que la leyenda artúrica, *Beowulf* y *Los cuentos de Canterbury* tienen todas piezas famosas de literatura asociadas a ellas, los cuentos folclóricos no se escribieron extensamente hasta alrededor del siglo XIX. Como eran puramente orales, los cuentos variaban de un lugar a otro e incluso de un relato a otro. Contar un cuento folclórico no era solo una cuestión de recitación. Era una representación. Los narradores alteraban la fórmula básica para públicos y escenarios concretos. Todo ello da lugar a muchos cuentos diferentes y a distintas versiones del mismo cuento.

Para intentar dar sentido a toda esta variedad, los folcloristas han desarrollado diferentes categorías para describir algunos de los tipos generales de cuentos de este periodo. He aquí algunos de los tipos de cuentos que puede haber oído de la Edad Media:

- Cuentos de animales: ¿Recuerda las fábulas de Esopo? Los cuentos con animales que actúan como humanos existen desde hace mucho tiempo, y estas fábulas solían enseñar lecciones morales.
- Anécdotas y chistes: Al igual que hoy, los medievales disfrutaban con un buen chiste. Había muchas historias sobre esposas infieles y maridos estúpidos.
- Cuentos del ogro tonto: Eran historias sobre seres sobrenaturales que son superados por el protagonista de la historia.
- Cuentos religiosos y realistas: Estos cuentos solían tener escenarios contemporáneos y una fuerte moral cristiana.
- Cuentos mágicos: Como su nombre indica, estos cuentos tienen magia e incluyen muchos cuentos de hadas populares que han sobrevivido hasta nuestros días, como Cenicienta y Rapunzel. La versión medieval de la mayoría de estos cuentos es mucho más oscura que las versiones para toda la familia que hizo Disney.

Estas variedades permiten hacerse una idea de cuántos tipos de cuentos había, y, aun así, no lo abarcan todo. *Los cuentos de Canterbury* tienen buenos ejemplos de muchos de los diferentes tipos.

Hasta ahora, en este capítulo, nos hemos centrado bastante en las diferentes historias que comprometían al mito medieval, pero otro aspecto de los mitos medievales son las criaturas fantásticas que a menudo aparecían en las historias y que, para muchas personas de la Edad Media, también podían estar acechando a la vuelta de una esquina en el mundo real.

Hadas y monstruos

Hemos mencionado brevemente en el capítulo sobre religión que mucha gente en Inglaterra creía firmemente en la existencia de las hadas y otros espíritus. Sin embargo, no se trataba de las simpáticas criaturas diminutas que visten ropas hechas de hojas y esparcen polvo de hadas. Las hadas medievales eran de una raza diferente. Eran seres malévolos a los que había que complacer o le jugarían malas pasadas.

Tomemos como ejemplo a Puck o Robin en Bueno. En *El sueño de una noche de verano* de Shakespeare, Puck es una figura traviesa y juguetona, pero Shakespeare la escribió durante el Renacimiento. En la época medieval, sin embargo, «puck» podía significar diablo. Un puck no era un ser divertido, sino un espíritu maligno. Se creía que las hadas eran demonios. Tras la difusión del cristianismo, una explicación decía que las hadas eran ángeles caídos que habían quedado atrapados en la tierra. Eran criaturas eternamente malditas y malévolas, y la gente de la Inglaterra medieval se las tomaba muy en serio. A la gente ni siquiera le gustaba pronunciar la palabra hadas y a menudo se referían a ellas como la gente pequeña.

Había muchos tipos diferentes de hadas. Un tipo era un *will-o'-the-wisp* (fuego fatuo), que tomaba la forma de una luz resplandeciente que llevaba a la gente por el mal camino. Podían hacer que uno se perdiera o incluso llevarlo a la muerte en un pantano. Otro tipo eran los *brownies*, que hacían las tareas domésticas si eras amable con ellos. Las *banshees* eran presagiadoras de la fatalidad y los duendes nunca eran buenas noticias. Para la mente medieval, la campiña inglesa estaba llena de seres mágicos.

La creencia en las personitas en Inglaterra era tan fuerte que no se ha extinguido del todo. Hubo informes de avistamientos de hadas incluso en el siglo XX. En las islas británicas, la gente pequeña es algo más que cuentos. Forman parte de la cultura de la región.

Además de hadas y espíritus, los cuentos y la literatura medievales también contaban con bastantes monstruos fantásticos. Los bestiarios de la época eran libros llenos de imágenes de diversos animales, algunos reales y otros míticos. Incluso los animales reales a veces parecían míticos, ya que la gente de Inglaterra intentaba representar animales de tierras lejanas que nunca habían visto. Los delfines tenían caras humanas, pero con la boca en la zona del torso. A continuación presentamos algunas de las criaturas más conocidas y también algunas de las más extrañas de la época:

- Pegaso: El Pegaso es un caballo alado originario de la mitología griega y romana.
- Dragón: El dragón es la bestia suprema. Está relacionado con las serpientes y, por tanto, también con el diablo. Los dragones en la mitología medieval son puramente malignos.
- Mantícora: Una mantícora es una bestia con cuerpo de león, cabeza de hombre y cola de escorpión. Se dice que procedían de los alrededores de la India y Persia.
- *Merknight*: Habrá oído hablar de las sirenas, pero en la época medieval también había *merknights* y sirenos, que son exactamente como suenan. Su mitad inferior es un pez y la superior un hombre con armadura.
- Monje marino: Se decía que estas extrañas criaturas tenían cuerpo de pez y cabeza de monje, con la cabeza rapada y un anillo de pelo. Esto puede haber estado describiendo a las focas.
- Onocentauro: Una criatura con cabeza de asno y cuerpo de hombre. Parece que, después de todo, Shakespeare no fue quien inventó esa extraña creación en *El sueño de una noche de verano*.
- Blemio: Un monstruo con cuerpo de hombre, pero sin cabeza y con la cara en el pecho.

Estos son solo algunos ejemplos de las muchas y variadas bestias del mito medieval. Van desde las clásicas que siguen apareciendo en las historias de hoy en día hasta las francamente extrañas. Dado que la gente medieval sabía muy poco sobre el mundo más allá de su área local, les resultaba muy fácil creer que estas criaturas existían en alguna parte. Puede parecer una locura, pero si lo piensa, una jirafa y un elefante pueden sonar míticos para alguien que nunca ha visto uno.

Así pues, el mito inglés de la Edad Media estaba lleno de muchas criaturas y magia, que es lo que generalmente nos imaginamos cuando pensamos en los cuentos medievales. Sin embargo, no todas las historias veían a Beowulf luchando contra un dragón o a Arturo recibiendo la espada de la Dama del Lago. Había fábulas, chistes, historias religiosas y mucho más. Además, los mitos medievales siguen teniendo impacto en la actualidad. Aunque ya no nos preocupe tanto ofender a la gente pequeña, muchos de los cuentos de hadas que contamos hoy a nuestros hijos son versiones de historias que se originaron en la Edad Media. Han cambiado muchas cosas, pero seguimos disfrutando de muchas de las mismas historias que disfrutaban los medievales.

Capítulo 15: Medicina medieval

Mucha gente es culpable de romantizar en exceso no solo la Edad Media, sino casi cualquier época pasada de la historia. Probablemente, lo hacemos porque somos muy conscientes de nuestros problemas en la actualidad. Sin embargo, si hay un avance social al que ni siquiera la persona más chapada a la antigua quiere renunciar, tiene que ser la medicina moderna. No morir es algo que todo el mundo puede apoyar, y gracias a cosas como las vacunas, la anestesia, el descubrimiento de los gérmenes, los antibióticos y muchos más avances, sus posibilidades de recuperarse de una enfermedad hoy en día han mejorado significativamente.

¿Cómo era el mundo antes de la medicina moderna? La primera vacuna, que fue para la viruela, no se desarrolló hasta 1796. El primer antibiótico fue la penicilina, y no se la descubrió hasta 1928. Ni siquiera supimos que los gérmenes causaban enfermedades hasta 1861. Muchas de las cosas que consideramos sellos distintivos de la medicina aún estaban a cientos de años de distancia en la Edad Media, así que ¿qué hacían entonces? ¿Cómo entendían la salud y qué hacían si alguien enfermaba?

Los humores

Muchas de las ideas medievales sobre la salud humana procedían de las antiguas sociedades griega y romana. Una de las grandes ideas de la medicina griega que tuvo una gran influencia en la medicina medieval fueron los cuatro humores.

Se trataba de una teoría desarrollada por Hipócrates. Decía que el cuerpo humano constaba de cuatro humores (fluidos), que eran la bilis amarilla, la flema, la bilis negra y la sangre. Estos cuatro humores estaban controlados por los cuatro elementos: fuego, agua, tierra y aire. Se creía que la enfermedad era el resultado de un desequilibrio de estos cuatro fluidos. Tener demasiada bilis negra te hacía melancólico, la flema te hacía flemático, la bilis amarilla te hacía colérico y la sangre te hacía sanguíneo.

Así pues, la sangría era un tratamiento medicinal habitual porque se creía que purgar el cuerpo del exceso de sangre restablecería el equilibrio. Este procedimiento se realizaba a menudo mediante cortes, pero también se podía drenar la sangre utilizando sanguijuelas. Si la sangre no era el problema, los médicos también podían sugerir determinados alimentos para restablecer el equilibrio del humor corporal.

Los humores iban más allá de mantener la salud. También se creía que afectaban a la personalidad y se clasificaban en función del calor y la humedad.

- Bilis negra: Fría y seca
- Flema: Fría y húmeda
- Bilis amarilla: Caliente y seca
- Sangre Caliente y húmeda

El equilibrio de los humores en el cuerpo de una persona cambiaba con su edad, las estaciones del año e incluso su sexo. Por ejemplo, se consideraba que los jóvenes eran cálidos y húmedos y, por tanto, tenían más sangre, mientras que se pensaba que las personas mayores eran frías y secas, por lo que tenían más bilis negra. El equilibrio de los humores en una persona podía tener un gran impacto en su temperamento. Se creía que la bilis amarilla hacía a una persona valiente, pero demasiada flema hacía a la gente cobarde.

La creencia y la confianza en la idea de los cuatro humores persistieron hasta bien pasada la Edad Media. El énfasis en el impacto de los humores sobre las emociones y la personalidad de una persona se acentuó aún más en el Renacimiento. La teoría de los humores no cayó en desgracia hasta que fue sustituida por la teoría de los gérmenes en el siglo XIX.

Diagnóstico y tratamiento

Puede que los médicos medievales se equivocaran sobre las causas de las enfermedades, pero se tomaban muy en serio la observación de los síntomas de sus pacientes. Los médicos medievales eran expertos en diagnóstico. Determinaban la dolencia de una persona escuchando a sus pacientes, observando, sintiendo el pulso y tomando muestras de orina.

Las muestras de orina eran quizá el método más común de diagnóstico, hasta el punto de que el frasco de orina era el símbolo del médico medieval. Aunque los médicos medievales no podían hacer pruebas de laboratorio en la orina como hoy, sí la examinaban visualmente para determinar un diagnóstico.

Un médico examinando un frasco de orina. Pintura del siglo XVII[20]

Una vez efectuado el diagnóstico, ¿cómo trataban los médicos medievales a sus pacientes? Aunque se utilizaban algunos procedimientos como la sangría, la principal forma de tratamiento era la medicina herbal. Se podían obtener estos medicamentos de un médico o de los monjes de un monasterio, pero en las zonas rurales, a menudo se acudía a un herborista local.

Al igual que la teoría de los cuatro humores, gran parte de lo que los medievales sabían sobre las plantas medicinales procedía de los antiguos. El *De materia medica,* escrito por el griego Dioscórides, fue un libro muy influyente que describía el uso de cientos de plantas.

Sin embargo, los medievales no confiaban únicamente en lo que habían aprendido de los antiguos. Los monasterios albergaban jardines en los que se cultivaban importantes plantas medicinales. Además de cultivarlas, los monjes también experimentaban para aprender más sobre los usos de estas plantas. Sin embargo, aunque estaban interesados en qué usos tenían determinadas plantas, los monjes no estaban tan interesados en descubrir por qué exactamente ciertas plantas eran capaces de curar dolencias concretas. Se contentaban con la explicación de que Dios lo había hecho así.

Como en muchos aspectos de la vida medieval, existía una división en el tratamiento médico de los ricos y los pobres. Solo los ricos tenían acceso a médicos formados. Los campesinos tenían que conformarse con cualquier mujer sabia o herborista local que viviera cerca de ellos. Estos médicos rurales confiaban en su experiencia y en los conocimientos populares que se transmitían, que a menudo incluían los usos de diversas hierbas, así como otros métodos más subrepticios como los amuletos.

Sin embargo, eso no significaba que un campesino con una enfermedad grave estuviera completamente sin suerte. En la Edad Media había hospitales, gracias en gran parte a la Iglesia. Los hospitales solían estar vinculados a grandes monasterios, y eran los monjes y monjas que vivían allí quienes trataban a los enfermos y moribundos. No está claro exactamente cuánto sabía de medicina el monje o la monja promedio, pero los monasterios eran una de las mayores fuentes de hierbas medicinales, por lo que se puede afirmar que probablemente sabían más que los laicos.

Cirugías y procedimientos

Si las hierbas medicinales no bastaban para tratar una enfermedad, se podían utilizar otras cosas para tratar a un paciente. Como ya hemos mencionado, la sangría era un tratamiento común, pero también había procedimientos mucho más complicados. Sin embargo, las cirugías no las realizaban los médicos. En la Edad Media, las profesiones de médico y cirujano estaban separadas. Por lo general, los procedimientos no eran realizados por médicos, sino por barberos-cirujanos.

El nombre de esta profesión puede sonar extraño, pero es apropiado, ya que los barberos-cirujanos de la época medieval tanto cortaban el pelo como amputaban miembros. Un barbero-cirujano realizaba diversas tareas, como fijar huesos, sangrar, sacar dientes, realizar amputaciones y, por supuesto, cortar el pelo. Eran especialmente valiosos en el campo de batalla, donde las amputaciones y otras necesidades médicas de emergencia eran bastante frecuentes. Sin embargo, en general, los barberos-cirujanos gozaban de mucha menos estima que los médicos.

Esa falta de estima podía deberse a que nadie quería someterse a una operación si podía evitarlo. La cirugía era una experiencia horrible que podía matarlo a uno en lugar de salvarlo, y eso no se debía a la falta de habilidad de los cirujanos medievales. El principal problema era la falta de anestesia. Imagínese someterse a cualquier tipo de intervención quirúrgica sin que lo duerman primero, y comprenderá bastante bien por qué la cirugía no era la solución a la que se recurría para los problemas médicos en la Edad Media. Se utilizaban opiáceos, hierbas y alcohol para intentar mitigar el dolor, pero solo conseguían atenuarlo. Fuera como fuese, la cirugía era sin duda una experiencia insoportable.

El dolor no era el único problema. El otro era la infección. Hay una razón por la que hoy en día los médicos realizan las operaciones con mascarillas en una sala completamente esterilizada. Aunque la cirugía sea eficaz, si la herida de la intervención se infecta, el paciente puede acabar en peor estado que cuando empezó. En la Edad Media carecían de los desinfectantes y las técnicas de esterilización que utilizamos ahora. Para prevenir la infección, normalmente se cauterizaban las heridas, lo que se refiere a la práctica de quemar una herida para detener la infección y detener la hemorragia.

Debido a estos problemas, las cirugías en la Edad Media tendían a realizarse en partes más externas del cuerpo. Sin anestesia, los cirujanos medievales no podían llegar a los órganos vitales de una persona, como el corazón, sin un riesgo muy alto de matarla en el proceso. Sin embargo, podían realizar procedimientos como la extirpación de cataratas e incluso la trepanación, que consistía en taladrar un agujero en el cráneo.

No obstante, quizá lo más sorprendente de la cirugía medieval sea lo exitosa que era a menudo. Gracias a las constantes guerras, los cirujanos se volvieron muy hábiles para fijar huesos y remendar heridas traumáticas. No podían realizar operaciones a corazón abierto, pero podían reparar cráneos rotos, amputar miembros y mucho más. La cirugía era sangrienta, dolorosa y bastante peligrosa, pero existía porque obtenía resultados.

Enfermedades medievales

¿De qué trataban exactamente los médicos medievales a sus pacientes? Hablaremos extensamente de la enfermedad más famosa de la época —la peste— en el próximo capítulo, pero no era ni mucho menos la única enfermedad que existía en aquella época. He aquí algunas de las enfermedades, aparte de la peste negra, que asolaron a la población de la Inglaterra medieval:

- Lepra: Aunque la lepra es una enfermedad particular, en la Edad Media, cualquier afección cutánea lo suficientemente desfigurante se denominaba lepra. Una de las principales razones de la prominencia de la lepra era la falta de higiene personal, que facilitaba mucho el desarrollo de infecciones. La enfermedad destruye el exterior del cuerpo, lo que provoca no solo llagas abiertas, sino también la pérdida de los dedos de las manos y de los pies y, en algunos casos, de la nariz de la persona. La lepra se consideraba muy contagiosa y los leprosos solían ser aislados de la sociedad para proteger a los demás. Incluso tenían que tocar una campana para advertir a la gente de que se acercaban.

- Fuego de San Antonio: Esta enfermedad se llama así porque provoca enrojecimiento y ardor en las manos y los pies de una persona. Por desgracia, no se detiene ahí. El enrojecimiento se extiende, convirtiéndose en gangrena que puede causar la pérdida de miembros enteros. El fuego de San Antonio era causado por la ingestión de centeno que había sido contaminado por un hongo particular.

- Enfermedad de la sudoración: Se trataba de una enfermedad de acción rápida que apareció a finales de la Edad Media. Los síntomas progresaban rápidamente, desde un dolor de cabeza y postración hasta sudores intensos y delirios. A menudo, una persona moría a las pocas horas del primer signo de la enfermedad, pero si lograba superar el primer día, solía sobrevivir. Aún hoy no se sabe con exactitud en qué consistía la enfermedad de la sudoración, pero prácticamente desapareció en algún momento después del último brote importante, en 1551.

- Viruela: Hasta que se desarrolló la vacuna en 1796, la viruela era una enfermedad devastadora, especialmente para los niños. Los que sobrevivían solían tener cicatrices de las viruelas, pero las personas eran inmunes a una segunda infección.

- Tuberculosis: Otra enfermedad presente en la Edad Media que, al igual que la viruela, se prolongó durante mucho tiempo fue la tuberculosis. Esta enfermedad provoca masas en los pulmones, que pueden hacer que la gente tosa sangre. A diferencia de casi todas las demás enfermedades importantes de la Edad Media, la tuberculosis sigue siendo una enfermedad considerable. Se propaga más rápidamente en poblaciones densas, por lo que el impacto de la tuberculosis empeoró después de la Edad Media, cuando la industrialización provocó un rápido crecimiento de las ciudades.

Estas enfermedades eran solo algunas de las cosas que podían afligir a una persona en la Inglaterra medieval. También había problemas como la artritis y, para las mujeres, el peligro del parto. Las tasas de mortalidad infantil eran especialmente altas. No era una época fácil para mantenerse sano, independientemente de la clase social.

Religión y medicina

Hoy nos puede resultar fácil mofarnos de la ignorancia de los medievales, pero sin un conocimiento de los gérmenes, los orígenes de diversas enfermedades y dolencias son bastante misteriosos. Los cuatro humores eran una forma de explicar la enfermedad, pero como casi todo en este periodo, la enfermedad y la medicina también estaban ligadas a la religión.

En el Evangelio de Lucas de la Biblia, hay un momento en el que Jesús y sus discípulos se encuentran con un hombre ciego. Los discípulos le preguntan a Jesús de quién es el pecado que ha causado la ceguera del hombre, si suyo o de sus padres. Este pequeño momento es un ejemplo perfecto de cómo la Iglesia medieval pensaba a menudo en la enfermedad. Todo el dolor y la destrucción del mundo se debían al pecado. Por lo tanto, la enfermedad y el mal deben ser el resultado del pecado. Esto sigue siendo cierto en la doctrina cristiana actual, pero lo que los discípulos de Jesús insinuaron con su pregunta y cómo la Iglesia medieval veía la relación entre el pecado y la enfermedad es diferente. No es solo que el pecado en general sea la fuente de todas las cosas malas, sino que el pecado de un individuo es la causa de su enfermedad individual. Si caías enfermo, era porque habías pecado y Dios te estaba castigando.

Ahora bien, si sigue leyendo esa historia en el Evangelio de Lucas, descubrirá que Jesús dijo específicamente a sus discípulos que ese no era el caso. No fue ningún pecado individual el que causó la ceguera del hombre. Sin embargo, la población general de la Inglaterra medieval no sabía leer, ni siquiera poseía una Biblia. Todo lo que sabían de sus creencias religiosas procedía de lo que les contaba la Iglesia, así que la idea de que la enfermedad era el resultado del pecado de una persona se aceptaba ciegamente. Puede empezar a ver por qué la traducción de la Biblia al inglés tuvo un impacto tan grande en la Reforma protestante y en la ruptura definitiva con la Iglesia católica romana.

Comprender este punto de vista de que la enfermedad y la dolencia están ligadas al pecado es crucial para que entendamos por qué tanta gente buscaba curas religiosas para las dolencias físicas. Las peregrinaciones a santuarios como Canterbury eran comunes para quienes buscaban curación, y se apelaba a santuarios concretos para enfermedades particulares. Canterbury parece haber sido especialmente importante para las personas que sufrían trastornos hemorrágicos. Además de viajar a lugares santos concretos, la gente también podía rezar a determinados santos y buscar las bendiciones de su clero local.

Sin embargo, el vínculo entre la religión y los tratamientos podía llegar a ser mucho más físico. Por ejemplo, una razón para la trepanación, que era la práctica de taladrar un agujero en el cráneo de una persona, podría haber sido aliviar a una persona de un espíritu maligno. También existía una creencia común llamada la doctrina de las signaturas, que decía que las plantas que se parecían a ciertas partes del cuerpo podían utilizarse para curar esas partes del cuerpo. Esta filosofía tenía sus raíces en la antigüedad, al igual que los humores, pero en la época medieval se atribuía a la voluntad de Dios.

Así pues, gran parte de la medicina medieval estaba influida por la religión, concretamente por el cristianismo. Existía una fe general en la providencia que hacía que la gente no indagara demasiado en las causas o las curas de las distintas enfermedades. Podríamos declarar que tal actitud era ingenua, pero en un mundo sin tecnología médica avanzada, la actitud de que las cosas eran así porque Dios las había hecho así podía haber sido reconfortante. Daba razón a dolencias que en aquel momento parecían horribles e irrazonables.

Errores médicos medievales

A lo largo de este capítulo, probablemente habrá notado varias cosas que no parecen la mejor idea para tratar enfermedades. Taladrar agujeros en el cráneo de una persona no es una forma de detener comportamientos extraños, y los cuatro humores no son la causa de las enfermedades. Teniendo en cuenta con lo que tenían que trabajar, la medicina medieval no era del todo mala, pero estaban muy equivocados en muchas cosas.

Quizá el error más común que cometieron los medievales en cuanto a tratamientos médicos fue la sangría. Debido a la creencia en la necesidad del equilibrio de los cuatro humores, las sangrías y las sanguijuelas eran tratamientos muy comunes para una gran variedad de dolencias. Sin embargo, en realidad, uno necesita la sangre. Si perdía demasiada durante el proceso, entonces el tratamiento lo mataría más rápido que la enfermedad. E incluso si no lo matara, la pérdida de sangre podría dejarlo debilitado y la herida podría infectarse. Además de eso, en la mayoría de los casos, la sangría no tenía ningún efecto sobre las enfermedades que se suponía que debía tratar.

¿Por qué en la mayoría de los casos? Es posible que la sangría se practicara tan extensamente porque a veces parecía ayudar. Un paciente que sufría hipertensión y otros problemas cardíacos podía experimentar una recuperación temporal con la sangría, pero no solucionaba el problema ni curaba al paciente. También se ha sugerido que la sangría podría haber funcionado en algunos casos porque mataba las bacterias que necesitaban el hierro disponible en la sangre para sobrevivir, pero incluso si eso es cierto, sigue siendo un arma de doble filo porque el cuerpo humano también necesita hierro. Aunque la sangría pudiera haber tenido algunos efectos secundarios positivos, seguía siendo peligrosa y dañina, y se utilizaba ampliamente para todo tipo de enfermedades.

El otro grave error sanitario de la Edad Media iba más allá de los tratamientos médicos y afectaba a la vida medieval en general, y ese error era la higiene o, mejor dicho, la falta de ella. Oler mal y estar sucio ya son bastante desagradables, pero son las cosas que no se ven las que hacen que la higiene personal sea tan importante. Los gérmenes pueden propagarse fácilmente como un reguero de pólvora en una sociedad en la que nadie utiliza jabón, y las posibilidades de contraer cualquier tipo de infección son significativamente mayores.

Sin embargo, la falta de limpieza personal no era el único problema. La sociedad en su conjunto tenía algunos problemas de higiene. Los residuos no se eliminaban adecuadamente y podían contaminar fácilmente los ríos y otras fuentes de agua potable. Era tan probable que el agua potable enfermara a una persona que la mayoría de la gente de la Inglaterra medieval bebía cerveza como bebida habitual en su lugar.

Al no conocer los gérmenes, la población medieval no comprendía la necesidad del saneamiento. Aunque la teoría de los gérmenes no entraría en escena hasta el siglo XIX, la gente de la Inglaterra medieval empezó a higienizarse antes gracias a una de las enfermedades más infames que han existido: la peste negra.

Capítulo 16: La peste negra

Al llegar al final de nuestro paseo por la Inglaterra medieval, tenemos que cerrar con algo que tanto contribuyó a hacer infame la Edad Media como ayudó a acabar con ella. La peste negra arrasó y asoló Europa entre 1347 y 1351. Como Inglaterra era una isla y, por tanto, estaba más aislada, la peste tardó más en llegar, pero en 1350 ya había alcanzado incluso el extremo norte de las islas británicas.

La peste negra contra la peste

Antes de sumergirnos en los detalles de la propagación, la causa y el impacto de la peste negra, debemos aclarar algunos términos que pueden resultar bastante confusos. ¿Cuál es la diferencia entre la peste negra y la peste?

La peste no se refiere a un brote de cualquier enfermedad mortal. El término peste se refiere específicamente a la enfermedad causada por la bacteria *Yersinia pestis*. Es una enfermedad que existe principalmente en los roedores y se transmite a los humanos a través del contacto con pulgas que han picado a roedores infectados. La peste sigue existiendo hoy en día, especialmente en zonas con grandes poblaciones de roedores que albergan la enfermedad. Ha habido brotes de peste hasta el siglo XX, pero gracias a la medicina moderna, especialmente a los antibióticos, la peste ya no es una amenaza grave para la vida humana.

La peste negra, por otra parte, se refiere a un brote específico de peste en Europa de 1347 a 1351. No fue el solo brote de peste que se produjo. Es la segunda pandemia de peste de la que se tiene constancia, pero fue con diferencia la más mortífera. La peste es la enfermedad, mientras que la peste negra es una pandemia particular de peste del siglo XIV.

Propagación

La peste negra llegó a Europa desde Asia, y su propagación es considerada por muchos como el primer y también más devastador acto de guerra biológica. El ejército mongol al mando de Kipchak khan Janibeg sitió Kaffa (que es la actual Feodosia) en Crimea en 1346. Como la ciudad de Kaffa (o Caffa) tenía acceso por mar, al ejército mongol le resultó muy difícil obligar a la ciudad a rendirse, aunque las condiciones en la ciudad se deterioraron rápidamente debido al asedio.

El largo asedio mantuvo al ejército mongol en su sitio durante un largo periodo, y la peste, que el ejército ya portaba, se extendió por todo el ejército. Después de alrededor de un año, el asedio estaba lejos de ser la mayor preocupación de los mongoles. La peste estaba acabando con el ejército, pero Janibeg pensó en una forma de convertir la situación en una ventaja. El ejército mongol utilizó catapultas para arrojar los cadáveres de los muertos por la peste a la ciudad de Kaffa. En las condiciones de hacinamiento y suciedad de una ciudad sitiada, el resultado era inevitable. Kaffa, al igual que el ejército mongol a sus puertas, fue puesta de rodillas por la enfermedad. La tradición dice que cuatro barcos intentaron huir de Kaffa y navegaron hacia Italia, y fue desde estos cuatro barcos desde donde la peste se extendió a Europa.

Se trata de una versión bastante dramática de los hechos, pero ¿hasta qué punto es exacta? Esta interpretación de los orígenes de la peste procede de un manuscrito escrito por Gabriele de' Mussi de Piacenza. Fue escrito solo uno o dos años después de los acontecimientos que describe, y aunque de' Mussi puede no haber presenciado los hechos él mismo, es probable que tuviera acceso a testigos presenciales. Por tanto, todo indica que podemos fiarnos de su relato.

Sin embargo, hay algunas cosas que pueden no ser del todo exactas sobre esta versión de los hechos, y sorprendentemente no es la invención de la guerra biológica. Eso es totalmente plausible. De lo que estamos menos seguros es de la idea de que la peste se extendió a Europa enteramente a través de los supervivientes del asedio de Kaffa. Hubo varias otras rutas que probablemente también tuvieron algo que ver en el traslado de la enfermedad de Asia a Europa. Había rutas comerciales tanto terrestres como marítimas entre las zonas infectadas y Europa que probablemente también contribuyeron a la propagación.

Lo que sí sabemos es que la peste golpeó primero Italia y luego se extendió hacia el norte. Inglaterra consiguió escapar a la infestación durante aproximadamente un año, pero en algún momento del verano de 1348, un barco que transportaba la enfermedad desembarcó en Melcombe Regis, en Dorset. No tardó en propagarse y Londres se enfrentó a la pandemia antes de finales de año. En 1350, la peste había alcanzado incluso la parte más septentrional de Escocia.

Esta rápida propagación es en gran parte lo que hizo que la plaga fuera tan destructiva. Atravesó el continente en una marcha imparable que dejó enormes cantidades de muerte a su paso. Pero, ¿cómo se propagó exactamente?

A estas alturas, la historia de las ratas y las pulgas es casi legendaria. Las ratas infectadas con la peste se desplazaban de un lugar a otro a bordo de los barcos. Estas ratas infestadas eran entonces picadas por las pulgas, y las pulgas picaban a la gente; así, la peste negra arrasó Europa.

Eso es cierto, pero las ratas y las pulgas podrían no haber sido la única vía de propagación de la peste. Una vez que los humanos se infectaron, también pudo haber pasado más directamente de persona a persona, o de persona a pulga, sin necesidad de las ratas huéspedes. La historia de los cadáveres catapultados en Kaffa confirma ciertamente que la peste podía propagarse sin necesidad de las ratas, pero estas desempeñaron un papel importante.

Causa

Así pues, sabemos cómo se propagó la peste negra, pero ¿qué la causó en primer lugar? En aquella época, había muchas teorías. Algunos decían que la peste era un castigo de Dios. Otros creían que la peste se propagaba a través de los malos olores. Sin embargo, la creencia más perjudicial para la causa de la peste era que los judíos eran los responsables.

Se pensaba que los judíos estaban menos afectados por la peste que los cristianos, y esto podría haber sido cierto en parte porque los judíos solían practicar una mejor higiene que los cristianos medievales debido a sus rituales religiosos. Se extendió la idea de que los judíos habían envenenado los pozos de las principales ciudades, convirtiéndolos en la fuente de la peste. Los judíos fueron masacrados, sobre todo en las zonas de habla alemana. Inglaterra no participó en esta violencia antisemita, pero eso se debió solo a que todos los judíos habían sido expulsados de

Inglaterra cincuenta años antes con el Edicto de Expulsión de Eduardo I.

Huelga decir que la peste no fue causada por los judíos ni por los malos olores, así que ¿qué la causó? Hoy sabemos que la peste negra fue causada por la bacteria *Yersinia pestis*, que todavía hoy puede causar la peste. La *Yersinia pestis* es transmitida por ratas resistentes, portadoras de la peste, pero que no mueren a causa de ella, y luego es transmitida a otras especies, incluidas las personas, por las pulgas. La falta general de higiene en la Edad Media significaba que tanto las ratas como las pulgas abundaban prácticamente en todas partes, por lo que poco podían hacer para detener la propagación de la peste.

Síntomas y tipos de peste

Hemos hablado de cómo empezó y qué la causó, pero ¿cómo fue la peste negra? Es un nombre muy dramático, pero ¿estuvo la enfermedad a la altura? En realidad, el nombre ni siquiera empieza a cubrir lo horrible que fue la peste.

Es posible que haya oído referirse a la peste también como peste bubónica, y eso se debe a que la peste podía adoptar tres formas, dependiendo de la cepa de *Y. pestis* que la causara. La peste bubónica fue con diferencia la más común, pero las tres estuvieron presentes durante la peste negra, y causaron síntomas diferentes.

- Peste bubónica: Era la forma más frecuente de peste. Causaba una inflamación masiva de los ganglios linfáticos. Las hinchazones se conocían como bubones y se producían alrededor del cuello, la ingle y las axilas. Tenían el tamaño de un huevo, supuraban pus y eran increíblemente dolorosos. Los bubones no eran el único síntoma de la peste. También había fiebre alta, náuseas, dolor en las articulaciones y, en general, un terrible malestar. La mayoría de las personas que contraían la peste bubónica morían en una semana, y se cree que su tasa de mortalidad rondaba el 70 %. Lo que empeora las cosas es que la peste bubónica era la forma menos mortal que adoptaba la peste.

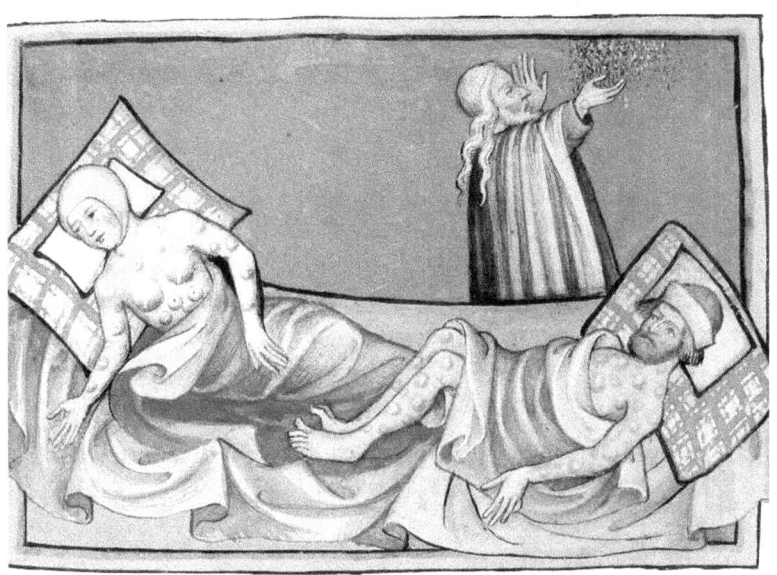
Imagen de personas con peste bubónica[80]

- Peste neumónica: En algún momento, apareció otra cepa de la enfermedad, y esta versión se transmitía por el aire. Atacaba primero los pulmones y la tasa de supervivencia era prácticamente inexistente. Las estimaciones más positivas sitúan la tasa de mortalidad de la peste neumática entre el 90 y el 95 %. Hoy en día, la peste neumónica se considera la más peligrosa porque puede propagarse fácilmente de persona a persona.

- Peste septicémica: Podría haber pensado que las cosas no podían empeorar, pero la peste tenía una última forma que era aún más mortal en la Edad Media. La peste septicémica infecta el torrente sanguíneo y se propaga a través de la picadura de un insecto infectado. Puede aparecer por sí sola o desarrollarse debido a la peste bubónica. Al estar en la sangre, la peste se propaga por todo el cuerpo, provocando que la piel y otros tejidos mueran y se vuelvan negros. Algunos creen que de ahí puede proceder el nombre de peste negra, pero no lo sabemos con certeza. Partes del cuerpo, como los dedos de las manos y de los pies, podían incluso caerse. Se trataba esencialmente de un envenenamiento de la sangre y, en la Edad Media, mataba a todo el que la contraía. La tasa de mortalidad era del 100 %, quizá del 99 % si quiere ser positivo. Por suerte, esta era la forma más rara de peste.

Cualquiera que fuera la forma de peste que se contrajera, las posibilidades de supervivencia oscilaban entre prácticamente inexistentes y extremadamente bajas. La única esperanza real era evitar contraer la enfermedad.

La peste era un asesino indiscriminado. No le importaba si uno era rico o pobre. Ni siquiera la realeza estaba a salvo. En 1348, Juana, la hija de Eduardo III, contrajo la peste y murió a los trece años. Aun así, los que podían permitírselo podían encerrarse en fincas rurales donde tenían más posibilidades de evitar la enfermedad.

Tratamiento

Entonces, ¿había algo que se pudiera hacer por los enfermos de peste? Los médicos intentaron tratar a los pacientes, pero simplemente no había cura, y era muy peligroso para los propios médicos. El equipo que llevaban los médicos para protegerse se ha convertido desde entonces en un disfraz fácilmente reconocible. Los médicos de la peste llevaban una máscara con un largo pico que parecía un pájaro y agujeros de cristal para los ojos. El pico contenía cosas como flores y hierbas porque se creía que la enfermedad se propagaba a través del olfato. Para protegerse, los médicos

Médico de la peste[81]

también llevaban batas largas y guantes, y utilizaban un bastón para examinar a los pacientes. El atuendo se completaba con un sombrero de ala que era el signo de su profesión. Los médicos de la peste tuvieron sus comienzos durante la peste negra, pero el atuendo icónico tal y como lo conocemos hoy, probablemente no se desarrolló por completo hasta brotes posteriores de la peste.

La falta de una cura real no impidió que la gente intentara varias cosas extrañas. Un método consistía en desplumar un pollo vivo y colocarlo contra los bubones de la persona infectada. La idea era que el pollo atraería la enfermedad fuera de la persona y hacia sí mismo. Otro método consistía en comer o beber esmeraldas trituradas. Había varias pócimas y mezclas diferentes que afirmaban curar la peste, y la gente incluso bebía orina. Algunos buscaban curas más espirituales. Estaba la oración y el ayuno estándar, pero la gente también practicaba la flagelación pública (flagelarse) porque creían que la peste era el resultado de la ira de Dios.

Los únicos tratamientos que pudieron tener cierto éxito fueron la huida y la cuarentena. Los que huían de los pueblos y ciudades tenían la posibilidad de evitar la peste por completo, pero también conseguían a menudo propagarla. La cuarentena podría haber frenado la rápida propagación de la peste, pero era imposible de aplicar. La gente no comprendía cuál era la causa de la peste, por lo que sus intentos de tratarla se centraban en suposiciones e informaciones incorrectas.

Número de muertos

Sabemos que la peste negra fue horrible, pero ¿hasta qué punto lo fue? A lo largo de cuatro años, la peste mató a veinticinco millones de personas en Europa, lo que suponía alrededor del 40 % de toda la población (aunque algunas estimaciones bajan hasta el 30 y suben hasta el 60 %). La propia Inglaterra se enfrentó a una tasa de mortalidad similar, con entre un 30 y un 40 % de muertos. Sin embargo, eso es solo en Europa. La peste comenzó en Asia y también se extendió a África, donde las tasas de mortalidad fueron similares.

Para poner las cosas en perspectiva, echemos un vistazo a algunas tragedias más recientes de la historia de la humanidad. La Segunda Guerra Mundial fue el conflicto militar más mortífero de la historia, con entre treinta y sesenta millones de muertes causadas por la guerra en todo el mundo. La peste negra mató a unos veinticinco millones solo en Europa, lo que se aproxima a la estimación más baja de la Segunda Guerra Mundial. Aun así, comparar las cifras directamente de esta manera no ofrece una comparación completa de lo mortíferos que fueron los dos acontecimientos. Recuerde que la población total en la década de 1940 era mucho mayor que en el siglo XIV. Los porcentajes cuentan una historia más clara. En la Segunda Guerra Mundial, los países más afectados perdieron alrededor del 20 % de su población, y la mayoría de los países perdieron mucho menos que eso. El impacto de la peste negra fue el doble, en torno al 40 %, y se extendió de forma mucho más uniforme por toda Europa.

Otra forma de entender lo mala que fue la peste negra es compararla con otras epidemias. La pandemia de gripe española de 1918 mató a unos cincuenta millones de personas en todo el mundo. Si incluimos Asia y África, la peste negra podría haber tenido un recuento de muertes similar o superior. Sin embargo, de nuevo, los porcentajes pintan un cuadro más claro. La gripe española mató a cerca del 3 % de la población mundial. La peste negra mató al 40 %; incluso la estimación más baja del 5 % (que parece poco probable) es más alta. En términos de mortandad, casi nada se le acerca.

Si quiere comprender la mortandad de la peste, también tiene que recordar que la peste negra se refiere a un solo brote de peste que se produjo entre 1347 y 1351 aproximadamente. Ese único brote mató entre un tercio y la mitad de la población de todo un continente. Es difícil encontrar una catástrofe que se acerque siquiera a la peste negra.

Impacto

La muerte a una escala tan masiva tiene consecuencias de gran alcance, y el impacto de la peste negra fue posteriormente enorme.

El primer impacto se produjo en los conocimientos médicos. Los médicos medievales se habían basado en conocimientos antiguos con ideas sobre los humores y la importancia de las posiciones de los planetas, pero la peste negra hizo añicos muchas de esas concepciones. La peste se negó a retroceder con ninguno de los tratamientos que intentaron los médicos medievales, y se hizo evidente la necesidad de más conocimientos médicos. La peste negra supuso, por tanto, un impulso para comenzar a ampliar los conocimientos médicos, lo que representó un gran cambio de mentalidad respecto al enfoque tradicionalmente medieval de «la gente está enferma porque Dios lo quiere».

La peste negra también impactó en las actitudes religiosas más allá de eso. La plaga fue vista comprensiblemente por muchos como el posible presagio del fin del mundo. La mitad de los habitantes de algunas ciudades e incluso pueblos enteros fueron aniquilados. En tales circunstancias, un aumento de la piedad y el interés religiosos es solo natural. Al mismo tiempo, la Iglesia católica se vio debilitada por la pérdida de tantos de sus clérigos. La gente estaba más interesada en la religión, mientras que la Iglesia de Roma tenía menos control de la muerte. Surgieron más colegios y universidades, pero con vínculos nacionales más fuertes que papales. Este fue el comienzo de un proceso que acabaría desembocando en la Reforma. El poder absoluto y la unidad de la Iglesia medieval habían llegado a su fin.

La peste negra también tuvo un impacto en la estructura social. Con la repentina desaparición de casi la mitad de la población, ya no había suficientes trabajadores. Grandes extensiones de tierras anteriormente cultivadas cayeron en desuso, lo que supuso un duro golpe para los ricos terratenientes que las poseían. La escasez de mano de obra dio a los campesinos que no habían muerto una palanca que nunca habían tenido. La demanda de trabajadores era superior a la oferta y, por primera vez, los terratenientes ofrecían mejores salarios y condiciones para intentar atraer a los trabajadores. El sistema feudal se vio seriamente sacudido.

El sistema feudal y la jerarquía social general de la Inglaterra medieval también se vieron afectados por la peste de otra manera. Puesto que la peste mató por igual a las élites y a los campesinos, de repente todo el mundo estaba en pie de igualdad. Si la peste negra era la ira de Dios, entonces su ira había descendido sobre todos. Los campesinos empezaron a tener una nueva conciencia de sus derechos y su dignidad.

Los campesinos que sobrevivieron a la peste también empezaron a vivir mejor. No solo se les pagaba más, sino que los impuestos también bajaron. La destrucción del 40 % de la población también creó un excedente de bienes, lo que hizo bajar los precios de todo. Así, los campesinos tenían más dinero y todo era más barato. La gente pudo comprar cosas que nunca antes se había podido permitir y disfrutar de un nuevo nivel de vida.

Los cambios en la vida de las clases bajas son difíciles de exagerar. Fue solo unos treinta años después de la peste negra cuando Inglaterra experimentó su primer levantamiento popular: la Revuelta de los campesinos de 1381. La peste negra quebró efectivamente el emblemático sistema feudal de la Edad Media y, por esa razón, mucha gente la considera el acontecimiento que puso fin al periodo medieval.

Conclusión

Esa es la historia básica de la Inglaterra medieval. La peste negra fue el acontecimiento que hizo rodar la pelota hacia el final al destruir la estructura básica de la vida medieval, y utilizamos la batalla de Bosworth y el final de la dinastía Plantagenet como una línea más definida en la arena para el final de la Inglaterra medieval. Sin embargo, situar la historia en épocas como esta, aunque ciertamente hace más cómodo su estudio, crea una sensación de separación que no existe en la realidad. El periodo medieval no está estrictamente confinado entre las fronteras del siglo VII y 1485. Aunque pueda parecer historia antigua, las cosas que sucedieron en la Inglaterra medieval fueron cruciales para configurar el mundo tal y como lo conocemos hoy.

Pensamos en la Edad Media y el feudalismo como una época muy opresiva, en la que los ricos explotaban a los pobres y en la que los derechos humanos eran prácticamente inexistentes. Esto es, en gran medida, cierto, pero la Inglaterra medieval fue también el lugar donde se inició gran parte de nuestra comprensión de los derechos humanos. La Carta Magna de 1212 es uno de los documentos más importantes de la historia de la democracia, ya que en ella se establecieron por primera vez normas para proteger al pueblo de su propio gobierno. Unos 150 años después de la Carta Magna, Inglaterra vio su primer levantamiento popular en la Revuelta de los campesinos de 1381. Lo que los barones habían comprendido en sus luchas contra el rey, lo comprendía ahora la población en general. Podían hacer demandas. Eran seres humanos con dignidad que no debían ser ignorados por quienes estaban por encima de ellos. Así pues, fue *durante* la Edad Media cuando la gente empezó a tener un verdadero sentido de sus derechos básicos y a luchar por ellos. A menudo se atribuye al Renacimiento el mérito de haber desarrollado las ideas que se convirtieron en el núcleo de nuestro mundo moderno, pero fue en la Edad Media cuando comenzaron los necesarios cambios de actitud. ¿Quién sabe dónde estarían hoy los derechos humanos y la democracia si no fuera por los cambios de mentalidad que tuvieron lugar en el periodo medieval?

Esa no es ni mucho menos la única forma en que el periodo medieval ha moldeado nuestro mundo. Las guerras y batallas de la Edad Media formaron naciones y gobiernos. Las invasiones vikingas empujaron a Inglaterra a convertirse en una nación unificada. Las guerras de Independencia escocesas aseguraron la independencia de Escocia durante otros cuatrocientos años, lo que tendría un enorme impacto en la historia inglesa y escocesa. Las derrotas del rey Juan pusieron fin a las pretensiones de Inglaterra sobre las tierras que se convertirían en Francia. El mapa de Inglaterra y Europa que conocemos hoy se dibujó en muchos sentidos con la sangre derramada en la Edad Media.

Quizá el impacto más sutil de la Edad Media haya sido en la cultura. Historias de la Edad Media como la leyenda artúrica, Beowulf y un sinfín de cuentos de hadas siguen contándose y volviéndose a contar en la actualidad. Los edificios, especialmente las iglesias, de la época siguen en pie e incluso se utilizan hoy en día. Juegos como el ajedrez y el *backgammon* se introdujeron en Occidente en esta época.

Por último, no podemos terminar el libro sin analizar cómo la Iglesia medieval ha dado forma a nuestro mundo moderno. Sea usted cristiano o no, si vive en el mundo occidental, se ha visto muy afectado por el cristianismo. Es difícil hablar de casi cualquier aspecto de la Edad Media sin mencionar a la Iglesia. Influyó en todo, desde el arte, la arquitectura y la literatura hasta la filosofía, el derecho y el propio ritmo de vida. Las fiestas que celebramos, el hecho de que tendamos a no trabajar los domingos, los hospitales, las escuelas y tantos otros aspectos de la vida cotidiana tuvieron su origen en la Iglesia medieval. La Iglesia medieval produjo eruditos y poetas, fundó universidades y conservó manuscritos del mundo antiguo. La ame o la odie, la civilización occidental debe mucho de lo que es a la Iglesia medieval.

Hay muchas cosas que la gente entiende mal sobre la Inglaterra medieval. Como dijimos al principio de este viaje, la Inglaterra medieval no era ni tan glamurosa ni tan horrenda como a menudo la pintamos. Sin embargo, quizá en lo que más nos equivocamos es en la idea de que fue una época totalmente distinta. El mundo moderno no existiría sin los cambios y desarrollos que tuvieron lugar en la Edad Media. Es posible que las personas que vivieron entonces no fueran tan diferentes de nosotros como pensamos.

Vea más libros escritos por Enthralling History

Fuentes

Primera Parte: Los anglosajones

Brown, M. P., & Farr, C. A. (Eds.). (2005). *Mercia: An Anglo-Saxon Kingdom in Europe*. Bloomsbury Publishing.

Brown, R. A. (1969). *The Normans and the Norman conquest / R. Allen Brown*. (1. publ.). Constable.

Chaney, W. A. (1960). "Paganism to Christianity in Anglo-Saxon England." *The Harvard Theological Review, 53*(3), 197–217.
http://www.jstor.org/stable/1508400

Esposito, G. (2021). "The Viking Invasions of England." In *Armies of the Vikings, AD 793-1066*. Pen & Sword Books Limited.

Gebhardt, T. R. (2017). "From Bretwalda to Basileus: Imperial Concepts in Late Anglo-Saxon England?" In T. R. Gebhardt, C. Scholl, & J. Clauß (Eds.), *Transcultural Approaches to the Concept of Imperial Rule in the Middle Ages* (pp. 157–184). Peter Lang AG. http://www.jstor.org/stable/j.ctv6zdbwx.9

Higham, N. J., & Ryan, M. J. (2013). *The Anglo-Saxon world / Nicholas J. Higham and Martin J. Ryan*. Yale University Press.
https://doi.org/10.12987/9780300195378

Hindley, G. (2013). *A brief history of the Anglo-Saxons*. Hachette UK.

Keynes, S. (1986). "A Tale of Two Kings: Alfred the Great and Æthelred the Unready." *Transactions of the Royal Historical Society, 36*, 195–217.
https://doi.org/10.2307/3679065

Leyser, H. (2019). *A short history of the Anglo-Saxons / Henrietta Leyser*. (First edition.). I.B. Tauris and Company, Limited.
https://doi.org/10.5040/9781350985148

Reynolds, S. (1985). "What Do We Mean by 'Anglo-Saxon' and 'Anglo-Saxons'?" *Journal of British Studies*, 24(4), 395-414. http://www.jstor.org/stable/175473

Williams, A. (2003). *Athelred the Unready: The Ill-Counselled King*. A&C Black.

Segunda Parte: La Inglaterra medieval

"A Brief History of Capital Punishment in Britain". HistoryExtra, 15 de diciembre de 2021. https://www.historyextra.com/period/modern/a-brief-history-of-capital-punishment-in-britain

"An Introduction to Early Medieval England". English Heritage. Consultado el 6 de diciembre de 2021. https://www.english-heritage.org.uk/learn/story-of-england/early-medieval

"Anglo-Saxons: A Brief History". The Historical Association. Consultado el 6 de diciembre de 2021. https://www.history.org.uk/primary/resource/3865/anglo-saxons-a-brief-history

"Athelstan". Encyclopedia Britannica. Encyclopedia Britannica, inc. Consultado el 6 de diciembre de 2021. https://www.britannica.com/biography/Athelstan

"Battle of Agincourt". Encyclopedia Britannica. Encyclopedia Britannica, inc. Consultado el 10 de diciembre de 2021. https://www.britannica.com/event/Battle-of-Agincourt

"Battle of Bannockburn". Encyclopedia Britannica. Encyclopedia Britannica, inc. Consultado el 10 de diciembre de 2021. https://www.britannica.com/event/Battle-of-Bannockburn

"Battle of Bosworth Field". Encyclopedia Britannica. Encyclopedia Britannica, inc. Consultado el 10 de diciembre de, 2021. https://www.britannica.com/event/Battle-of-Bosworth-Field

"Battle of Edington". Encyclopedia Britannica. Encyclopedia Britannica, inc. Consultado el 10 de diciembre de, 2021. https://www.britannica.com/topic/Battle-of-Edington

"Battle of Hastings". Encyclopedia Britannica. Encyclopedia Britannica, inc. Consultado el 6 de diciembre de 2021. https://www.britannica.com/event/Battle-of-Hastings

"Beowulf". British Library. Consultado el 25 de enero de 2022. https://www.bl.uk/collection-items/beowulf

"Bria 16 1 b the Murder of an Archbishop". Constitutional Rights Foundation. Consultado el 17 de enero de 2022. https://www.crf-usa.org/bill-of-rights-in-action/bria-16-1-b-the-murder-of-an-archbishop

"Crime and Medieval Punishment". History, 2 de diciembre 2021. https://www.historyonthenet.com/medieval-life-crime-and-medieval-punishment

"Danelaw". Encyclopedia Britannica. Encyclopedia Britannica, inc. Consultado el 6 de diciembre de 2021. https://www.britannica.com/place/Danelaw

"Divine Right of Kings". Divine Right of Kings - New World Encyclopedia. Consultado el 29 de diciembre de 2021. https://www.newworldencyclopedia.org/entry/Divine_Right_of_Kings

"Durham Cathedral - an Overview". Durham Cathedral Durham World Heritage Site. Consultado el 29 de diciembre de 2021. https://www.durhamworldheritagesite.com/learn/architecture/cathedral

"Four Humors - and There's the Humor of It: Shakespeare and the Four Humors". U.S. National
Library of Medicine. National Institutes of Health, 19 de septiembre de 2013
. https://www.nlm.nih.gov/exhibition/shakespeare/fourhumors.html

"Gothic Architecture". Encyclopedia Britannica. Encyclopedia Britannica, inc. Consultado el 29 de diciembre de 2021. https://www.britannica.com/art/Gothic-architecture

"Harthacnut". Hardicanute, or Harthacnut, King of England and Denmark. Consultado el 6 de diciembre de 2021.
https://www.englishmonarchs.co.uk/vikings_4.htm

"King Athelstan". Athelstan Museum, 27 de febrero 2020.
https://www.athelstanmuseum.org.uk/malmesbury-history/people/king-athelstan

"King Canute". Canute or Cnut the Great, son of Sweyn Forkbeard. Consultado el 6 de diciembre de 2021. https://www.englishmonarchs.co.uk/vikings_2.htm

"King Edward I of England". BBC Bitesize. BBC, 6 de diciembre de 2019.
https://www.bbc.co.uk/bitesize/topics/z8g86sg/articles/z77dbdm

"List of 5 Most Significant Battles of the Hundred Years' War". List of 5 Most Significant Battles of the Hundred Years' War - History Lists. Consultado el 6 de diciembre de 2021.
https://historylists.org/events/list-of-5-most-significant-battles-of-the-hundred-years-war.html

"List of English Monarchs". Wikipedia. Wikimedia Foundation, 5 de diciembre 2021.
https://en.wikipedia.org/wiki/List_of_English_monarchs

"Magna Carta (1215) to Henry IV (1399) - UK Parliament". parliament.uk. Consultado el 29 de diciembre de 2021.

https://www.parliament.uk/about/living-heritage/evolutionofparliament/originsofparliament/birthofparliament/keydates/1215to1399

"Medieval Architecture". English Heritage. Consultado el 29 de diciembre de 2021.
https://www.english-heritage.org.uk/learn/story-of-england/medieval/architecture

"Medieval Religion". English Heritage. Consultado el 17 de enero de 2022.
https://www.english-heritage.org.uk/learn/story-of-england/medieval/religion

"Monsters, Marvels, and Mythical Beasts: Medieval Monsters". Research Guides. Consultado el 25 de enero de 2022.
https://guides.library.uab.edu/c.php?g=1014328&p=7346799

"Old English Language". Encyclopedia Britannica. Encyclopedia Britannica, inc. Consultado el 6 de diciembre de 2021. https://www.britannica.com/topic/Old-English-language

"Plague - Symptoms". Centers for Disease Control and Prevention. Centers for Disease Control and Prevention, 15 de noviembre de 2021.
https://www.cdc.gov/plague/symptoms/index.html

"Robert the Bruce". BBC Bitesize. BBC, 6 de diciembre de 2019.
https://www.bbc.co.uk/bitesize/topics/z8g86sg/articles/zm2747h

"The Anglo-Saxon Tribal Kingdoms". The Anglo-Saxon Tribal Kingdoms - The Heptarchy.
Consultado el 6 de diciembre de 2021.
https://www.englishmonarchs.co.uk/saxon_25.html

"The Battle of Edington". The Battle of Edington. Consultado el 10 de diciembre de 2021.
https://www.englishmonarchs.co.uk/vikings_16.html

"The Canterbury Tales by Geoffrey Chaucer". British Library. Consultado el 25 de enero de 2022. https://www.bl.uk/collection-items/the-canterbury-tales-by-geoffrey-chaucer

"The Celts of England". Celtic Life International - Celebrating the Celtic Life for over 30 years.
Consultado el 6 de diciembre de 2021. https://celticlifeintl.com/the-celts-of-england

"The English Invasion of Wales". Historic UK. Consultado el 6 de diciembre de 2021. https://www.historic-uk.com/HistoryUK/HistoryofWales/The-English-conquest-of-Wales

"The First Battle of St Albans". Historic UK. Consultado el 6 de diciembre de 2021. https://www.historic-uk.com/HistoryMagazine/DestinationsUK/The-First-Battle-of-St-Albans

"The Great Famine". The great famine. Consultado el 6 de diciembre de 2021. http://www.halinaking.co.uk/Location/Yorkshire/Frames/History/1315%20Great%20Famine/Great%20Famine.htm

"The History of the English Longbow". Historic UK. Consultado el 10 de diciembre de 2021. https://www.historic-uk.com/HistoryUK/HistoryofEngland/The-Longbow

"The Medieval Marvel Few People Know". BBC Travel. BBC. Consultado el 29 de diciembre de 2021. https://www.bbc.com/travel/article/20170427-the-extraordinary-angel-roofs-of-england

"The Period of the Scandinavian Invasions". Encyclopedia Britannica. Encyclopedia Britannica, inc. Consultado el 6 de diciembre de 2021. https://www.britannica.com/place/United-Kingdom/The-period-of-the-Scandinavian-invasions#ref482644

"The Plague, 1331-1770". The Black Death. Consultado el 27 de enero de 2022.

http://hosted.lib.uiowa.edu/histmed/plague

"Trial by Ordeal". *Oxford Reference.* Consultado el 1 de enero de 2022.

https://www.oxfordreference.com/view/10.1093/oi/authority.20110803105644353

"Romanesque Architecture". Encyclopedia Britannica. Encyclopedia Britannica, inc. Consultado el 29 de diciembre de 2021.
https://www.britannica.com/art/Romanesque-architecture

"Scotland's History - the Wars of Independence". BBC. BBC. Consultado el 10 de diciembre de 2021.
https://www.bbc.co.uk/scotland/history/articles/the_wars_of_independence

"St Hild of Whitby". English Heritage. Consultado el 29 de diciembre de 2021. https://www.english-heritage.org.uk/visit/places/whitby-abbey/history-and-stories/st-hild

"Viking Ships". Royal Museums Greenwich. Consultado el 6 de diciembre de 2021.

https://www.rmg.co.uk/stories/topics/viking-ships

"Wars of the Roses". Historic UK. Consultado el 6 de diciembre de 2021.

https://www.historic-uk.com/HistoryUK/HistoryofEngland/The-Wars-of-the-Roses

"Wat Tyler and the Peasants Revolt". Historic UK. Consultado el 6 de diciembre de 2021. https://www.historic-uk.com/HistoryUK/HistoryofEngland/Wat-Tyler-the-Peasants-Revolt

"What Happened to Britain after the Romans Left?". The Great Courses Daily, 29 de julio de 2020. https://www.thegreatcoursesdaily.com/britain-after-the-romans-left

"Women Get the Vote". UK Parliament. Consultado el 13 de diciembre de 2021. https://www.parliament.uk/about/living-heritage/transformingsociety/electionsvoting/womenvote/overview/thevote

Abbott, G. "Burning at the Stake". Encyclopedia Britannica, 5 de julio de 2019. https://www.britannica.com/topic/burning-at-the-stake.

Barker, Juliet. *1381: The Year of the Peasants' Revolt*. Cambridge: The Belknap Press of Harvard University Press, 2014.

Barlow, Frank. *The Feudal Kingdom of England 1042-1216*. 5ª ed. London: Longman, 1999.

Bell, Bethan. "A Ghoulish Tour of Medieval Punishments". BBC News. BBC, 2 de julio de 2016. https://www.bbc.com/news/uk-england-36641921

Bovey, Alixe. "The Medieval Church: from Dedication to Dissent". British Library, 30 de abril de 2015. https://www.bl.uk/the-middle-ages/articles/church-in-the-middle-ages-from-dedication-to-dissent

Bovey, Alixe. "The Medieval Diet". British Library. Consultado el 4 de enero de 2022. https://www.bl.uk/the-middle-ages/articles/the-medieval-diet

Bovey, Alixe. "Medieval Monsters". British Library, 30 de abril de 2015. https://www.bl.uk/the-middle-ages/articles/medieval-monsters-from-the-mystical-to-the-demonic

Bovey, Alixe. "Women in Medieval Society". British Library, 30 de abril de 2015. https://www.bl.uk/the-middle-ages/articles/women-in-medieval-society

Boyer, Sam. "The Battle of Mount Badon". The Battle of Mount Badon | Robbins Library Digital Projects, 2004. https://d.lib.rochester.edu/camelot/text/boyer-battle-of-mt-badon-overview

Bremner, Ian. "History - British History in Depth: Wales: English Conquest of Wales C.1200 – 1415". BBC. BBC, 17 de febrero de 2011. https://www.bbc.co.uk/history/british/middle_ages/wales_conquest_01.shtml

Britannica, T. Editors of Encyclopedia. "Arthurian legend". Encyclopedia Britannica, 27 de mayo de 2021. https://www.britannica.com/topic/Arthurian-legend.

Britannica, T. Editors of Encyclopedia. "Assize of Clarendon". Encyclopedia Britannica,

6 de septiembre de 2007. https://www.britannica.com/event/Assize-of-Clarendon.

Britannica, T. Editors of Encyclopedia. "Bayeux Tapestry". Encyclopedia Britannica, 30 de mayo de 2021. https://www.britannica.com/topic/Bayeux-Tapestry.

Britannica, T. Editors of Encyclopedia. "Beowulf". Encyclopedia Britannica, 20 de agosto de 2021. https://www.britannica.com/topic/Beowulf.

Britannica, T. Editors of Encyclopedia. "Black Death". Encyclopedia Britannica, 27 de agosto de 2021. https://www.britannica.com/event/Black-Death.

Britannica, T. Editors of Encyclopedia. "Compurgation". Encyclopedia Britannica, 22 de noviembre de 2011. https://www.britannica.com/topic/compurgation.

Britannica, T. Editors of Encyclopedia. "Drawing and Quartering". Encyclopedia Britannica, 5 de julio de 2019. https://www.britannica.com/topic/drawing-and-quartering.

Britannica, T. Editors of Encyclopedia. "Illuminated Manuscript". Encyclopedia Britannica, 15 de julio de 2021. https://www.britannica.com/art/illuminated-manuscript.

Britannica, T. Editors of Encyclopedia. "Manorial Court". Encyclopedia Britannica, 15 de febrero de 2007. https://www.britannica.com/topic/manorial-court.

Britannica, T. Editors of Encyclopedia. "Miracle Play". Encyclopedia Britannica, 6 de febrero de

2019. https://www.britannica.com/art/miracle-play.

Britannica, T. Editors of Encyclopedia. "Morality Play". Encyclopedia Britannica, 16 de enero de 2014. https://www.britannica.com/art/morality-play-dramatic-genre.

Britannica, T. Editors of Encyclopedia. "Ordeal". Encyclopedia Britannica, 13 de abril de 2018.

https://www.britannica.com/topic/ordeal.

Britannica, T. Editors of Encyclopedia. "Plague". Encyclopedia Britannica, 6 de agosto de 2020.

https://www.britannica.com/science/plague.

Britannica, T. Editors of Encyclopedia. "Templar". Encyclopedia Britannica, 28 de abril de 2020. https://www.britannica.com/topic/Templars.

Britannica, T. Editors of Encyclopedia. "The Canterbury Tales". Encyclopedia Britannica, 14 de mayo de 2020. https://www.britannica.com/topic/The-Canterbury-Tales.

Britannica, T. Editors of Encyclopedia. "Tuberculosis". Encyclopedia Britannica, 29 de julio de 2021.
https://www.britannica.com/science/tuberculosis.

Britannica, T. Editors of Encyclopedia. "Sweating Sickness". Encyclopedia Britannica, 15 de febrero de 2019. https://www.britannica.com/science/sweating-sickness.

Brooke, John. "The Black Death and Its Aftermath". Origins, Junio 2020.
https://origins.osu.edu/connecting-history/covid-black-death-plague-lessons?language_content_entity=en

Buis, Alena. "The Romanesque in Normandy and England". Art and Visual Culture Prehistory to

Renaissance. Consultado el 29 de diciembre de 2021.

https://pressbooks.bccampus.ca/cavestocathedrals/chapter/the-romanesque-in-normandy-and-england

Carpenter, David. *The Struggle for Mastery: Britain 1066-1284*. Oxford: Oxford University Press, 2003.

Cartwright, Mark. "Clothes in Medieval England". World History Encyclopedia. World History

Encyclopedia, 28 de junio de 2018.
https://www.worldhistory.org/article/1248/clothes-in-medieval-england

Cartwright, Mark. "Leisure in an English Medieval Castle". World History Encyclopedia. World

History Encyclopedia, 31 de mayo de 2018.
https://www.worldhistory.org/article/1232/leisure-in-an-english-medieval-castle

Castelow, Ellen. "The Origins and History of Fairies". Historic UK. Consultado el 25 de enero de 2022. https://www.historic-uk.com/CultureUK/The-Origins-of-Fairies

Cybulskie, Danièle. "Medieval Pilgrimages: It's All about the Journey". Medievalists.net, 4 de agosto de 2017.
https://www.medievalists.net/2015/08/medieval-pilgrimages-its-all-about-the-journey

Daileader, Philip. "Henry II vs. the Church: The Murder of Thomas Becket". The Great Courses

Daily, 4 de noviembre de 2020. https://www.thegreatcoursesdaily.com/henry-ii-vs-the-church-the-murder-of-thomas-becket

de Beer, Lloyd, and Naomi Speakman. "Thomas Becket: The Murder That Shook the Middle Ages - British Museum Blog". British Museum Blog - Explore stories from the Museum, 27 de mayo de 2021. https://blog.britishmuseum.org/thomas-becket-the-murder-that-shook-the-middle-ages

Duggan, L. G. "Indulgence". Encyclopedia Britannica, 25 de noviembre de 2015.
https://www.britannica.com/topic/indulgence.

Fee, Christopher R. *Gods, Heroes, and Kings: The Battle for Mythic Britain*. Cary: Oxford University Press, Incorporated, 2004. Consultado el 25 de enero de 2022. ProQuest eBook Central.

Flantzer, Susan. "Royal Deaths from Plague". Unofficial Royalty, 9 de enero de 2022.
https://www.unofficialroyalty.com/royal-deaths-from-plague-4-23/.

Fleming, Robin. Britain After Rome: The Fall and Rise: 400 to 1070. New York: Penguin, 2011.

Goldiner, Sigrid. "Medicine in the Middle Ages". Metmuseum.org, 1 de enero de 2012.
https://www.metmuseum.org/toah/hd/medm/hd_medm.htm.

Hajar, Rachel. "The Air of History (Part II) Medicine in the Middle Ages". Heart views: The
official journal of the Gulf Heart Association. Medknow Publications & Media Pvt Ltd, October
2012. https://www.ncbi.nlm.nih.gov/pmc/articles/PMC3573364/.

Harrison, Julian. "Who Were the Anglo-Saxons?". British Library. Consultado el 6 de diciembre de 2021.
https://www.bl.uk/anglo-saxons/articles/who-were-the-anglo-saxons.

Hannan, M. T. and Kranzberg, Melvin. "History of the Organization of Work". Encyclopedia
Britannica, 1 de noviembre de 2021. https://www.britannica.com/topic/history-of-work-organization-648000.

Highman, Nicholas J., and Martin J. Ryan. *The Anglo-Saxon World*. New Haven: Yale University
Press, 2013.

Hitti, Miranda. "Bloodletting's Benefits". WebMD. WebMD, 10 de septiembre de 2004.
https://www.webmd.com/men/news/20040910/bloodlettings-benefits

Hudson, Alison. "The Battle of Hastings: Fact and Fiction". British Library. Consultado el 6 de diciembre de 2021. https://www.bl.uk/anglo-saxons/articles/the-battle-of-hastings-fact-and-fiction

Ibeji, Mike. "Becket, the Church and Henry II". BBC. BBC, 27 de febrero de 2011. https://www.bbc.co.uk/history/british/middle_ages/becket_01.shtml

Johnson, Ben. "Æthelflæd (Aethelflaed), Lady of the Mercians". Historic UK. Consultado el 29 de diciembre de 2021. https://www.historic-uk.com/HistoryUK/HistoryofEngland/Aethelflaed-Lady-of-the-Mercians

Johnson, Ben. "Norman and Medieval Fashion and Clothing". Historic UK. Consultado el 5 de enero de 2022. https://www.historic-uk.com/CultureUK/Medieval-Fashion

Jones, Dan. *The Wars of the Roses*. New York: Penguin, 2014.

Kemp, J. Arthur. "St. Anselm of Canterbury". *Encyclopedia Britannica*, 20 de septiembre de 2021. https://www.britannica.com/biography/Saint-Anselm-of-Canterbury

Kerr, Margaret H., Richard D. Forsyth, and Michael J. Plyley. "Cold Water and Hot Iron: Trial by Ordeal in England". *The Journal of Interdisciplinary History* 22, no. 4 (1992): 573-95. https://doi.org/10.2307/205237

Leyser, Henrietta. *The Anglo-Saxons*. London: I.B Tauris & Co., 2017.

Mark, Joshua J. "Medieval Cures for the Black Death". World History Encyclopedia. World History Encyclopedia, 15 de abril de 2020. https://www.worldhistory.org/article/1540/medieval-cures-for-the-black-death

Mark, Joshua J. "Medieval Folklore". World History Encyclopedia. World History Encyclopedia, 19 de febrero de 2019. https://www.worldhistory.org/Medieval_Folklore

Mark, Joshua J. "Medieval Literature". World History Encyclopedia. World History Encyclopedia, 26 de diciembre de 2021. https://www.worldhistory.org/Medieval_Literature

Mark, Joshua J. "Religion in the Middle Ages". World History Encyclopedia. World History Encyclopedia, 28 de junio de 2019. https://www.worldhistory.org/article/1411/religion-in-the-middle-ages

Mark, Joshua J. "The Medieval Church". World History Encyclopedia. World History

Encyclopedia, 17 de junio de 2019. https://www.worldhistory.org/Medieval_Church

Mark, Joshua J. "Women in the Middle Ages". World History Encyclopedia. World History Encyclopedia, 18 de marzo de 2019. https://www.worldhistory.org/article/1345/women-in-the-middle-ages

Masson, Victoria. "The Black Death". Historic UK. Consultado el 27 de enero de 2022. https://www.historic-uk.com/HistoryUK/HistoryofEngland/The-Black-Death

Palmer, Bill. "Our 1918 Pandemic – the Numbers Then and Now". marshallindependent.com, 27 de marzo de 2021. https://www.marshallindependent.com/opinion/local-columns/2021/03/our-1918-pandemic-the-numbers-then-and-now

Pernoud, R. "Eleanor of Aquitaine". *Encyclopedia Britannica*, 31 mayo de 2021. https://www.britannica.com/biography/Eleanor-of-Aquitaine

Rhodes, P. and Bryant, John H. "Public Health". Encyclopedia Britannica, 22 de abril de 2021. https://www.britannica.com/topic/public-health

Ross, David. "Anglo-Saxon England - Culture and Society". Britain Express. Consultado el 9 de diciembre de 2021. https://www.britainexpress.com/History/anglo-saxon_life-kinship_and_lordship.htm

Ruben, Miri. The Hollow Crown: A History of Britain in the Late Middle Ages. New York:

Penguin, 2005.

Shipman, Pat Lee. "The Bright Side of the Black Death". American Scientist, 2 de mayo de 2018. https://www.americanscientist.org/article/the-bright-side-of-the-black-death

Simons, E. Norman. "Mary I". Encyclopedia Britannica, 13 de noviembre de 2021. https://www.britannica.com/biography/Mary-I

Singer, Sholom A. "The Expulsion of the Jews from England in 1290". *The Jewish Quarterly*

Review 55, no. 2 (1964): 117-36. https://doi.org/10.2307/1453793

Sorabella, Jean. "Pilgrimage in Medieval England". Metmuseum.org, 1 de abril de 2011. https://www.metmuseum.org/toah/hd/pilg/hd_pilg.htm

Stacey, J. "John Wycliffe". Encyclopedia Britannica, 27 de diciembre de, 2021. https://www.britannica.com/biography/John-Wycliffe.

Stephens, J.E.R. "The Growth of Trial by Jury in England". jstor.org. The Harvard Law Review Association. Consultado el 3 de enero de 2022. https://www.jstor.org/stable/pdf/1321755.pdf

Trueman, C N. "Food and Drink in Medieval England". History Learning Site. The History Learning Site, 5 de marzo de 2015. https://www.historylearningsite.co.uk/medieval-england/food-and-drink-in-medieval-england

Ward, Jennifer. *Women in England in the Middle Ages*. London: Hambledon Continuum, 2006.

Webb, Diana. "Pilgrimage Destinations in England". The Becket Story. Consultado 17 de enero de 2022. https://thebecketstory.org.uk/pilgrimage/destinations-england

Wheelis, Mark. "Biological Warfare at the 1346 Siege of Caffa". Emerging infectious diseases. Centers for Disease Control and Prevention, septiembre 2002. https://www.ncbi.nlm.nih.gov/pmc/articles/PMC2732530

Zeisel, H. and Kalven, Harry. "Jury". Encyclopedia Britannica, 29 de marzo de 2019. https://www.britannica.com/topic/jury.

Fuentes de imágenes

1 https://commons.wikimedia.org/wiki/File:Roman_Britain_410.jpg
2 https://commons.wikimedia.org/wiki/File:E-codices_bke-0047_001v_medium_(cropped).jpg
3 mbartelsm, CC BY-SA 3.0 < https://creativecommons.org/licenses/by-sa/3.0 >, via Wikimedia Commons; https://commons.wikimedia.org/wiki/File:Anglo-Saxon_Homelands_and_Settlements.svg
4 https://commons.wikimedia.org/wiki/File:Anglo-Saxon_Heptarchy.jpg
5 https://commons.wikimedia.org/wiki/File:Offa,_King_of_Mercia,_silver_penny;_(obverse).png
6 https://commons.wikimedia.org/wiki/File:LindisfarneFol27rIncipitMatt.jpg
7 Hel-hama, CC BY-SA 3.0 < https://creativecommons.org/licenses/by-sa/3.0 >, via Wikimedia Commons; https://commons.wikimedia.org/wiki/File:Mercian_Supremacy_x_4.svg
8 https://commons.wikimedia.org/wiki/File:Britain_886.jpg
9 https://commons.wikimedia.org/wiki/File:Athelstan_(cropped).jpg
10 https://commons.wikimedia.org/wiki/File:Ethelred_the_Unready.jpg
11 Hel-hama, CC BY-SA 3.0 < https://creativecommons.org/licenses/by-sa/3.0 >, via Wikimedia Commons; https://commons.wikimedia.org/wiki/File:Cnut_lands.svg
12 https://commons.wikimedia.org/wiki/File:Roman_britain_400.jpg
13 https://commons.wikimedia.org/wiki/File:British_kingdoms_c_800.svg
14 https://commons.wikimedia.org/wiki/File:Britain_886.jpg
15 Blank map of Europe.svg: maixderivative work: Alphathon, CC BY-SA 4.0 <https://creativecommons.org/licenses/by-sa/4.0>, via Wikimedia Commons https://commons.wikimedia.org/wiki/File:Angevin_Empire_1190.svg

16 Firkin, CC0, via Wikimedia Commons
https://commons.wikimedia.org/wiki/File:King_Edward_I.png

17 https://commons.wikimedia.org/wiki/File:DeathWatTylerFull.jpg

18 British Museum, CC BY-SA 2.5 <https://creativecommons.org/licenses/by-sa/2.5>, via Wikimedia Commons
https://en.wikipedia.org/wiki/Sutton_Hoo#/media/File:Sutton_Hoo_helmet_reconstructed.jpg

19 https://commons.wikimedia.org/wiki/File:Beowulf.firstpage.jpeg

20 https://commons.wikimedia.org/wiki/File:Reeve_and_Serfs.jpg

21 https://commons.wikimedia.org/wiki/File:RCampin.jpg

22 https://commons.wikimedia.org/wiki/File:KnightsTemplarPlayingChess1283.jpg

23 https://commons.wikimedia.org/wiki/File:An_introduction_to_the_study_of_Gothic_architecture_(1877)_(14576749870).jpg

24 https://commons.wikimedia.org/wiki/File:Bayeux_Tapestry_scene51_Battle_of_Hastings_Norman_knights_and_archers.jpg

25 https://commons.wikimedia.org/wiki/File:Page_from_the_Arthurian_Romances_illuminated_manuscript.jpg

26 https://commons.wikimedia.org/wiki/File:Jindrich2_Beckett.jpg

27 https://commons.wikimedia.org/wiki/File:Battle_of_Hastings,_1066.png

28 https://commons.wikimedia.org/wiki/File:Arthur_Leading_the_Charge_at_Mount_Badon.png

29 https://commons.wikimedia.org/wiki/File:A_medical_practitioner_examining_a_urine_flask._Oil_painting_Wellcome_V0017268.jpg

30 https://commons.wikimedia.org/wiki/File:Peste_bubonique_-_enluminure.jpg

31 https://commons.wikimedia.org/wiki/File:Paul_F%C3%BCrst,_Der_Doctor_Schnabel_von_Rom_(Holl%C3%A4nder_version).png

www.ingramcontent.com/pod-product-compliance
Lightning Source LLC
Chambersburg PA
CBHW070325010526
44107CB00004B/414